LE VIEILLISSEMENT CÉRÉBRAL

 *PSYCHOLOGIE ET SCIENCES HUMAINES*

Corneliu E. Giurgea
En collaboration avec Marie Bronchart

le vieillissement cérébral

Normal et réussi
Le défi du XXIe siècle

MARDAGA

REMERCIEMENTS

Je remercie en premier lieu Madame Marie Bronchart pour son travail efficace et créatif pour la rédaction et la mise en page de cet ouvrage. Je remercie également Monsieur J. Tavlet et Monsieur M. Vantroyen de UCB-Pharma pour la réalisation des illustrations.

© 1993, Pierre Mardaga, éditeur
Rue Saint-Vincent 12 - 4020 Liège
D. 1993-0024-2

*« L'astuce, c'est de mourir jeune
... mais le plus tard possible ! »*

Ashley Montagu

*A la mémoire de Horsley Gantt et de
P.S. Kupalov, brillants exemples
de vieillissement cérébral réussi.*

Introduction

Ce livre, qui s'adresse à un public assez large, mais aussi à certains spécialistes, ainsi qu'aux responsables des divers organismes publics et autorités compétentes, se veut d'une part un ouvrage scientifique, et d'autre part un plaidoyer.

Scientifique, parce que j'ai essayé de condenser, au mieux de mes connaissances et possibilités de synthèse, l'immense littérature concernant les multiples problèmes posés par le vieillissement cérébral, dit physiologique ou normal, voire même «réussi». Je ne prétends bien entendu pas avoir passé tout en revue, et d'avance je présente au lecteur intéressé mes excuses s'il ne trouve pas les réponses à toutes les questions qui le préoccupent. Par ailleurs, lorsqu'on écrit un tel essai, on fait nécessairement un choix et celui-ci ne peut contenter tout le monde. De plus, il y a sans doute des lacunes, car il s'agit d'un essai et non d'un traité encyclopédique, mais dans la bibliographie sont mentionnés quelques ouvrages susceptibles de compléter ces lacunes avec les informations disponibles.

Ce livre se veut aussi un plaidoyer. Celui-ci est en faveur de ceux qui ne sont plus jeunes ou ne le seront plus, dans un avenir proche. Pourquoi un plaidoyer? Parce que, pour ne donner qu'un exemple, lorsqu'on est en bonne santé, on ne pense pas à la maladie. «Cela n'arrive qu'aux autres», comme par ailleurs les accidents ou autres drames de la vie, et on est presque vexé quand cela nous arrive à nous-mêmes.

Il est également vrai que lorsqu'on est jeune, on agit et on pense comme si la jeunesse était une nationalité qu'on allait garder toute sa vie. Clémenceau disait par ailleurs : « Quand on est jeune, c'est pour longtemps » ! En fait il soulignait ainsi, et à juste titre, que tous les jeunes en âge ne sont pas nécessairement jeunes d'esprit, et que ceux qui le sont le restent d'habitude, même dans leurs vieux jours. Cependant il s'agit de l'esprit, alors que dans l'ensemble, « fugit irreparabile tempus » (il fuit le temps irréparable !) et donc, si tout va bien, les jeunes d'aujourd'hui seront les vieux (ou les seniors) de demain. A ce propos, Jean d'Ormesson écrit dans sa dernière trilogie : « La seule manière de ne pas vieillir, c'est de mourir ». C'est dans le même sens que quelqu'un qu'on n'a pas l'habitude de citer dans des livres « sérieux », Maurice Chevalier, a dit : « Vieillir n'est pas si mal... si l'on considère l'alternative » !

Vieillir ce n'est donc pas quelque chose qui n'arrive qu'aux autres, cela nous intéresse tous et c'est en ce sens que ce livre est un plaidoyer. Il essaie de faire le point sur le vieillissement cérébral, mais surtout sur les stratégies adéquates afin de vieillir, non seulement de manière normale mais plus encore d'une manière qu'on appelle « réussie ». Il ne sera donc pratiquement pas question ici des démences séniles, mais du vieillissement normal du cerveau et de ce qu'il faudrait faire pour qu'il soit bien réussi. Par cela j'entends ce que chacun de nous peut et doit faire pour lui-même. Il s'agit donc surtout de nos devoirs et pas seulement de nos souhaits. Il s'agit aussi, bien sûr, de ce que la médecine et les médicaments, la psychologie, la famille et la société en général, peuvent et devraient faire contre cet autre type de pseudo-racisme qui nous menace : l'« âgisme ». Je me réfère à la ségrégation des âges, à ce venin subtil qui est instillé par l'idée de l'inutilité et de l'improductivité des personnes âgées, des « vieux », ainsi que par l'idée de l'inexorabilité d'une situation sans aucun espoir. Tout ceci mène à une tendance à laisser tomber les bras, en disant trop souvent : « Qu'est-ce que vous voulez, il n'y a rien à faire, c'est l'âge » !

Il est évident, et c'est heureux qu'il en soit ainsi, que ce livre n'est qu'un maigre ajout aux multiples efforts qui sont déjà consentis dans ce domaine, par les organismes officiels de diverses natures, par les associations de retraités, par les Universités des Aînés ou du « Troisième Age », ou du « Temps disponible », etc. Ces efforts seront encore plus importants maintenant qu'on est entrés de plain-pied dans la « décennie du cerveau » et que de grands progrès sont donc attendus dans ce domaine. Il serait par ailleurs injuste de nier qu'il existe déjà un grand effort socio-économique en faveur de la condition humaine de la personne âgée, malgré le fait qu'il y ait encore des lacunes et des imperfections.

Le plaidoyer de ce livre est surtout axé sur la position que, lorsqu'on considère le vieillissement cérébral normal, et encore plus celui qui est «réussi», on devrait promouvoir l'idée qu'il ne faut pas seulement «aider» le senior. Il faudrait surtout créer des conditions pour qu'il puisse réaliser son désir fondamental qui est d'être encore utile, de remplir une fonction sociale, pour lui permettre ainsi de «donner» plutôt que de «recevoir». Je me rappelle à ce propos une belle idée rencontrée dans le prospectus d'une association dont le but est d'aider les jeunes handicapés à trouver un travail rémunéré, travail qui soit à leur portée : «Bénis soyez-vous, vous qui avez besoin de nous, car notre plus grand besoin est qu'on ait besoin de nous».

N'oublions pas que, dans le domaine de l'activité mentale, la manière la plus sûre de garder une certaine jeunesse d'esprit c'est de l'exercer et surtout dans le sens de la créativité. Le grand gériatre anglais Sir Martin Roth a eu à ce propos une excellente expression quand, en parlant de l'activité mentale, il a dit : «Utilisez-la ou perdez-la» (en anglais : «Use it or loose it»). En effet, quelle que soit la profession qu'on exerce, ou que l'on a exercée, il reste toujours un certain degré de potentiel de créativité, d'innovation. Il faut dire que ce n'est pas uniquement le milieu environnant qui ne favorise pas la créativité du senior. Lui-même y contribue souvent en se pliant aux habitudes et en acceptant, plus ou moins ouvertement, qu'après tout... «à quoi bon ?». A ce sujet je voudrais raconter ici ce que m'avait dit — il y a quelque quarante ans — P.S. Kupalov, mon professeur de Leningrad (actuellement Saint Petersbourg), lui-même élève du grand physiologiste russe I.P. Pavlov, celui qui, par la découverte des réflexes conditionnés a permis la première grande approche objective, scientifique, des activités du cerveau[1]. Parlant avec lui d'un projet de recherche comportant beaucoup de risques, Kupalov m'a dit : «Vois-tu, j'ai 64 ans, je suis Professeur et membre de l'Académie, je n'ai jamais fait de politique, donc on ne peut plus me nuire. Si je commence une recherche sur une fausse hypothèse, que je fais fausse route et que je travaille, même des années, pour rien, je reste quand même ce que je suis. C'est donc moi, et des gens comme moi, qui devrions tenter des aventures, des voies nouvelles de recherche, car en fait nous ne risquons rien. Et pourtant, sauf exceptions, nous continuons sur les voies anciennes, qui sont sécurisantes, et ce sont d'habitude les jeunes qui osent les grandes aventures de l'esprit, celles qui ouvrent des voies nouvelles quand elles réussissent. Mais eux, s'ils se trompent — ce qui est hélas souvent le cas dans la recherche — ils risquent vraiment toute leur carrière».

C'est vrai, sauf exceptions, comme il l'a dit. Cependant, même ces exceptions sont suffisantes pour prouver que les seniors peuvent encore montrer beaucoup de créativité et, en y ajoutant le bagage de leur expérience, ils sont encore capables de grandes réalisations.

Quelques exemples suffiront pour convaincre que la créativité ne s'arrête pas nécessairement avec l'âge.

Pavlov lui-même avait travaillé pendant toute sa jeunesse et pendant la période de sa maturité scientifique, dans le domaine de la physiologie de la digestion et en particulier sur la motricité et les sécrétions des glandes de l'appareil gastro-intestinal. C'est d'ailleurs pour cela qu'il a reçu le Prix Nobel en 1904, quand il approchait déjà la soixantaine. Or, il venait de changer complètement d'orientation, suite à quelques observations fortuites sur ses chiens l'amenant à diriger toute la recherche de son laboratoire vers l'étude du cerveau ! Szent-Gyorgy, également lauréat du Prix Nobel pour la découverte de la vitamine C, avait plus de 65 ans quand il s'est orienté vers des études endocrinologiques. Freud avait presque 80 ans quand il a écrit son essai assez provocateur, « Moïse et le monothéisme ». Darwin et Newton sont restés créatifs jusqu'à la fin de leur vie et Einstein, le théoricien par excellence, a contribué dans ses dernières années aux travaux « appliqués » qui ont permis de construire la première bombe atomique.

Dans le domaine artistique, les exemples du maintien relatif de la créativité sont également très nombreux. En effet, pour n'en citer que quelques-uns, Picasso, Chagall, Dali et avant eux, Michel-Ange, tout comme Monet et Verdi ont encore créé des œuvres majeures alors qu'ils étaient de respectables vieillards. Rappelons seulement le plafond de l'opéra de Paris, par Chagall, œuvre tellement contestée, donc éminemment remarquable, comparée parfois à la Chapelle Sixtine de Michel-Ange qui lui, à 80 ans, est mort en laissant inachevée, mais tellement admirable, la célèbre Pieta Rondanini. Dans le domaine de l'interprétation musicale les exemples abondent également comme Pablo Casals et Arthur Rubinstein, pour ne citer qu'eux. Enfin, en littérature, Tolstoï et Bernard Shaw sont restés dans l'actualité littéraire et mondaine jusqu'à la fin de leurs longues vies. Nadejda Mandelstam, la veuve du célèbre poète Ossip Mandelstam, victime des répressions staliniennes, a écrit ses deux volumes de mémoires, vrais chefs d'œuvre littéraires, à l'âge de 65 ans. Par ailleurs elle n'avait jamais écrit auparavant, donc chez elle ce ne fut pas seulement la persistance créative malgré l'âge, mais l'apparition d'une vocation tardive et sa réalisation effective dans une œuvre qui lui a valu la célébrité mondiale.

Le maintien, ou même le développement tardif d'une certaine créativité, quel que soit le domaine dans lequel elle pourrait se réaliser, exprime la présence d'un grand espoir potentiel. Or, comme on le dit, l'espoir fait vivre!

Comme l'a écrit le grand psychiatre canadien Lehmann (1992) : «Le cerveau est l'organe de la pensée. Le vieillissement du cerveau et des fonctions mentales est un processus naturel, inévitable et donc il pourra seulement être retardé ou modifié mais jamais éliminé ou arrêté de manière permanente. Dans les meilleures circonstances, le processus de vieillissement peut seulement être rendu relativement réussi. Toutes les tentatives cliniques pour un vieillissement plus réussi de l'esprit devraient être axées sur un renforcement des effets de maturation de l'âge et vers le retardement, le contrôle, la correction compensatoire de ses effets négatifs» (Lehmann, dans Robert *et al.*, 1992).

Créer des conditions pour que se réalisent ces espoirs potentiels, concernant une certaine plasticité du cerveau âgé, représente autant de chances pour que les seniors gardent le plus longtemps possible une certaine jeunesse d'esprit, une certaine projection et confiance dans l'avenir. N'oublions pas que chaque progrès dans cette direction sera en même temps capable d'augmenter l'efficacité de toutes les actions sociales et médicales (régimes alimentaires, systèmes de vie, maîtrise de la tendance à l'hypertension, à l'obésité, contrôle des fonctions cardiaques et circulatoires, etc.) qui, ensemble, contribuent au maintien, le plus longtemps possible, d'une vie mentale normale et de l'autonomie sociorelationnelle de la personne âgée. Les implications économiques de cette attitude sont par ailleurs évidentes et la société qui déploie ces efforts ne fait pas seulement un acte humanitaire mais fait en plus «une bonne affaire». En effet, ce n'est qu'en procédant de cette manière que l'on va diminuer le nombre de seniors qui nécessitent une institutionnalisation, ou qu'on va au moins reculer considérablement le moment d'y recourir, diminuer les soins à domicile, la consommation de médicaments, etc. Tout ceci pourra réduire l'impact économique sur la société en général, ainsi que l'impact psycho-économique sur les familles de cette tranche de la population, tranche qui augmente de manière privilégiée, comme on le verra plus loin.

Je suis bien conscient du fait que mon plaidoyer enfonce des portes déjà ouvertes, et c'est bien ainsi, mais s'il pouvait contribuer à les ouvrir un peu plus, ou à les faire grincer un peu moins, il aurait atteint son but.

NOTE

[1] Le lecteur intéressé trouvera une synthèse de l'œuvre de Pavlov, dans C. Giurgea : «L'héritage de Pavlov» (Editions Mardaga, 1986).

Chapitre 1
La révolution grise

Une des évidences de notre époque est qu'on vit plus longtemps que dans le passé et que, par conséquent, les seniors sont de plus en plus nombreux. Le monde, en particulier celui qui est dit «développé», est donc en train de vivre ce qu'on a appelé la «révolution grise». A ce sujet, quelques chiffres sont illustratifs. Ainsi, d'après Garfield (1984 a et b) et Hugonot (1988) (pour n'en citer que deux parmi les nombreuses références disponibles), l'espérance de vie à la naissance était, dans la Rome antique, en moyenne de 19 à 20 ans, alors qu'elle est aujourd'hui, aux Etats-Unis (USA), de 78 à 80 ans. Quant à l'espérance de vie à l'âge de 65 ans, elle était, entre 1900 et 1949, de plus ou moins 12 ans, alors qu'en 1980 elle approchait les 18 ans, pour actuellement dépasser 20 ans.

Pour les Etats-Unis, le nombre de personnes de plus de 65 ans avait quadruplé entre 1900 et 1950! Quant à ceux de plus de 80 ans, ils étaient 5,6 millions aux USA en 1984, et on prévoit qu'en l'an 2000 ils seront plus de 10 millions. Cette situation n'est pas propre aux Etats-Unis, car par rapport à 1985, on considère qu'au niveau mondial le nombre de personnes de plus de 80 ans va augmenter de 24 millions. Cette évolution générale ne sera quand même pas égale partout et on prévoit que la tranche des «âgés» (plus de 65 ans) aura augmenté en l'an 2000, par rapport à 1985, de 30% dans les pays dits développés et de 77% dans les pays actuellement «en voie de développement»! Les femmes, qui vivent déjà plus longtemps que les hommes, seront vers l'an 2000, aux

USA, pour la tranche de plus de 85 ans, deux fois plus nombreuses que les hommes.

Un autre chiffre enfin : aux USA toujours, on prévoit que vers l'an 2020 le rapport «vieux» (plus de 80 ans)/adolescents (entre 13 et 19 ans, ce qu'on appelle les «teen-agers») sera de 2/1. Il y aura donc deux fois plus de personnes âgées que d'adolescents !

On sait bien sûr que ces statistiques n'ont qu'une valeur approximative, mais elles représentent néanmoins une tendance indubitable dont la société, dans son ensemble, devra bien tenir compte. Et cela se fait déjà. Ainsi par exemple, les spécialistes en démographie prévoient que, dans les premières décennies du XXIe siècle, on verra moins de publicité pour les «jeans» et les discothèques et plus pour les universités des aînés, les activités culturelles et sportives appropriées aux personnes âgées, etc., car, comme ils disent, «le client est roi !».

D'après Garfield, trois processus semblent déterminer particulièrement cette évolution démographique vers un monde qui grisonne, voire même qui blanchit, à savoir : la fertilité, la mortalité et l'«immigration». En effet, la fertilité a évolué car le «baby-boom» des années 1945-1960 n'a pas duré longtemps. Donc, comme il y a eu ultérieurement une réduction des naissances (le «baby-bust»), ce sont les anciens jeunes qui nous conduisent vers le «geriatric boom» attendu pour les années 2010-2020.

En ce qui concerne la mortalité, nous sommes parmi les premières générations pour lesquelles, d'une part il y a plus de chances de survie en bas âge et donc plus de chances d'arriver au grand âge, et pour lesquelles d'autre part l'évolution des structures sociales et les progrès de la médecine ont permis d'augmenter considérablement, comme on l'a vu, l'espérance de vie à 65 ans.

Enfin l'«immigration» évoquée par Garfield, c'est celle des seniors vers la ville. En effet on se «retire» de moins en moins à la campagne, bien au contraire on a même tendance, avec l'âge, à rester en ville ou à s'en rapprocher. Cela permet d'une part d'avoir un accès plus facile aux «distractions» de la ville et aux activités culturelles, de sortir de chez soi, de multiplier les fréquentations sociales, etc., et d'autre part, cela permet de disposer plus facilement des soins médicaux les plus qualifiés. Tout ceci contribue évidemment à une longévité accrue.

La révolution démographique grise aura, et a déjà, parmi ses conséquences, la tendance encore trop peu développée, bien qu'en bonne voie, à changer l'image du senior aux yeux des plus jeunes.

Fig. 1 — *Ghirlandaio (1449-1494).* «*Le vieil homme et l'enfant*».

Et après tout, la notion de «vieux» évolue avec la société. Ainsi Socrate, à qui on avait interdit de parler aux jeunes pour ne pas les «corrompre», avait demandé qui était «jeune» et la réponse officielle fut «tous ceux qui ont moins de 30 ans» (cf. David, 1991), ce qui veut bien dire qu'à plus de 30 ans on était déjà «vieux»! Pensons aussi à Ghirlandaio, peintre toscan de la Renaissance, du xve siècle, et à son célèbre tableau «Le vieux et l'enfant» (voir figure 1).

D'après Vasari, grand chroniqueur de la Renaissance, le modèle qui a servi au peintre pour faire le «vieux» avait moins de 45 ans! Mais, à l'époque, un homme de cet âge était déjà «un vieux»!

Il n'est donc point étonnant que, parmi d'autres changements dans la manière dont la société moderne considère les seniors, il y a aussi le concept du vieillissement cérébral «réussi» qui sera présenté dans le chapitre suivant et qui est le pôle d'intérêt de ce livre.

Chapitre 2
Le concept du vieillissement cérébral «réussi»

Il était courant, dans les années antérieures, de décrire un vieillissement cérébral «physiologique» par opposition au vieillissement «pathologique». Le vieillissement cérébral physiologique était le vieillissement considéré comme normal, en fonction de l'âge, comme une sorte d'impératif génétique, alors que les diverses formes de démences chez la personne âgée constituaient le vieillissement cérébral pathologique. Nous avons dit plus haut qu'il ne serait pas question ici des démences séniles. Mentionnons toutefois, sans nous y attarder, qu'il y a plusieurs formes de démences décrites chez les personnes âgées, comme l'écrit Gottfries (1992) :

a) *Les pseudodémences*, qui sont des troubles cognitifs importants, mimant un état de démence, mais qui sont en réalité attribuables à d'autres maladies psychiatriques comme p.ex. la dépression.

b) *Les démences secondaires*, dans lesquelles les troubles cognitifs graves sont dus à des maladies non psychiatriques affectant le cerveau. La plupart de ces démences peuvent être traitées et guéries comme p.ex. celles dues aux déficits vitaminiques ou endocriniens.

c) *Les démences «vasculaires»*, dues aux petits infarctus cérébraux répétés et/ou à des perturbations dans la circulation cérébrale : c'est ce qu'on appelait l'artériosclérose.

d) *La maladie d'Alzheimer*, caractérisée par l'apparition d'un grand nombre de «plaques séniles» dans le cortex cérébral et de «nœuds» neuro-fibrillaires typiques.

Ce qui nous intéresse cependant dans ce chapitre c'est le vieillissement cérébral physiologique.

On a actuellement introduit le concept du vieillissement cérébral « normal » par rapport au vieillissement cérébral « réussi » (Rowe et Kahn, 1987). Ce concept souligne qu'en dehors des démences de natures diverses, on peut tout simplement « décliner » intellectuellement avec l'âge, tout en restant présent et conscient, mais il précise également que l'on peut aussi lutter, ne fut-ce que partiellement, contre ce déclin intellectuel. On peut être bien au-dessus de « la moyenne », donc garder, et même récupérer, comme on le verra plus loin, une efficience mentale compatible avec une vie personnelle et sociale relativement active et capable d'offrir encore des satisfactions sur le plan social comme sur le plan affectif et personnel.

Plusieurs questions se posent alors à ce sujet. La première est celle que se sont posé Schaie et Willis (1986), à savoir : « Peut-on récupérer certains déclins intellectuels liés à l'âge ? »

En outre, même ce déclin « normal » avec l'âge, doit être considéré avec précaution, et il faut tenir compte des différences entre générations et pas seulement de l'inexorable passage des années sur le même individu.

C'est à cet aspect qu'est consacré, parmi beaucoup d'autres, le travail de Schaie et Labouvie-Vief (1974). Dans leur travail, les auteurs mettent en question un des postulats qui semble indiscutable : l'idée qu'avec l'âge il y a un déclin des activités intellectuelles, déclin inexorable et généralisé.

D'autres auteurs ont déjà mis ce postulat en question, montrant qu'il y a des différences dans les diverses capacités intellectuelles, non seulement d'un âge à l'autre, mais aussi d'une génération à l'autre, ce qui exprimerait l'influence des facteurs de l'environnement, des facteurs socio-culturels, sur les facteurs ontogénétiques, maturationnels.

Dans cette littérature (p.ex. Schaie et Baltes, 1972; Schaie, 1970) on avait déjà observé que les générations plus jeunes montrent au départ des scores plus élevés que les plus anciennes, mais que les études longitudinales, c'est-à-dire dans lesquelles les mêmes sujets sont réexaminés à divers intervalles de temps, suggèrent plutôt une stabilité des fonctions intellectuelles pendant l'âge adulte et jusqu'assez tard dans la vieillesse. Dans le travail que nous citons ici les auteurs donnent les résultats d'une longue étude qui a duré 14 ans : les sujets ont été testés en 1956, retestés (les survivants!) en 1963, ensuite retestés en 1970. En 1970 ils ont aussi testé un groupe qui avait été testé pour la première fois en 1963. La population considérée avait entre 21 et 84 ans. Les tests utilisés étaient multiples, comme par exemple :

a. le test dit des «Capacités Mentales Elémentaires» (Primary Mental Abilities), avec ses cinq sous-tests : signification verbale, espace, raisonnement, nombres, fluidité verbale.

b. un questionnaire socio-économique.

c. un examen raisonnable sur le plan médical.

Les conclusions de cette étude sont les suivantes :

1. En général, ce travail confirme l'opinion antérieure des auteurs, selon laquelle l'interprétation traditionnelle du déclin intellectuel avec l'âge devrait considérer plus attentivement l'impact des changements historico-culturels, d'une génération à l'autre.

2. Les vrais changements liés à l'âge n'ont touché que quelques capacités intellectuelles. Donc, la plus grande partie du parcours de la vie adulte se caractérise par l'absence de déclins intellectuels décisifs.

3. A notre époque de changements culturels et technologiques rapides, c'est surtout par rapport à la population contemporaine plus jeune que le sujet âgé peut être décrit comme déficient. Il serait donc erroné de prendre ces différences entre les générations comme une preuve suffisante d'un changement ontogénétique des facultés cognitives. Il y a néanmoins certaines capacités, celles qui demandent vitesse et fluidité, qui paraissent être vraiment affectées par l'âge, mais elles le sont déjà très tôt, vers 50-55 ans.

4. En fait, c'est plutôt dans les années qui précèdent de peu la mort qu'apparaissent la plupart des signes de sérieuses détériorations intellectuelles.

5. On ne peut bien sûr pas nier les changements biologiques dramatiques qui arrivent dans l'organisme âgé, mais avant de conclure au déclin intellectuel avec l'âge, il faut bien exclure la présence de maladies débilitantes, éventuellement curables.

6. La recherche dans ce domaine devra donc tendre à mieux comprendre et à incorporer une analyse plus nuancée et mieux équilibrée des facteurs de l'environnement et de leurs interactions avec les changements maturationnels dans le comportement psycho-moteur.

C'est dans cette direction que s'inscrivent plusieurs autres travaux dont celui de Labouvie-Vief (1976), qui aborde une manière d'optimiser la compétence cognitive chez les seniors. L'auteur commence par rappeler que, en 1973 déjà, aux Etats-Unis, la Commission Carnegie sur l'éducation supérieure a souligné le besoin croissant de faciliter l'accès à l'éducation pendant toutes les phases de la vie.

Par ailleurs, comme l'espérance de vie augmente et que, en conséquence, certains changements sociaux sont prévus, dans les années à venir, on devra mettre un accent particulier sur l'éducation comme moyen pour l'individu adulte de maintenir ou d'augmenter la capacité de maîtriser les situations de la vie et de trouver des solutions adéquates aux problèmes. On assistera très probablement au développement vigoureux de programmes d'éducation pour des élèves âgés qui seront du même ordre que les efforts récents vers des interventions chez les jeunes enfants.

Ce phénomène de «grisonnement» de l'éducation crée un besoin urgent d'éducateurs spécialisés dans les programmes adaptés aux élèves âgés. La philosophie de base de cette attitude est que, contrairement au préjugé du déclin inexorable lié à l'âge, les données récentes tendent plutôt à prouver que les changements dans les performances intellectuelles observés vers 70 ans seraient dus non pas à un déclin universel, biologiquement établi pour chaque espèce, mais plutôt à un cortège, mal défini encore, de conditions liées aux situations individuelles et à l'environnement.

Ainsi le but à atteindre est de bien se rendre compte de l'existence indubitable d'une plasticité non négligeable des performances cognitives chez l'adulte d'âge moyen ou âgé, et de développer des mécanismes pratiques utilisables pour une psychologie éducationnelle dans la vie adulte.
L'auteur se pose alors la question : le déclin cognitif est-il une règle ou une exception ?

Les modèles théoriques sur lesquels on se base habituellement sont liés à l'idée que, au cours de la vie, on acquiert des entités psychologiques stables, comme p.ex. des traits de personnalité, des capacités et des compétences contrôlées (pas exclusivement) par des changements liés à la maturation et qui se caractérisent par une direction unilinéaire.

Appliqués à la vie adulte, ces modèles suggèrent que les variations des performances cognitives sont inexorablement régressives et expliquées par des changements maturationnels qui pointent vers la perturbation, voire même la rupture de l'équilibre biologique.

Cette vue est exemplifiée dans la théorie de l'intelligence fluide et cristallisée (Cattell, 1963; Horn, 1970).

L'intelligence fluide, mesurée par des tests psychométriques de mémoire et de raisonnements complexes sur des groupes de sujets d'âges différents, serait liée à la maturation neurologique et montrerait un déclin systématique avec l'âge.

L'intelligence cristallisée, mesurée par des tests liés au contenu informationnel, refléterait le produit de la culture et de l'expérience et serait moins dramatiquement affectée par l'âge.

En réalité, ce concept de «fluide» versus «cristallisé», serait un parapluie théorique qui cache en fait une grande variété de phénomènes liés au développement intellectuel tout au long de la vie. Cette variété n'est pas uniquement reflétée par des tests mesurant l'intelligence, mais elle dépend aussi des opérations cognitives et des nombreuses corrélations neurophysiologiques.

a. Changements ontogénétiques versus ceux des «générations»

Il semble en effet assez clair qu'on ne peut comparer les données sur les «changements» obtenus dans des études horizontales (groupes d'âges différents) avec celles d'études longitudinales, car cela reviendrait à confondre les changements ontogénétiques avec des changements liés aux éléments historiques. Si on combine ces deux types d'études, comme l'a fait depuis 1972 le groupe de Schaie et Baltes, on arrive à des conclusions intéressantes. En effet :

– les variations intra-individuelles, longitudinales, des sujets d'un même groupe sont mineures, car chaque groupe maintient, pour des années, son niveau caractéristique de performance.
– il y a cependant des différences systématiques entre les performances des groupes successifs.

Il semble donc que, dans le passé, on a accumulé des données utiles à la psychologie des différences entre les générations plutôt qu'à la psychologie du vieillissement.

b. Les paramètres biologiques

Chez la personne âgée, beaucoup de changements de nature cognitive peuvent en réalité refléter essentiellement des changements biologiques, dans l'état de santé du sujet.

Birren (1970) suggère que ni le déclin intellectuel ni les altérations biologiques ne sont impérativement distribués chez les personnes âgées, mais seraient plutôt des manifestations liées à une sous-population caractérisée par la pathologie : mauvaise santé et approche de la mort.

L'existence d'une corrélation positive entre des déficits organiques cérébraux (histopathologiques, pneumo et électro-encéphalographiques, débits cérébraux, etc.) chez les patients institutionnalisés pour diverses pathologies neuro-psychiatriques, a été décrite depuis longtemps déjà. De telles observations sont plutôt exceptionnelles chez des sujets âgés qui vivent en communauté et se trouvent en relativement bonne santé.

Par ailleurs, beaucoup d'études longitudinales ont permis d'établir, rétrospectivement, les performances cognitives en relation avec la mort des sujets. D'une manière générale, ces études ont permis de conclure que la corrélation du déclin avec l'âge chronologique pourrait plutôt être un artefact, car les performances changent plutôt en fonction de la distance de la mort que de celle de la naissance.

Il y a, d'une manière générale, une absence de déclin intellectuel chez les seniors en bonne santé. Par contre, les données qui montrent des changements en fonction des générations, suggèrent que les différences de performances liées à l'âge seraient dues essentiellement à des contingences socio-culturelles. Nous avons vu que Schaie et Labouvie-Vief (1974) avaient déjà souligné que ces données représentent un défi à l'idée encore dominante qui conceptualise l'ontogénie intellectuelle de l'adulte comme un flux constant vers un déclin régressif et inexorable. Les auteurs insistent sur le fait que l'attention devrait se porter de manière plus systématique vers des schémas d'études qui tiendraient compte des variabilités (inter- et intra-individuelles) dans les performances intellectuelles.

Il faut donc aller vers une analyse des processus de l'intelligence chez les personnes âgées. Cela devrait logiquement conduire à des procédés psychométriques nouveaux, car les procédés existants ont trop considéré la performance intellectuelle comme l'indicateur d'un potentiel fixe, immuable et biologiquement limité de l'organisme. Voyons quelques aspects de ce problème.

L'environnement et la performance cognitive

Alors que, dans le passé, la recherche dans le domaine de l'ontogenèse intellectuelle s'est fixée sur la stabilité, on devrait s'attacher à détecter les sources de la variabilité (entre les sujets et, pour le même sujet, d'une période à l'autre) des performances cognitives dans les années avancées. Des domaines intéressants pour une telle approche sont p.ex. l'anthropologie cognitive, la sociologie, la psychologie opérationnelle, l'écologie et la socio-psychologie.

Suivant ces points de vue, les variations dans les performances cognitives pourraient refléter non pas un processus inhérent, universel et qui se déroule génétiquement, mais plutôt des systèmes d'attentes, d'occasions, des événements de la vie et des récompenses qui sont différentes suivant les sous-groupes d'âge et de culture qu'on étudie.

Dans cette optique, des performances réduites indiquent souvent des variations individuelles dans les variables de l'environnement qui déterminent ainsi les comportements détectés dans les tests habituels. Par conséquent, des niveaux bas de performance peuvent être provoqués par l'effort d'adaptation spécifique aux situations qui défavorisent les capacités et qui auraient pu mener à de meilleures performances.

Quant à l'écologie sociale de la vie avancée, beaucoup d'auteurs ont souligné que l'ensemble des conditions expérientielles s'oppose au maintien, chez le sujet âgé, d'un haut niveau de compétence. Par exemple, alors que dans la plupart des périodes de la vie on doit maîtriser des comportements bien définis et qui changent parfois assez radicalement, des normes contraignantes de ce type disparaissent progressivement au fur et à mesure qu'on avance en âge.

En fait, avec l'âge, l'environnement ne promeut plus des comportements liés à la compétence. Au contraire, les jeunes décrivent souvent le vieillissement comme un processus qui se caractérise par un développement croissant de la dépendance, de l'incompétence, de la sénilité. Une telle aura de désintérêt social et de stéréotypes négatifs entourant la vie de la personne âgée, a deux conséquences : on retire les renforcements appropriés et on décourage même activement tous les comportements liés à des compétences. Ainsi l'organisation des institutions encourage en fait la dépendance et le concept du vieux qui n'est plus capable de rien. De plus, la plupart des aînés arrivent à anticiper eux-mêmes la réduction inexorable de leurs compétences.

Quant à la stimulation intellectuelle proprement dite, la plupart des spécialistes reconnaissent que l'environnement habituel d'un senior correspond à un appauvrissement. Trop peu de programmes d'éducation existent, qui répondent aux besoins et aux buts des personnes âgées, et de plus, beaucoup de barrières empêchent les seniors qui le souhaiteraient, d'utiliser les programmes existants. Or on sait que plus on exerce ses compétences, plus on résiste à l'âge et que, d'autre part, il y a avec l'âge une plus grande vulnérabilité aux changements (habitation, pertes, stress, etc.).

Il apparaît donc assez clairement que, après la maturité, les comportements intellectuels ne reflètent pas nécessairement et exclusivement des processus de changements ontogénétiques mais indiquent très souvent les déficiences dans les conditions d'environnement qui auraient dû favoriser le «répertoire» intellectuel.

Vues de cette manière, deux directions se dégagent de la littérature :
– examiner si les personnes âgées ont des performances médiocres parce qu'elles ont un déficit dans leurs capacités cognitives proprement dites ;
– examiner des facteurs qui ne sont pas cognitifs (comme p.ex. la motivation) mais qui néanmoins influencent les performances.

Les capacités cognitives

On a trop longtemps considéré le postulat du déficit cognitif des personnes âgées comme indiscutable. On accepte maintenant de ne pas se contenter de démontrer qu'il y a des déclins intellectuels mais d'essayer d'identifier les causes de nature expérientielle des difficultés de l'apprentissage chez les sujets âgés.

En effet, on se rend compte (voir la littérature des années 1960) que les différences entre jeunes et vieux tendent à diminuer significativement :
– lorsque les sujets âgés sont aidés par des procédés appropriés ;
– lorsque le rythme des informations à retenir est un peu ralenti (pas trop non plus !) ;
– lorsqu'ils reçoivent un renforcement positif, comme p.ex. leur dire qu'ils ont bien travaillé ;
– lorsque, par l'exercice, on améliore l'évocation à court terme, et l'amélioration se maintient au moins six mois plus tard.

Jarvik *et al.* (1973), Labouvie-Vief et Gonda (1975), etc. ont trouvé que des dames âgées améliorent spectaculairement, par exercice, la performance aux tâches de vitesse psychomotrice.

Panicucci et Labouvie-Vief (1975) ont montré le même effet positif de l'exercice sur des tests d'intelligence fluide, ou même une réduction importante de l'égocentrisme social. Ces résultats se sont maintenus des mois après le training.

Ainsi se confirme l'hypothèse de Baltes et Labouvie (1973) selon laquelle «l'ontogénie intellectuelle est nettement améliorable, même pendant la vieillesse».

Les variables motivationnelles

La tendance moderne va dans le même sens que celle qu'on admet pour l'éducation des enfants.

Zigler et al. (1973) et bien d'autres concluent que l'essentiel des interventions éducationnelles est de nature motivationnelle. On doit diminuer des éléments comme :

- la peur des personnes inconnues ;
- la «nouveauté» de la tâche à accomplir ;
- l'absence d'intérêt ;
- la peur d'être «évalué», coté ;
- le caractère «menaçant» de la situation de test.

Zussman (1966) a même présenté un modèle des facteurs qui mènent à la déchéance sociale de la personne âgée :
- une position socialement vulnérable ;
- le «cachet» qu'il porte comme appartenant à une tranche de la population déclarée incompétente et déficitaire ;
- la socialisation d'une population cible pour occuper un rôle de dépendance et d'atrophie de ses capacités antérieures ;
- l'identification du senior lui-même comme n'étant plus adéquat à une vie habituelle, donc une diminution de l'auto-estime et une tendance à prendre trop de précautions.

Toute attitude interventionniste devrait donc absolument s'occuper non seulement des compétences cognitives, mais de réduire l'impact des variables non-cognitives en encourageant une vision de soi-même comme efficient et capable d'exercer un contrôle sur soi-même et sur son environnement.

La même position est adoptée par Zigler et al. (1973) lorsqu'ils se réfèrent à l'enfant «désavantagé».

« Une fois qu'on reconnaît que le déficit dans les performances de l'enfant désavantagé, au lieu d'être dues invariablement à un déficit cognitif, peuvent très bien être dues à une variété de motifs, d'attitudes, d'approches de la tâche, et même de «dépenses» psychologiques... on est alors prêt à examiner l'hypothèse selon laquelle les enfants sous-doués pourraient bien être nettement plus brillants que ce qu'indiquent les scores aux tests » (p. 320).

Nous allons regarder plus en détail une autre étude, car elle est fondamentale pour notre sujet, dans la mesure où elle conclut à une réversibilité certaine de la diminution des fonctions intellectuelles avec l'âge (Schaie et Willis, 1986). Il faut tout d'abord dire que Schaie (1983) dispose d'une recherche longitudinale qui englobe 21 années d'études, dont une des conclusions est que le début et la cadence du déclin lié à l'âge diffèrent suivant les capacités mesurées.

Pour certaines capacités, des déclins significatifs apparaissent vers le milieu de la cinquantaine, mais ce déclin reste très modéré jusqu'à la soixantaine. Par après, le déclin devient assez substantiel et la proportion de sujets qui montrent un déclin consistant augmente considérablement avec chaque tranche de 7 ans au-dessus de 60.

Cependant, il faut bien souligner qu'il y a de grandes différences individuelles dans le début du déclin cognitif et que beaucoup de sujets âgés restent à un niveau stable de performances intellectuelles au-delà de 70 ans et certains même — moins nombreux il est vrai — au-delà de 80 ans (Schaie, 1984).

Quelles pourraient être les explications de ces grandes différences individuelles?

Les personnes qui souffrent de maladies cardio-vasculaires présentent de grands risques du point de vue de ce déclin, mais cela pourrait seulement être un des intermédiaires du déclin. Ainsi, les conditions nocives des styles de vie qui ont contribué à provoquer ces maladies pourraient également avoir favorisé directement le déclin mental.

Dans l'étude longitudinale citée, une relation nette apparaît entre, d'une part, le maintien de niveaux élevés de fonctionnement intellectuel et, d'autre part, des styles de vie qui incluent la poursuite de niveaux élevés de stimulation environnementale et notamment celle liée à la continuation d'une éducation formelle et informelle (Schaie, 1984).

En effet, auparavant on avait surtout montré que les relations entre les buts intellectuellement stimulants et le maintien des capacités mentales étaient plutôt réciproques que causales. Ainsi p.ex. les personnes qui maintiennent leurs capacités mentales avec l'âge seront plus tentées et plus à même de rechercher des activités du type éducationnel. Réciproquement, le fait de subir des expériences du type éducationnel à l'âge adulte peut contribuer à maintenir un niveau relativement stable de fonctionnement intellectuel malgré la vieillesse.

Il serait cependant utile de démontrer, dans des études contrôlées, que les performances intellectuelles au début de la vieillesse peuvent être améliorées à l'aide de procédés de training éducationnel.

Chez les sujets âgés, l'amélioration par training peut cependant refléter soit une amélioration du déclin par rapport aux niveaux antérieurs de fonctionnement, soit l'acquisition de nouveaux niveaux de performance, tels qu'on n'en voyait plus auparavant.

Depuis quelques années, il y a un intérêt grandissant pour l'étude des capacités cognitives chez les personnes âgées et en particulier pour la plasticité de ces capacités grâce aux procédés de training cognitif (Willis et Baltes, 1980).

Du point de vue de la théorie du développement et des bénéfices pour la société, il est particulièrement important de poser la question : est-ce qu'une intervention de ce type pourrait permettre d'obtenir une amélioration significative du déclin intellectuel lié à l'âge? Si tel était le cas, c'est-à-dire s'il y avait moyen de compenser ce déclin, cela ferait changer la notion des inexorables et irréversibles dégâts intellectuels liés à l'âge.

Cela donnerait donc plus de crédit à l'hypothèse selon laquelle des déficits comportementaux sont produits par les stéréotypes de non-utilisation, déficits qui devraient donc être redressés, du moins pour certains sujets, montrant ainsi qu'un certain degré de plasticité est normalement disponible tout au long de la vie.

Ceci favoriserait bien sûr aussi le développement des programmes d'intervention éducationnelle qui pourraient restaurer un niveau plus élevé de compétence intellectuelle chez beaucoup de personnes âgées, qui seraient ainsi capables de maintenir ou de prolonger leur capacité de vivre de manière indépendante.

Il existe déjà des études qui ont démontré que des performances intellectuelles (p.ex. mémoire, raisonnement inductif, résolution de problèmes cognitifs, etc.) sont modifiables chez les personnes âgées (Poon *et al.*, 1980; Willis, 1985). On a même prouvé que, lorsqu'il y a eu une amélioration, elle se maintient quelque 6 mois après les tests (Baltes et Willis, 1982).

Cependant, ces études ont été conduites de telle manière qu'on ne peut pas détecter si l'amélioration due au training représente un redressement d'un déclin cognitif préalable ou bien l'atteinte de nouveaux niveaux de performance chez des sujets qui ne souffraient d'aucun déclin. L'étude de Schaie et Willis (1986) tente de répondre à cette question car elle est longitudinale et elle permet donc de comparer l'amélioration due au training au niveau antérieur de fonctionnement du sujet. Voici un bref résumé de cette étude.

Les 229 sujets (âge moyen : 72,8 ans), homogènes au point de vue sexe, niveau d'éducation et revenus, et tous résidents de communautés, ont participé pendant environ 14 ans à cette étude longitudinale. Aux tests faits en 1984 (donc 14 ans après la première étude, faite en 1970) :
– 47 % des sujets étaient restés «stables» (âge moyen 70 ans);
– 15 % montraient un déclin dans le raisonnement mais pas dans l'orientation dans l'espace;
– 16 % dans l'orientation spatiale mais pas dans le raisonnement;
– 22 % dans les deux (âge moyen : 74 ans).

La répartition des sujets dans des programmes axés plus sur le raisonnement ou sur l'espace s'est faite suivant leur type de déclin et le training comprenait 5 sessions individuelles d'une heure. Les sujets étaient payés pour leur participation.

Parmi les mesures effectuées, mentionnons :

a. Orientation spatiale : 4 mesures, basées essentiellement sur la présentation de modèles dessinés et subissant ensuite une rotation, dans 2 ou 3 dimensions.

b. Capacité de raisonnement : 4 mesures, basées sur la reconnaissance d'une certaine logique dans la présentation de séries de lettres.

Le training visait :

a. Raisonnement : il s'agit de trouver des solutions à ce qu'on appelle la description des profils (patterns) et de ne pas se tromper lors de la rotation de l'objet. Les sujets devaient aussi répéter à haute voix et souligner les lettres (ou les autres signes) suivant l'instruction reçue.

b. Espace : on essaie p.ex. d'apprendre au sujet à détecter, pour une figure donnée, si elle subit une rotation de 45°, 90°, 135° ou 180°. Les stratégies cognitives pour faciliter la relation mentale étaient :

- créer des termes concrets pour chaque angle ;
- s'exercer avec une rotation manuelle des figures avant leur rotation mentale ;
- s'exercer avec la rotation de dessins d'objets familiers, concrets, avant l'introduction des figures abstraites ;
- faire en sorte que le sujet se concentre sur 2-3 traits de la figure pendant la rotation.

Les résultats de cette étude ont montré :
- approximativement la moitié des sujets dans chaque groupe de training ont montré une amélioration significative pré-test/post-test, surtout pour le groupe Espace.
- environ 62 % des sujets ont récupéré complètement le déclin après 14 ans et sont donc revenus au niveau pré-déclin !
- plus de femmes que d'hommes sont revenus à leur niveau antérieur pour le critère Espace, plus d'hommes que de femmes pour le critère Raisonnement (fig. 2).

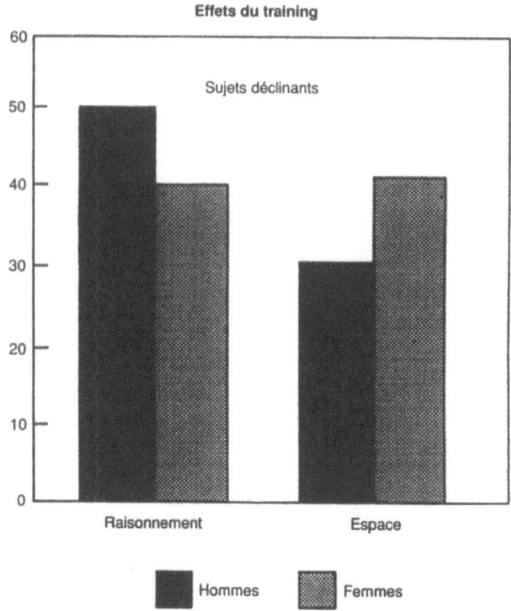

Fig. 2 — *Proportion des sujets «déclinants» qui ont récupéré le score de 1970* (Schaie et Willis, 1986).
Critères «Raisonnement» et «Espace» (orientation spatiale).

Cette étude, précédée de l'étude «longitudinale» faite 14 ans auparavant a donc montré, entre autres:

a) qu'il y a de grandes différences individuelles dans le début et l'importance du déclin intellectuel. Environ la moitié (46%) des sujets n'ont montré aucun déclin par rapport aux tests faits 14 ans auparavant. Moins de 25% des sujets ont montré des déclins dans les deux critères (espace et raisonnement). Ainsi, pour la plupart des sujets le déclin est sélectif, dépend de la capacité mesurée, et n'est pas global et catastrophique. Il est à noter surtout que la stabilité intellectuelle domine!

b) qu'il y a une relation entre l'état du déclin et les effets du training. En effet:

- Les sujets âgés en état de déclin se sont plus améliorés que ceux considérés comme stables.

- 50% des «déclinants» dans le training «espace» arrivent à une amélioration post-training significative et seulement 39% parmi les sujets stables. Pour le training «raisonnement» il n'y a qu'une tendance, mais toujours en faveur des déclinants.

- Une amélioration due au training se voit cependant aussi chez les «stables»: plus de 50% pour le raisonnement et 40% pour l'espace.

On peut ainsi conclure, du fait qu'une grande partie des sujets redressent leur déclin cognitif après l'application des interventions thérapeutiques assez modestes, qu'une partie plus ou moins non-négligeable de leur déclin précédent pourrait être attribuée au manque d'exercice. On a l'impression que les procédés utilisés réactivent des comportements et des capacités qui sont restés dans le répertoire des sujets mais qui n'ont plus été utilisés depuis tout un temps. Le facteur sexe semble négligeable, quoique le training paraisse légèrement plus efficace chez les femmes.

En conclusion, Schaie et Willis démontrent quelques faits importants:

1. Les techniques de training cognitif arrivent à compenser chez un nombre important de sujets âgés, un déclin intellectuel bien établi depuis 14 ans.

2. Cette compensation porte au moins sur deux capacités: orientation spatiale et raisonnement.

3. Le training augmente les performances, même celles des sujets âgés qui sont restés stables pendant ces 14 années.

4. L'importance des effets du training ne semble pas dépendre de l'âge, de l'éducation ou du revenu.

5. Il faut cependant noter que les sujets de cette étude étaient en relativement bonne santé et vivaient dans des communautés, donc dans un environnement assez stimulant. On ne peut donc pas affirmer que ce type de training serait à même de compenser les déclins cognitifs du type neuropathologique qu'on rencontre chez certains sujets âgés. Ces données cependant sont directement applicables pour traiter avec de bonnes chances de succès les déclins cognitifs constatés chez de nombreuses personnes âgées chez qui, sans psychopathologie évidente, ils sont le résultat des changements existentiels inhérents aux stades avancés de la vie. De plus, ces résultats, quoique impressionnants, pourraient être encore dépassés si les sujets disposaient de programmes de training encore plus importants. Après tout, le training utilisé dans ces études a été relativement court (5 sessions d'une heure chacune) si on les compare aux interventions éducationnelles massives auxquelles on est exposé dans la jeunesse et la vie adulte. Ainsi, il reste encore à découvrir ce que des efforts croissants de training pourraient donner comme compensation.

6. L'ensemble de ces données confirme le maintien d'une plasticité non négligeable jusqu'à un âge très avancé. Du moins pour une proportion importante des personnes âgées, le déclin cognitif habituel :
– n'est pas irréversible ;
– est imputable principalement au manque d'exercice ;
– reste modifiable par des manipulations relativement simples de l'environnement et notamment par des techniques de training éducationnel relativement peu coûteuses.

Dans la même optique que la vaste étude de Schaie et Willis, on peut en mentionner une autre, plus ancienne, de Hywel Murrell (1970). D'après cet auteur, très souvent, lorsqu'on compare des sujets jeunes à des sujets âgés, en fonction de leur capacité à accomplir une tâche, on trouve les sujets âgés en état d'infériorité. Une des explications possibles pourrait être que, lorsque des sujets sont pris au hasard et doivent faire face à une nouvelle situation, les jeunes comme les seniors ont besoin d'un certain temps pour s'adapter, mais les seniors prennent plus de temps. Ainsi, les différences observées peuvent exprimer non seulement les différences initiales dans les capacités d'accomplir la tâche imposée, mais aussi les différences dans la capacité à faire face à une situation non familière. Il se pourrait donc que lorsque des jeunes et des vieux accomplissent des tâches qu'ils ont bien exercées, les différences d'âge n'apparaissent pas.

Ceci a été démontré expérimentalement par Murrell *et al.* (1962) avec une tâche simulant une partie du travail du foreur. Les foreurs professionnels (44-60 ans et 24-33 ans) ne montrent aucune différence liée à l'âge. Des sujets naïfs (50-58 ans et 20-21 ans) égaux du point de vue éducation et milieu social, mais n'ayant jamais manipulé une foreuse, montrent une différence : les âgés ont des performances de 4-5 sec plus lentes que les jeunes. Ainsi, si on avait fait l'expérience uniquement avec des sujets naïfs on aurait conclu, *erronément*, à une différence d'âge. Comme c'est d'habitude une telle conclusion qu'on tire des tests plus généraux, les auteurs ont fait une recherche spéciale afin de vérifier la situation.

Le temps de réaction à la lumière (le temps qu'il faut pour le début de la réaction; en anglais «Response Initiation Time» - RIT) a été choisi parce qu'il est étudié depuis plus de 100 ans. Certaines expériences ont montré des déclins liés à l'âge alors que d'autres ont montré que le RIT peut être amélioré par l'exercice à n'importe quel âge. Cependant, dans les études antérieures, la variante *exercice* par rapport à la variante *âge* n'a pas été correctement étudiée.

Murrell a utilisé un dispositif comportant un demi-cercle vertical avec 8 lumières et un demi-cercle horizontal avec des disques pour les réponses, autour duquel se trouvait un start-disque. Un son donne un «préavis» de 1 seconde. Le sujet tient une pointe sur le start et quand une lampe s'allume il doit appuyer avec la pointe, aussi rapidement que possible, sur le disque correspondant. L'expérience est construite afin d'étudier l'effet de l'exercice sur un total de 20 000 réponses avec 1 choix (RIT simple), 2 choix, 8 choix. Les sujets étaient 3 femmes, âgées de 57, 18 et 17 ans, sans expérience antérieure de RIT. Chacune donnait 50 réponses dans chacune des 3 conditions (de choix). Il n'y avait pas de test les samedi et dimanche.

Les auteurs ont trouvé, dans les «multi-choix», que chez tous les sujets il y a eu amélioration initiale puis détérioration, probablement due à la fatigue. Le sujet le plus âgé a eu besoin de 3 sessions avant l'amélioration, les autres pas. La quantité d'exercice pour éliminer la différence due à l'âge pourrait dépendre du nombre des choix : plus il y a de choix, plus il faut de temps ! Leur conclusion principale est que les différences d'âge, lorsque les sujets sont naïfs, sont pratiquement éliminées avec l'exercice. Par ailleurs, le sujet âgé montre l'amélioration la plus importante.

*
* *

Ainsi donc, à la première question, la réponse est positive, aussi bien celle de Schaie et Willis que celle de Murrell. Oui, certains déficits de nature mentale, cognitive, peuvent être, dans une certaine mesure, compensés par des exercices appropriés. Il y a donc, même chez les personnes âgées, une certaine plasticité fonctionnelle cérébrale, qu'il convient de mobiliser afin d'améliorer les performances intellectuelles.

On peut se poser une deuxième question : s'il en est ainsi, y a-t-il d'autres moyens que le simple exercice pour améliorer le rendement intellectuel des personnes âgées et pour les rendre plus heureuses, ce qui retentit par ailleurs également, de manière positive, sur l'efficience mentale ?

La réponse à cette deuxième question est également positive d'après les résultats de plusieurs travaux, parmi lesquels nous avons fait une sélection. Comme toute sélection, elle est arbitraire, n'engage que l'auteur de ce livre qui d'avance s'excuse de ne pas avoir pu citer tous les ouvrages disponibles. Il fallait donc faire un choix et nous avons choisi trois études, deux du groupe de Schultz et une de Mercer et Kane, les trois étant guidées par des hypothèses de départ proches et menant à une conclusion commune. Il s'agit de l'idée que la personne âgée, surtout si elle est institutionnalisée, souffre, entre autres, d'une sorte de dégradation morale et sociale, car elle ne contrôle plus sa manière de vivre, mais doit obéir, comme un enfant, aux règlements des maisons de repos ou de soins où elle se trouve «placée». Augmenter quelque peu, sans perturber la vie de l'institution, son niveau d'autonomie intellectuelle et comportementale, pourrait avoir des répercussions positives sur son fonctionnement intellectuel.

Examinons tout d'abord les travaux du groupe de Schultz (Schultz, 1976; Schultz et Hartman-Hahusa, 1978).

Schultz commence, dans son introduction, par bien poser le problème. Depuis les très jeunes jusqu'aux plus vieux et même presque mourants, écrit-il, les êtres humains luttent pour contrôler, maîtriser leur environnement. On pense même que beaucoup de comportements de l'enfant sont motivés par une pulsion biologique qui pousse l'organisme à trouver des solutions pour traiter de manière aussi efficiente que possible son environnement. Ceci est valable aussi chez l'animal, comme l'ont montré Seligman et ses collaborateurs (1974; 1975) dans le modèle dit «learned helplessness» («inutilité acquise»). Dans ce modèle, des rats sont placés dans une cage à deux compartiments, séparés par une porte qui permet le passage de l'un à l'autre. Si le rat est soumis, dans un compartiment, à un choc électrique douloureux sur les pattes, il crie, saute, cherche et trouve la solution : il passe à travers la porte dans l'autre compartiment, non électrifié. Si les séances se répètent, il trouve chaque fois, de plus en plus vite, la solution pour échapper à la douleur. Après quelques séances, on ferme la porte, et quoiqu'il fasse, le rat n'a plus de solution, il encaisse les chocs. Après quelques séances, il a appris qu'il « n'y a rien à faire » et alors, même si la porte est ouverte, il n'essaie plus de se sauver et il reçoit les chocs douloureux, alors que la solution est à sa portée ! C'est une situation analogue au déprimé, qui croit que, quoi qu'il fasse, il ne peut rien changer, que tout est inutile. D'où le nom d'« inutilité acquise », donné à ce modèle animal, dans lequel par ailleurs, les médicaments antidépresseurs ont une action positive. En effet les rats traités recommencent à chercher la solution et, après quelques essais, la trouvent.

Revenant à notre propos, on remarquera qu'une des caractéristiques du développement de l'adulte c'est que la plupart des sujets continuent à élargir la sphère de leurs compétences. Ainsi p.ex. l'augmentation du statut social et financier permet à la plupart d'entre nous d'élargir avec l'âge le contrôle sur notre environnement.

Cependant, la retraite et la vieillesse entraînent d'habitude un déclin abrupt du contrôle. La retraite, en effet, représente la perte de la source la plus significative du contrôle opérationnel dans la vie, le rôle du travail. En stricte corrélation avec ce qui précède, la diminution des revenus rétrécit encore le contrôle individuel car on est bien obligé de réduire les activités qui coûtent de l'argent.

De plus, avec l'âge, la plupart des sujets ressentent quelques détériorations dans leur condition physique, donc encore des rétrécissements de la sphère de contrôle. Les seniors souffrent encore de la perte du rôle d'éducation des enfants, ce qui fut une des plus importantes sources de compétence et de contrôle de l'environnement dans leur jeunesse et maturité.

Enfin, beaucoup de seniors vivent une chute supplémentaire et importante de modulation et de contrôle de l'environnement du fait de leur institutionnalisation. Ainsi Schulz et Aderman (1973)[2] ont noté que les réactions négatives à l'institutionnalisation sont liées au sentiment d'« inutilité » créé par la perception par le sujet que l'institution exige d'être passif, d'obéir et que cela représente une perte réelle dans sa capacité de maîtriser l'environnement. D'où la tendance à s'isoler et à la dépression, ainsi qu'une accélération de l'issue fatale, la mort prématurée.

Seligman (1974), chez l'animal, ainsi que Roth et Kubal (1975)[3] chez l'homme, attribuent des déficits motivationnels cognitifs et émotionnels à toute situation prolongée qui se caractérise par une absence de contingence entre le comportement du sujet et ses conséquences. Ceci mène Schultz à discuter le problème du «contrôle» et de la «prédiction».

Le «contrôle» personnel est la capacité de manipuler certains aspects de l'environnement.

Averill (1973) distingue trois types de contrôle — comportemental, cognitif et décisionnel — et insiste sur le fait que chacun d'entre eux est bénéfique et réduit les effets négatifs d'un agent stressant.

Le point de savoir si les effets positifs sont dus au contrôle de soi ou à une meilleure prédiction des événements n'est pas encore très clair. Ainsi p.ex. le fait que le stress des animaux soit réduit lorsque le choc est annoncé par un signal plutôt que lorsqu'il survient de manière inattendue est certainement lié au fait que, dans le premier cas, l'animal a pu prédire l'événement, même sans l'influencer.

On peut donc se poser le problème de savoir si la capacité de contrôler ajoute quelque-chose par rapport à celle de simplement prédire.

Reim *et al.* (1971)[4] ont montré que les sujets qui pouvaient contrôler la situation (c'est-à-dire faire arrêter un bruit aversif), avaient une réaction autonomique (vasoconstriction) réduite par rapport à ceux qui pouvaient seulement prédire l'imminence du stimulus aversif. De plus, les sujets qui pouvaient contrôler ou au moins prédire le stress acoustique, avaient un score supérieur lors d'une tâche psychométrique qu'ils devaient accomplir après le bruit, par rapport à ceux qui étaient dans une situation non-prévisible. Aucune différence cependant n'est apparue entre le groupe «contrôle sur la situation» et le groupe «prédiction» seulement.

Une autre expérience, avec des résultats similaires, a été faite par Geer et Meisel (1972)[5] en montrant, comme stimulus aversif, des photos de cadavres, et en utilisant comme mesure la réponse cutanée galvanique (réaction électrodermique au stress et à la peur). Dans cette étude cependant la situation «maîtrise» (c'est-à-dire que le sujet décide de la durée de présentation des photos) a été plus efficiente que la situation «prédiction» seulement.

Dans l'ensemble on conclura que la prédiction est déjà utile mais que la maîtrise, le contrôle, l'est encore plus et dépend probablement de mécanismes supplémentaires.

Dans le même sens, Schultz cite Lanzetta et Driscoll (1966) qui ont observé que les sujets préfèrent avoir des informations sur une conséquence possible, positive (argent) ou négative (choc électrique) de leur comportement, que ne pas en avoir, même si c'est uniquement positif.

Il semble donc que l'information qui est utile pour un contrôle cognitif est tout aussi désirable si la suite est négative que positive.

L'étude de Schultz que nous résumons ici a été conçue pour établir les effets d'un contrôle accru et de la prédiction d'un événement positif sur le bien-être psychologique et physiologique des sujets âgés, notamment dans la perspective de favoriser ce qu'on va appeler le «vieillissement réussi».

Il a été décidé de leur offrir un visiteur (un étudiant) pour une période de 2 mois. Comme les personnes âgées institutionnalisées sont souvent très seules, on a postulé que la visite d'un étudiant aimable et amical devrait être conceptualisée comme un événement positif et significatif.

Les sujets «contrôle» avaient un certain droit de régler la fréquence et la durée des visites. Le groupe «prédiction» était informé du moment où ils recevraient les visites et de leur durée mais ne pouvaient «contrôler» aucun de ces aspects. Un troisième groupe recevait les visites de manière irrégulière et sans aucun contrôle sur la fréquence et/ou la durée. Enfin un quatrième groupe ne recevait pas de visites, sauf pour recueillir les données de l'étude.

Les données liées au niveau d'activité et à l'état physique et psychologique de chaque sujet étaient recueillies avant toute visite et après la période de 2 mois.

L'hypothèse était que le contrôle et la prédiction auraient un plus grand effet positif que les visites au hasard ou l'absence de visites.

L'étude a porté sur 36 femmes et 6 hommes vivant dans une maison de retraite affiliée à une église; âge: 67-96 ans (moyenne 81,5 ans); tous capables de marcher et de parler.

Une interview basée sur des questionnaires type a lieu avant le début de l'expérience: activités, une journée habituelle, une échelle pour estimer l'«espoir». Le niveau de santé général fut aussi établi, sur base de questions:

– de quoi souffrez-vous?

– combien de fois par semaine devez-vous aller à l'infirmerie?

– quels médicaments prenez-vous?...

Le tout fut retesté 2 mois après le début de l'étude.

La question était : «Qui a décidé quand le visiteur devait venir?».
Voici les réponses :
- groupe «contrôle» : moi = 9/10
- groupe «prédiction» : moi = 2/8
- 3ᵉ groupe : moi = 1/10

D'après les divers indices, le groupe prédiction et le groupe contrôle ont montré une meilleure santé qu'au début. De même, quant à leur état psychologique et à l'activité, il y a eu une nette supériorité pour les groupes «prédiction» et «contrôle». Ainsi, dans l'étude de Schultz, les variables «contrôle» et «prédiction» ont positivement influencé le bien-être physique et psychologique des sujets. Le fait qu'il n'y ait pas eu de différence entre «prédiction» et «contrôle» plaide en faveur des conclusions de Reim *et al.* (1971) : les effets positifs sont dus essentiellement à la «prédiction».

La même année 1976, c'est-à-dire celle de la publication de Schultz que nous venons de discuter, sont apparues aussi les données de Langer et Rodin sur les effets du choix et de l'augmentation de la responsabilité sur les seniors. Voici quelques éléments essentiels de ce travail de Langer et Rodin (1976).

La transition de la maturité à la vieillesse, considèrent les auteurs, est souvent perçue comme un processus de perte, à la fois sur les plans physiologique et psychologique. On ne sait pas encore clairement quelle partie de ce changement est biologiquement déterminée et quelle partie dépend de l'environnement. La capacité de continuer à ressentir un certain sentiment de maîtrise personnelle, de contrôle sur soi-même et sur sa vie lorsqu'on devient vieux, peut être considérablement influencée par des facteurs sociaux qui peuvent à leur tour influencer le bien-être physique du sujet.

Certes, la condition humaine de chacun change presque toujours avec l'âge. On perd sa position sociale, ses normes et points de repères habituels dans les groupes sociaux dans lesquels on évolue. Autant d'événements qui influencent négativement la manière dont on perçoit ses propres compétences et le sentiment de ses responsabilités. La perception de ces changements, ajoutée à certaines infériorités physiques, contribue à rendre plus aigu le sentiment de vieillir et à diminuer l'auto-estime dont on a tous besoin, autant que de la considération des autres. Ainsi, le sujet vieillissant commence à se voir lui-même arrivé dans une situation caractérisée par une réduction du contrôle qu'il peut exercer sur son milieu ; il est devenu une sorte d'objet passif, manipulé par l'environnement. Tout en s'interrogeant sur d'éventuelles possibilités de réduire l'impact de ces facteurs, quelques études ont suggéré qu'en effet un vieillissement mieux réussi — mesuré par une mortalité, une morbidité et une déficience psychologique réduites — a d'habitude lieu lorsque le sujet ressent le sentiment de sa propre utilité et d'un but à poursuivre.

Dans le même sens il faudrait encore souligner que la notion de compétence est au centre de maints aspects du comportement humain. En 1930 déjà, le grand psychanalyste Adler avait considéré le besoin de contrôler son environnement personnel comme une nécessité intrinsèque à la vie même. En effet la tendance motivationnelle primaire de l'homme c'est de pouvoir produire des changements dans son environnement. L'homme s'efforce d'être un agent causal, d'être lui-même l'origine, la cause de son comportement.

Divers travaux de laboratoire ont démontré par ailleurs que la diminution du contrôle sur des événements désagréables augmente les conséquences physiques et l'anxiété générées par ces événements. Réciproquement, le sentiment, même non-réaliste, d'un certain contrôle sur un événement qu'on redoute, réduit l'émotion négative qu'il produit. Langer *et al.* (1975)[6] ont provoqué la perception du contrôle sur le stress chez des patients hospitalisés par des entretiens structurés sur l'importance du contrôle cognitif. Ces patients ont eu besoin de moins d'analgésiques et de sédatifs et ont été décrits par les infirmières comme moins anxieux.

Le « choix » est une variable cruciale capable d'augmenter le sentiment induit de contrôle. Stotland et Blumenthal (1964) ont étudié les effets du « choix » sur la réduction de l'anxiété. Ils ont informé les sujets qu'ils seraient soumis à une série de tests importants pour mesurer leurs capacités motrices et intellectuelles. La moitié des sujets a pu choisir dans quel ordre ils allaient passer les tests, tandis que l'autre moitié a été informée que l'ordre de passation était fixé d'avance et qu'ils ne pouvaient rien changer. Les sujets qui n'avaient pas de choix étaient plus anxieux (le niveau d'anxiété étant mesuré par la transpiration palmaire). D'autres études ont confirmé ces données sur l'importance du choix pour diminuer le stress et Lefcourt (1973) pense aussi que le sentiment du contrôle, l'illusion qu'on peut choisir, jouent un rôle décisif dans le maintien de la vie. Ces facteurs psychologiques sont donc directement liés à la santé et à la survie. Schmale *et al.* (1958-1966) ont montré que la colite ulcéreuse, la leucémie, le cancer cervical et les maladies cardiaques sont associées à un sentiment de « helplessness » et de perte de l'espoir qui, très souvent, ont précédé le début apparent de la maladie. Seligman (1975), comme on l'a vu, a étudié l'apprentissage de l'«inutilité acquise» chez l'animal et l'a reliée aux syndromes cliniques de la dépression. Tous ces facteurs augmentent également la probabilité d'une mort précipitée. En gériatrie, le contrôle objectif et le sentiment de maîtrise peuvent donc contribuer à la santé physique et à l'efficience personnelle.

Rodin souligne que chez les enfants aussi, le sentiment de contrôle réduit produit par une surpopulation familiale, augmente également la probabilité de se laisser aller devant une difficulté. L'étude de Langer et Rodin dans des homes confirme que les résidents à qui on fait croire qu'ils ont des «responsabilités» se portent mieux que les autres :

– 71 % des sujets «sans responsabilité», quoique bien traités, chutent en 3 semaines.

– 93 % des sujets «avec responsabilité» montrent une évolution positive à tous points de vue.

La conclusion de cette étude est donc que la sénilité et la vigilance réduites ne sont pas le résultat inéluctable de l'âge. Au contraire, certaines conséquences négatives du vieillissement peuvent être retardées, compensées ou même prévenues, en donnant à nouveau aux personnes âgées le droit de prendre des décisions et de sentir une certaine compétence.

Dans une publication ultérieure, Rodin (1986) développe encore cette idée sur le rôle positif du sentiment de «contrôle» sur la santé, notamment chez les personnes âgées. Ceci est d'autant plus important, souligne Rodin, que des déplacements démographiques significatifs sont prévus, comme p.ex. le fait qu'en 2050 un quart de la population des USA aura plus de 65 ans! Notons aussi la plus simple définition du contrôle : l'action de provoquer un événement désiré et d'éviter des événements non-désirés. L'efficience et la perception du contrôle dépendent du fait que le sujet croit que lui ou elle puissent faire en sorte que les événements désirés arrivent et qu'il puisse organiser des comportements propices à la maîtrise des diverses situations.

En 1983 une «joint task force» (groupe commun d'action) des associations américaines médicales et du personnel associé ont étudié comment améliorer les soins de santé des seniors souffrant de maladies chroniques. Ils sont arrivés à la conclusion que «le sentiment d'un but à poursuivre et celui d'un certain contrôle sur sa propre vie est un élément fondamental de la santé de la personne âgée». Quant à Rodin, qui analyse ses propres résultats et ceux obtenus par cette «joint task force», elle aborde plusieurs aspects du problème, à savoir :

a. *Contrôle et santé en rapport avec l'âge*

Trois éléments, écrit Rodin, font que le rapport entre la santé et le sentiment de contrôle est particulièrement important chez la personne âgée.

1. Tout d'abord parce que les expériences individuelles liées au contrôle ont une signification plus importante chez la personne âgée à la fois parce qu'elles sont plus fréquentes et parce qu'elles ont une signification sociale différente. La perte des amis et des membres de la famille, ou la retraite p.ex., peuvent compromettre certains objectifs encore atteignables malgré l'âge et peuvent priver les sujets du «feed-back» qui les rassure sur leur compétence. En effet, se comporter de la manière qui est décrite comme stéréotype pour le vieux, peut réduire le sentiment de contrôle et peut réellement réduire les capacités de maîtrise et augmenter le sentiment d'incompétence.

A l'intérieur et à l'extérieur des institutions, les gens qui sont en contact avec les seniors sont souvent prêts à les aider à accomplir des tâches qu'ils accomplissaient auparavant eux-mêmes. De telles aides, quoique bien intentionnées, peuvent miner le sentiment individuel de contrôle et réduire en effet les capacités d'accomplir convenablement ces tâches. Or, il n'y a pas de données claires sur la diminution de la perception du contrôle avec l'âge. Au contraire, il y a des études qui montrent que les personnes âgées manifestent le plus grand sentiment d'efficience personnelle (Rodin *et al.*, 1985).

2. Un deuxième facteur qui, avec l'âge, lie la santé et le contrôle, est que la relation entre contrôle et indicateur de l'état de santé est considérablement altérée, ou conditionnée, par l'âge. Par exemple, parce que le système immunitaire change avec l'âge et que les processus liés au contrôle affectent les fonctions immunologiques (Caudenslager *et al.*, 1983), il est possible qu'avec l'âge le rapport entre la perte du contrôle et l'immunosuppression devienne plus étroit. Autrement dit, et toutes autres conditions restant les mêmes, l'incidence des maladies liées à la fonction immunologique devrait augmenter lorsque les sujets ont le sentiment d'une absence de contrôle et ceci dans une plus grande proportion chez les âgés que chez les jeunes.

3. Il se pourrait évidemment qu'une certaine relation existe entre le sentiment de contrôle d'une part et, d'autre part les comportements orientés vers le maintien de la santé, y compris celui de chercher les soins médicaux. En effet, les personnes âgées ont plus de contacts que les jeunes avec les systèmes de services médicaux, et il est clair que, dans une certaine mesure, les soins médicaux réduisent son propre contrôle. De plus, ceux qui traitent les seniors et en particulier les hommes, favorisent

plutôt le développement de comportements d'obédience, car cela leur facilite les tâches quotidiennes.

Dans l'ensemble, il paraît clair que la santé des seniors est puissamment influencée par des interventions qui augmentent le contrôle et qui s'opposent aux circonstances habituelles de la vie des personnes âgées, circonstances qui vont dans le sens d'une restriction du contrôle ou du moins du sentiment de contrôle, ce qui revient pratiquement au même.

b. Principes de recherche en gériatrie

1. Toutes les données dans les domaines gériatrique, physiologique et psychologique, montrent une variabilité qui augmente parallèlement avec l'âge des sujets observés. Il est donc très difficile de définir le «vieux typique».

2. Les changements qui sont apparemment en liaison avec le vieillissement biologique peuvent en réalité être la conséquence des facteurs non-biologiques mais se trouvent en relation avec le fait d'être âgé, comme p.ex. l'incidence accrue des maladies diverses ou le veuvage.

3. Le résultat du processus de vieillissement n'est pas nécessairement un déclin. Ainsi, certaines maladies comme les maladies auto-immunes apparaissent rarement dans le grand âge. De même l'impact de beaucoup d'événements, comme par exemple la perte de l'époux, est parfois moins grand chez la personne âgée, surtout la femme, parce que de tels événements sont perçus comme étant «dans l'ordre des choses».

4. Des groupes successifs de personnes âgées apparaissent tellement différents qu'il est difficile d'appliquer aux seniors d'aujourd'hui les conclusions des études d'il y a 25 ans et on peut se demander dans quelle mesure les études actuelles pourront s'appliquer aux seniors de demain.

c. Les restrictions du contrôle chez les personnes âgées

On a étudié l'aspect d'une *relocation involontaire* dans la communauté, de l'*institutionnalisation* et du *transfert* d'une institution à l'autre ou au sein de la même institution et de la *retraite*.

Les personnes âgées réussissent moins bien que les jeunes à anticiper et à contrôler les événements liés aux déplacements. Kasl *et al.*(1980) ont montré — par rapport à un groupe contrôle — les effets nocifs, sur les personnes âgées, d'une relocation forcée d'un environnement détérioré dans des habitations qui représentaient une indiscutable amélioration résidentielle : plus d'hospitalisation et d'admission dans des homes, plus d'accidents cérébro-vasculaires et d'angines de poitrine, et plus de négligence pour se soigner soi-même. Le plus d'effets nocifs ont été décrits chez les personnes qui craignent ce déménagement et ce, bien qu'elles soient conscientes des avantages de leur nouvelle résidence. La retraite, et surtout la retraite forcée, augmente le stress et affecte la santé. Quoi-qu'il n'y ait pas assez d'études claires pour déterminer les effets différentiels sur la santé de la retraite volontaire par rapport à la retraite obligatoire, il semble que les personnes qui sont bien impliquées dans leur travail et qui disposent de plus de contrôle sur leur activité, puissent ressentir le plus le sentiment de perte après la retraite. Cependant, assez fréquemment ces sujets sont aussi parmi les privilégiés qui disposent de ressources — financières et intellectuelles — pour s'adapter à la transition.

Il faut cependant admettre qu'il y a des limites à l'efficience des options qui permettent un contrôle. Ainsi, il y a des personnes qui préfèrent ne pas contrôler; il y a des sujets qui profitent mieux que d'autres, surtout ceux qui « croient » dans la valeur positive du contrôle, donc il est quand même utile de bien expliquer à chacun en quoi consiste son droit au « contrôle ».

d. Les mécanismes des effets du contrôle sur la santé

Réduction du stress : dans la mesure où les gens croient qu'ils peuvent prévenir, arrêter ou diminuer l'importance des événements aversifs, ils ont moins de raison d'en être perturbés ! Beaucoup de personnes âgées présentent des changements physiologiques qui les rendent plus vulnérables aux stress non-contrôlables : dépression du système immunologique, déclin du métabolisme des hormones adréno-corticales, incidence accrue des maladies chroniques, etc. De plus la perception de la vraie zone des options maîtrisables est plus étroite avec l'âge et ils se perçoivent eux-mêmes comme moins efficients. Quand les gens ont un certain contrôle sur les événements, leur environnement est plus prévisible et la prévisibilité a un effet positif important sur la diminution du stress.

Mécanismes physiologiques : le contrôle réduit la réactivité autonome, réduit les ulcères gastriques et la perte de poids chez les animaux soumis aux stress sévères (Weiss, 1971-1972). Le manque de contrôle fait augmenter les catécholamines circulantes, donc augmente les risques de troubles cardio-vasculaires. Ceci est également vrai pour le cortisol et le système immunitaire.

*
* *

En conclusion, parmi les comportements utiles pour la santé, retenons le contrôle accru, mais aussi s'informer sur la médecine, chercher des soins préventifs, mieux respecter les régimes, etc.

Parmi les grands défis de la décennie du cerveau, il y aura aussi celui de trouver des moyens pour rendre disponibles mais pas obligatoires de nouvelles possibilités en ce sens.

*
* *

Un autre travail qui nous permettra de mieux comprendre sur quoi se base le concept du vieillissement cérébral réussi, est celui de Mercer et Kane (1979). Ces auteurs ont étudié le syndrome d'«inutilité» (helplessness) et celui de la perte de l'espoir (hopelessness) parmi les personnes âgées institutionnalisées, ainsi que quelques modalités pour les influencer, c'est-à-dire qu'ils ont fait une véritable expérience.

A. *Prémisses théoriques*

L'entrée dans une maison de santé représente d'habitude une chute brutale dans le contrôle qu'une personne a sur sa propre vie. La décision d'y entrer n'est habituellement pas entre les mains de la personne âgée et, une fois entrée, elle n'a pratiquement pas de choix quant à la routine des activités de tous les jours. Ceci entraîne le plus souvent une tendance à ce qu'on appelle «learned helplessness» et «learned hopelessness» (apprendre qu'on ne peut rien faire et qu'il n'y a aucun espoir!).

Une manière de réduire cet impact négatif de l'institutionnalisation est de permettre à la personne âgée d'avoir des choix à faire et d'exercer un certain contrôle sur l'environnement du home.

Cette étude tente de préciser l'influence de ces deux paramètres (choix et contrôle) au niveau des résidents sur :
- le manque d'espoir ;
- l'activité physique ;
- le fonctionnement psychosocial.

B. *L'environnement d'une maison de repos (nursing home)*

Les maisons de repos sont devenues, aux Etats-Unis, des «entrepôts» pour beaucoup de vieux de la nation. Elles ont été critiquées largement, certainement même de manière exagérée.

C'est pour cela que nous n'allons pas reproduire ici les critiques acerbes de divers auteurs cités par Mercer et Kane. Admettons cependant que des effets dévastateurs au niveau psychologique sont là, dès que les sujets réalisent qu'ils n'ont plus aucun contrôle sur les décisions qui affectent leur vie. Abdiquer de la responsabilité pour diriger sa propre vie produit les effets les plus négatifs qu'une institution puisse produire sur l'individu.

En fait, pour la personne âgée, l'entrée dans une maison de repos est un départ dramatique de la vie dans la communauté. En effet le choix n'est pas admis même dans les activités les plus élémentaires : les repas, l'heure du coucher et du lever, s'habiller ou pas s'habiller, quand prendre sa douche, être avec les autres ou rester seul, boire une boisson alcoolisée, même sporadiquement, choisir son compagnon de chambre, etc.

Par ailleurs, on a constaté que finalement, puisque toute tendance à l'auto-détermination est plutôt brimée et rarement encouragée, la plupart des résidents ne font plus aucun effort et se soumettent passivement à la routine imposée. La frustration, l'idée qu'il n'y a rien à faire, pas d'espoir et pas de pouvoir dominent et créent ce que Engle (1968) a appelé le complexe de «renoncer à tout» (giving-up complex) qui jouerait un rôle majeur dans la classique vulnérabilité des résidents aux maladies.

C. L'inutilité acquise (Learned helplessness)

Il semble évident, comme nous l'avons déjà dit, que la plupart des êtres humains désirent exercer un certain contrôle sur leur environnement personnel. L'institutionnalisation pour les personnes âgées représente une perte brusque de ce contrôle personnel. Or l'opposé de ce sentiment de pouvoir déterminer les événements personnels c'est justement le sentiment d'inutilité acquise («learned helplessness») et celui d'une situation sans espoir (hopelessness).

Le syndrome d'inutilité acquise se caractérise par la conviction que ses propres actions n'ont aucune influence sur les événements, c'est-à-dire :
– dépression;
– déficit de motivation;
– déficits cognitifs.

La personne devient finalement vraiment incapable de se rendre compte même des actions qui ont quand même une influence sur les événements. Cela se manifeste, comme dans la dépression réactive, par une activité réduite au strict minimum. Cependant, dans les maisons de repos, c'est plus grave et ça fait augmenter la mortalité parmi les résidents.

Une ancienne étude, malheureusement non contrôlée (Ferrari, 1962), arrive à la conclusion que la mortalité est plus grande parmi les résidents qui perçoivent qu'ils n'ont pas eu de choix pour le devenir, que parmi ceux qui ont considéré que c'était eux qui avaient pris la décision d'entrer dans cette maison. Il semble également, comme nous l'avons vu dans le travail de Schultz (1976), que les visites des volontaires dans les homes sont plus bénéfiques lorsque le patient a la permission de contrôler et de décider de l'horaire de ces visites. De plus, dans le travail déjà cité auparavant de Langer et Rodin (1976), on a vu que ces auteurs suggèrent que même *l'illusion de contrôle* peut être aussi efficace que le contrôle réel pour réduire le sentiment d'inutilité acquise et peut-être même la mortalité.

D. Le manque d'espoir (hopelessness)

Le manque d'espoir se caractérise par une vue négative concernant l'avenir, et ces vécus et perceptions négatifs entraînent une humeur dépressive. Kovacs *et al.* (1975) considèrent que c'est plutôt cette perte d'espoir que la vraie dépression qui détermine la probabilité des suicides.

*
* *

Il est évident que ces deux aspects sont en corrélation. Le vécu négatif du manque d'espoir peut plus facilement se trouver chez des sujets qui ont perdu le contrôle de leur environnement et ont été réduits au stade de l'inutilité acquise. Inversement, les personnes qui se perçoivent comme exerçant encore un certain contrôle sur leur environnement auront plus de chance de bénéficier des attentes plus confiantes et optimistes pour leur avenir que celles qui ont acquis le sentiment d'inutilité.

Le sentiment d'inutilité et la perte de l'espoir sont donc des concepts parallèles et ont été utilisés pour décrire le sujet âgé institutionnalisé et ont été analysés dans cette étude de Mercer et Kane, de 1979. Voyons tout d'abord la méthode qu'ils ont utilisée.

Deux maisons de repos (A et B) ont été étudiées, mais les interventions étaient destinées à changer le milieu pour *tous* les résidents A en expérimental et B contrôle.

La majorité des patients étaient à deux par chambre et les plus alertes étaient dans des ailes différentes de celles où se trouvaient les plus infirmes.

Les résidents étaient âgés d'au moins 60 ans, recevaient un niveau minimum ou modeste de soins et étaient ambulatoires et capables de communiquer. Il y a eu 40 résidents inclus dans le home A et 35 dans le home B.
(NB : Pour cause de maladie ou d'accident avant la fin de l'étude, il y a eu au total 37 «expérimentaux» et 32 «contrôles»).

Des interviews avec chaque personne utilisaient :
– un questionnaire de base pour déceler les attitudes différentes envers la vie dans le home ;
– un instrument d'activité ;
– une échelle de perte de l'espoir.

Après les mesures de pré-test, le groupe A disposait d'un plan d'intervention expérimentale de 5 semaines :

a. – le directeur faisait un discours en soulignant son désir de voir les résidents prendre la responsabilité d'eux-mêmes ;
– il détaillait les possibilités de décisions à prendre ;
– il encourageait les résidents à donner leurs idées, suggestions et plaintes.

b. une semaine plus tard, le message était «renforcé» par le même directeur qui allait de chambre en chambre pour voir personnellement chaque résident.

c. à ce moment les patients avaient l'occasion de s'occuper d'une plante qu'ils choisissaient eux-mêmes sur une charrette.

d. Cinq jours plus tard, ceux qui avaient choisi une plante recevaient des instructions sur la manière de la rempoter et avaient aussi un choix quand ils pouvaient obtenir le matériel nécessaire aux soins.

e. Les patients étaient encouragés à participer à un *conseil des résidents*, qui venait d'être établi, on demandait des idées pour l'agenda du premier meeting et 3 semaines après, les résidents étaient informés du premier meeting.

Tous les sujets étaient retestés avec l'instrument d'activité, l'échelle de perte de l'espoir, l'échelle de comportement. Voici quelques éléments de ces «instruments».

L'échelle «manque d'espoir» (hopelessness) comprend 20 items, les réponses à donner sont «vrai» ou «faux», et plus les scores sont élevés, plus le manque d'espoir est grand. L'échelle est fiable, bien corrélée avec l'état clinique et sensible aux changements qui peuvent arriver avec le temps.

L'échelle «activité» est basée sur les estimations du patient et indique les niveaux d'activité pour 17 items, comme p.ex. locomotrices et sociales, mais aussi des activités plus personnelles comme lire, regarder la TV ou écrire des lettres.

L'échelle de comportement comprend 16 items complétés par le staff pour coter des comportements comme p.ex. comment le sujet mange et dort, des index de dépression, d'hostilité, tendances à suspecter les autres, désorientation, isolement social, participation sociale, indépendance, etc. Tous ces items reflètent essentiellement l'intégration psycho-sociale.

Voici les principaux résultats de cette étude de Mercer et Kane :

a. La majorité des résidents sont arrivés dans les homes directement de leur foyer. Tous donnaient comme raison pour leur entrée dans la maison de repos, un ensemble de faits liés essentiellement à la maladie et au besoin de soins. Ils formaient un groupe assez homogène quant à leur passé de travail et à l'ensemble des visites de la famille et des amis.

b. La grande majorité ont exprimé leur désir d'exercer un plus grand contrôle sur certains aspects de leur vie tels que la nourriture et les activités quotidiennes. Cependant la plupart comprennent très bien que vivre dans une résidence implique de renoncer à des choses importantes comme p.ex. l'intimité, les responsabilités personnelles, les amitiés ainsi que les activités de type social et religieux.

c. Quelques différences ont été quand même trouvées entre les deux groupes. Ainsi le groupe contrôle comprenait plus d'hommes et de résidents qui étaient divorcés ou qui n'avaient jamais été mariés; ils avaient aussi vécu plus longtemps dans les homes. Plus important : ceux du groupe contrôle avaient le sentiment qu'ils avaient eu moins de choix que le groupe expérimental pour entrer dans le home. Peu de résidents (un peu plus dans le groupe expérimental) ont pu visiter la maison avant d'y entrer. Il y avait peu de différences entre les deux groupes dans les scores pré-test, mais néanmoins dans l'interprétation des résultats on a tenu compte des différences de départ.

d. Tous les participants du groupe expérimental ont reçu le message de «participation». 90 % ont décidé de choisir une plante et 70 % de la rempoter. 76 % ont décidé de participer à la première réunion du conseil des résidents.

e. Au départ, il n'y a pas eu de différence significative entre les deux groupes quant au critère «manque d'espoir». Cinq semaines plus tard cependant, le groupe expérimental montre une réduction significative ($p < .01$) à ce critère, donc une amélioration.

f. Il y a eu une augmentation significative ($p < .001$) dans l'activité, en général, pour le groupe expérimental. L'amélioration a été particulièrement importante pour des critères «actifs» comme p.ex. le petit ménage, la marche, les visites rendues aux autres résidents. Par contre, le groupe contrôle a montré une baisse, quoique non significative, des activités. Il y a eu aussi une corrélation significative entre les changements positifs dans l'échelle de l'espoir et le niveau d'activité.

g. Quant à l'échelle comportementale, dans le groupe expérimental il y a eu des changements positifs alors que dans le groupe contrôle les changements étaient dans le sens négatif. Il est aussi important de noter que tous les examinateurs (l'infirmière de jour, celle de nuit et l'assistant social) sont arrivés à la même conclusion : après 5 semaines, le groupe expérimental s'est amélioré et le groupe contrôle a empiré.

NB. On ne peut pas savoir si l'amélioration du groupe expérimental a été le résultat direct des changements dans le choix et le contrôle ou bien du fait que le résident a été traité avec plus de respect et de soin. On ne peut pas savoir non plus quelle composante des manipulations du groupe expérimental a joué le plus pour obtenir cet effet favorable.

De l'ensemble des résultats, Mercer et Kane arrivent à trois conclusions principales.

a. Les effets graves, dévastateurs de la perception de l'inutilité et du manque d'espoir acquis, obligent à considérer de nouvelles implications pour les travailleurs sociaux dans le domaine des maisons de repos.

b. On doit développer des programmes et des politiques orientés vers l'augmentation des choix, du contrôle et de la prédiction disponibles aux résidents. Ceci devrait être bien individualisé afin d'être en accord avec ce que les résidents apprécient réellement. Ainsi p.ex. parmi les désirs les plus exprimés, il y a :
– le contrôle sur la sélection et même la préparation des repas;
– l'intimité, ne fut-ce que frapper à la porte avant d'entrer et que l'on dispose d'un petit placard qu'on puisse fermer à clef;
– disposer d'un petit magasin sur le lieu de la résidence qui permettrait aux résidents de ne pas tout demander à la famille et de se faire de petites attentions entre eux;
– avant même d'entrer comme résident, pouvoir visiter les lieux, choisir

le moment de l'entrée, et participer au choix de la chambre, du partenaire de chambre, des meubles.

c. Les interactions entre activité et humeur doivent inciter à créer des programmes, y compris des exercices physiques, individualisés et adaptés aux goûts et aux possibilités des résidents.

N'oublions pas que nous sommes tous sujets à développer un syndrome d'inutilité acquise lorsqu'on passe par une expérience de perte de contrôle, de causalité. Cependant, les sujets âgés et institutionnalisés sont des sujets à très grand risque puisque ces pertes de contrôle sont rarement passagères mais deviennent une partie d'un style de vie permanent.

Les personnes qui travaillent dans des homes sont souvent découragées elles-mêmes. On devrait plus leur faire comprendre que l'inutilité acquise n'est pas un problème sans espoir!

CONCLUSIONS

Après avoir examiné, brièvement, quelques études fondamentales à ce sujet, nous pensons que le lecteur devrait être convaincu au moins d'une notion de base : nous vieillissons tous, mais pas de la même façon et surtout tout n'est pas inexorable. Le milieu environnant, notre propre conscience et notre effort personnel peuvent nous conduire, dans le cadre du vieillissement cérébral physiologique, vers une certaine «réussite», c'est-à-dire être au-dessus de la moyenne. C'est le concept qui a été clairement proposé par Rowe et Kahn en 1987 dans leur ouvrage qui s'intitule «Vieillissement humain : habituel et réussi» (en anglais : Human Aging : usual and successfull).

Nous allons nous baser, pour les conclusions de ce chapitre, essentiellement sur cet ouvrage de Rowe et Kahn.

La recherche sur le vieillissement, écrivent-ils, a surtout souligné et décrit les pertes. En l'absence d'une pathologie identifiable, les gérontologues et les gériatres ont interprété les déficits cognitifs et physiologiques associés à l'âge comme étant déterminés par l'âge. Cependant, et nous l'avons déjà vu plus haut, le rôle de l'âge «per se» dans ces pertes a été souvent surestimé et une majeure partie des déclins associés à l'âge pourraient être expliqués en termes de style de vie, d'habitudes, de régime et d'un grand nombre de facteurs psycho-sociaux extrinsèques au processus de vieillissement. La recherche sur le vieillissement a aussi montré des différences entre des groupes de sujets de même âge. Cette hétérogénéité a été soit ignorée, soit attribuée à des facteurs génétiques. Cette vue néglige l'impact important des facteurs extrinsèques et des interactions entre les variables psycho-sociales et les variables physiologiques.

De tout ce que nous avons vu dans ce chapitre, quelques aspects majeurs sont à retenir.

1. Le concept de «normalité» dans les études sur le vieillissement

Les chercheurs ont commencé à reconnaître l'importance de distinguer les changements pathologiques de ceux qui pourraient être attribués au vieillissement proprement dit. Ainsi des indications précises existent pour exclure, lors des études physiologiques ou pharmacologiques, des sujets dont les réponses et les comportements déterminés par l'âge pourraient être influencés par des maladies spécifiques. Les résultats obtenus sur la population restante ont été interprétés comme représentant le vieillissement «normal» surtout lorsqu'il s'agissait d'études longitudinales plutôt que d'études sur des groupes différents et qu'on pouvait exclure les différences d'un groupe à l'autre.

Ce concept de «normalité» a en fait été fructueux et depuis 30-40 ans, en excluant les maladies spécifiques, on a montré des effets indubitables de l'âge sur des variables cliniques liées à l'audition, la vision, la fonction rénale, la tolérance au glucose, la pression artérielle systolique, la densité osseuse, la fonction pulmonaire, la fonction immunitaire, le système nerveux sympathique, etc. Des recherches plus récentes ont également montré des changements caractéristiques liés aux fonctions cognitives et comportementales. Ces changements non-pathologiques sont importants, non seulement dans la mesure où ils reflètent les processus du vieillissement, mais aussi dans beaucoup de cas, les éléments précurseurs de la pathologie. Cette vue, maladie vs. normalité, a cependant de nombreuses limitations :

a. elle néglige l'hétérogénéité parmi les personnes âgées normales quant à de nombreuses caractéristiques physiologiques et cognitives, hétérogénéité autant dans un même groupe culturel qu'entre les cultures différentes.

b. la notion de «normalité» comporte implicitement la notion d'absence de risque.

c. ce qui est «normal» est considéré comme naturel et donc au-dessus de nos possibilités de le modifier.

En bref, l'accent sur le vieillissement normal focalise l'attention sur un inventaire de ce que la plupart des seniors font ou ne font pas, et sur les états «typiques» physiologiques et pathologiques. Tout cela tend à créer une gérontologie de l'«habituel».

2. Le vieillissement habituel et le vieillissement réussi

Les limitations précitées montrent la nécessité d'ajouter une différenciation conceptuelle dans la catégorie «normale» entre ce qu'on pourrait considérer comme «habituel» et comme «réussi». Ainsi p.ex. lorsqu'on admet l'hétérogénéité, qu'est-ce que cela veut dire? Que dans le groupe qui, dans l'ensemble, montre tel ou tel déclin, en moyenne, il y a des sujets avec peu ou pas du tout de déclin par rapport aux jeunes. On peut considérer ces personnes comme ayant vieilli de manière «réussie» par rapport à la variable étudiée. Ceux qui montrent peu ou pas de déficit dans une constellation de fonctions physiologiques pourraient en effet être considérés, du point de vue physiologique, comme largement réussis.

La différence entre «habituel» et «réussi» ressort aussi si l'on considère les facteurs de risque pour des maladies spécifiques. Ainsi p.ex. nous connaissons la relation avec l'âge de l'hypertension artérielle, de l'obésité, de l'hypercholestérolémie, etc., pour les maladies cardio-vasculaires. On dit que ces changements sont liés à l'âge mais on oublie qu'ils sont habituels dans les pays riches et industrialisés et pas dans les sociétés pastorales, agraires. On peut donc penser que l'attribution à l'âge de ces changements soit exagérée et qu'on néglige trop la capacité de moduler le processus de vieillissement que peuvent avoir des variables comme le régime alimentaire, l'exercice, etc. S'il en est ainsi, la perspective est qu'on pourrait dans une large mesure éviter et même récupérer les pertes fonctionnelles dues à l'âge et ainsi réduire les suites de ces risques sur la santé.

Le concept de «vieillissement réussi» n'enlève rien de l'intérêt pour les maladies spécifiques ou pour l'étude du vieillissement en général, mais donne seulement une explication supplémentaire à l'hétérogénéité dans les groupes de personnes âgées et met en avant des facteurs qui mènent au succès.

3. L'âge et le métabolisme des hydrates de carbone

Après 60 ans, on a d'habitude certaines difficultés à bien métaboliser un excès de glucose. Bien sûr le diabète est un grand facteur de risque cardio-vasculaire et en particulier en ce qui concerne une attaque cérébro-vasculaire ou cardiaque. Mais la différence entre jeunes et vieux (non-diabétiques) est moins grande si on considère aussi l'exercice, le régime, le poids, les médicaments utilisés. Par ailleurs, même chez les personnes âgées l'exercice physique approprié améliore l'intolérance au glucose et la résistance à l'insuline (Tonino *et al.*, 1986).

4. L'âge et l'ostéoporose

Avec l'âge il y a une diminution de la densité osseuse et donc une prédisposition à des fractures même lors d'un traumatisme minime. Pour les femmes surtout, vers 65 ans, un tiers aura une fracture vertébrale, après 81 ans un tiers des femmes (et 1/6 des hommes) aura une fracture du bassin, très souvent un événement catastrophique, sinon terminal! Mais ici aussi il y a plusieurs éléments qui prédisposent : l'âge, la ménopause, la cigarette, les fortes doses d'alcool, pas assez de calcium. Et ici, de nouveau, l'exercice est favorable (Krolner *et al.*, 1983).

5. L'âge et la fonction cognitive

Comme nous l'avons vu, Schaie et Willis (1986) ont bien prouvé : a) que le déclin mental, surtout dans le domaine de l'intelligence fluide (raisonnement inductif et orientation spatiale) n'est pas le même chez toutes les personnes âgées et b) qu'après un training approprié, on obtient une amélioration considérable surtout chez ceux qui montraient un plus grand déclin.

D'autres auteurs, comme p.ex. Schaie et Labouvie-Vief (1974) insistent aussi sur le fait qu'on ne peut pas considérer une population âgée comme étant homogène, en fonction de l'âge, mais qu'il y a une importante hétérogénéité parmi des sujets du même âge. Cette hétérogénéité est liée aussi bien à l'état de santé général qu'au niveau d'éducation.

6. L'importance des facteurs psycho-sociaux

Tout d'abord, il y a, comme on l'a vu, le problème de l'autonomie et du contrôle, notamment l'absence de contrôle liée entre autres à un déficit physique, à la capacité économique réduite lors de la retraite, au changement de domicile surtout vers les institutions, etc. N'oublions pas l'importance qu'il faut attribuer à une certaine «infantilisation» sociale des seniors et à l'apprentissage de l'inutilité et du manque d'espoir qui en résulte, avec les conséquences parfois dramatiques sur l'humeur pouvant mener à la dépression et même aux tendances suicidaires. Rappelons aussi qu'il faut particulièrement tenir compte du statut marital, car il y a un excès de mortalité (40 % d'excès) dans les 6 premiers mois après la perte du conjoint, surtout chez les hommes.

Toutes ces études ont bien montré l'importance pour la survie mais surtout pour un vieillissement réussi, d'une assistance matérielle et médicale, de l'expression du respect et de l'amour envers le senior. Il faut le pousser à apprendre et, en général, l'encourager, mais pas le contraindre. Il faut cependant assurer l'aide lorsqu'elle est vraiment nécessaire, et faire consulter le médecin pour un dépistage précoce du cancer p.ex. Par ailleurs, ceci peut aussi mener à augmenter les comportements «sains», comme p.ex. arrêter de fumer, modérer l'alcool, respecter le régime, faire un peu d'exercice, etc. Tout ceci entraîne aussi des effets physiologiques, comme p.ex. amélioration du fonctionnement du système cardio-vasculaire et même efficience immunologique.

7. *Quelques directions futures* se dégagent du concept de vieillissement réussi, à savoir :

- Ne pas traiter l'âge comme la seule variable qui peut tout expliquer et accepter qu'il y ait aussi, très souvent, une certaine réversibilité.
- La gérontologie devrait inclure la notion de vieillissement habituel et réussi.
- La recherche devrait comprendre globalement les niveaux physiologique et psycho-social.

Il y a donc toute raison de croire qu'il y a moyen d'améliorer la santé et de diminuer l'incidence des maladies chez les seniors. Il y a déjà une augmentation révélatrice de la durée de vie mais on ira aussi davantage vers un vieillissement réussi.

*
 * *

Ceci étant dit, il faut quand même accepter qu'il y a en général, avec l'âge, certains changements dans les capacités physiques et intellectuelles. Il faut bien détecter ces changements et en tenir compte dans tous les actes médicaux et psycho-sociaux concernant la personne âgée et en particulier dans l'administration des médicaments, notamment les médicaments pour le cerveau, les psychotropes. Les chapitres suivants sont consacrés à ces aspects, mais avant cela, un bref chapitre évoquera le problème de l'âge et de la mémoire, problème d'un grand intérêt mais que nous aborderons d'une façon générale seulement (pour plus de détails à ce sujet, nous recommandons les travaux de Weingartner *et al.*, 1987; Eslinger *et al.*, 1985; Eisdorfer et Servile, 1967 et Evans *et al.*, 1984, ainsi que la monographie déjà citée de Ban, 1980).

NOTES

[1] Comme p.ex. dans ce qu'on appelle : troubles de la mémoire «associés» à l'âge (AA-MI).
[2] Voir dans Schultz, 1976.
[3] Voir dans Schultz, 1976.
[4] Voir dans Schultz, 1976.
[5] Voir dans Schultz, 1976.
[6] Voir dans Langer et Rodin, 1976.

Chapitre 3
L'âge et la mémoire :
Qu'est-ce qui est normal ?
Qu'est-ce qui est anormal ?

La moitié des personnes de plus de 60 ans se plaignent de troubles de la mémoire, et une des causes les plus communes en est la démence. Cependant, relativement peu de seniors sont atteints de démence. Des baisses des capacités mnésiques se rencontrent dans les stades précoces de la démence et chez les seniors déprimés, mais les gens évalués dans les cliniques de screening des démences gériatriques, sont d'habitude reconnus comme souffrant seulement de changements «normaux» de la mémoire, liés à l'âge.

Le médecin traitant, qui peut bien différencier entre les changements de la mémoire, habituellement liés à l'âge et des changements pathologiques, rend un immense service en rassurant le patient et la famille sur les performances cognitives influençant les décisions concernant la retraite, le maintien de l'indépendance, l'estimation sur l'éducabilité encore potentielle et les recommandations des programmes de réhabilitation.

Il est donc difficile mais fructueux de distinguer chez la personne âgée entre des changements normaux dans la mémoire et les symptômes d'une maladie. Ciocon et Potter (1988) se proposent, dans leur travail :
- d'examiner dans la mémoire humaine les changements liés à l'âge, en utilisant un modèle simplifié, à trois stades;
- de comparer les changements normaux, liés à l'âge, à ceux dus à la démence;

- de suggérer une série de méthodes pour que le clinicien puisse aider le patient à compenser ces changements normaux ;
- d'établir les bases pour une aide psychologique.

I. MODÈLES ET STRATÉGIES D'ENTRAINEMENT

Voyons tout d'abord de quoi on parle quand on dit, pour la mémoire, que le modèle à trois stades partage la mémoire en stades sensoriel, primaire et secondaire.

La mémoire sensorielle : c'est la perception passagère des stimuli visuels, auditifs, olfactifs, tactiles, etc. L'information est reçue par les sens et ensuite elle est maintenue brièvement dans un dépôt sensoriel qui est spécifique du type d'information (p.ex. l'information visuelle est maintenue par la mémoire visuelle). La plus grande partie de ce qui atteint la mémoire sensorielle ne passe pas dans la mémoire primaire. Si cette information attire l'*attention* du sujet et/ou est « réécrite » par des stimuli consécutifs, cela passe dans la mémoire primaire.

La mémoire primaire : est également une zone de stockage bref. C'est lorsqu'on dit « qu'on l'a en tête ».

La mémoire secondaire : concerne ce qui doit être retenu à long terme et elle représente le dépôt de tout ce que nous savons. Cette mémoire s'étend depuis des minutes jusqu'à des années.

1. La mémoire sensorielle

Ciocon et Potter ont étudié la mémoire visuelle et auditive. La mémoire visuelle dure environ 1/2 à 1 seconde et la mémoire auditive environ 2 secondes. Chez les seniors on pourrait s'attendre à des pertes importantes de cette mémoire, vu les changements majeurs qui ont lieu, avec l'âge, dans les organes des sens. Ainsi p.ex. *dans l'œil*, il y a jaunissement du cristallin, réduction de la transmission de la lumière, réduction de l'accommodation ; *dans l'oreille*, il y a diminution de l'audition pour les sons aigus, réduction centrale de la discrimination verbale, etc.

Et cependant, lorsque des sujets âgés normaux sont soumis à des tests formels pour la mémoire sensorielle, la différence dans la capacité d'identifier des stimuli sensoriels brefs, n'est pas très grande entre jeunes et âgés. Néanmoins les sujets âgés retiennent mieux les informations lorsqu'elles sont présentées visuellement qu'auditivement.

2. La mémoire primaire

La mémoire primaire est conceptualisée comme une capacité limitée et fluide de retenir une information «qu'on a encore en tête» pendant qu'on l'utilise. Bien qu'il s'agisse d'une zone de stockage temporaire et de petite capacité, elle joue un rôle important dans le traitement et l'apprentissage de l'information. Deux mesures de mémoire primaire sont :

- sa capacité (la quantité d'informations retenues);
- son efficience d'évocation (la proportion d'informations qui peut être rappelée, utilisée, depuis le dépôt de mémoire primaire).

Ainsi, une étude (Botwinik et Storandt, 1974) axée sur la capacité de la mémoire primaire pour des lettres présentées verbalement, a montré que :

- les jeunes peuvent «garder en tête» environ 7 lettres;
- les vieux seulement 5.

De même, l'efficience de l'évocation pour les derniers items présentés semble un peu plus lente chez les personnes âgées. Cependant, dans l'ensemble, on conclut qu'avec l'âge il n'y a pas de diminution substantielle de la mémoire primaire.

3. La mémoire secondaire

Dans ce domaine, le plus étudié, Poon (1985) considère qu'il y a des différences considérables avec l'âge. Les éléments à considérer sont :

- la capacité d'acquérir des informations nouvelles;
- la capacité d'évoquer les informations, une fois qu'elles sont entrées dans la mémoire secondaire.

Dans le test de Guild on demande aux sujets d'apprendre et d'évoquer : des paragraphes, des couples de mots, des chiffres et des dessins. A l'exception de la répétition des chiffres, les sujets âgés ont des scores inférieurs à tous les autres items et le déclin commence déjà entre 39 et 45 ans!

Cependant, l'étude BLSA (Baltimore Longitudinal Study of Aging) (Arenberg, 1983) qui utilise des mesures similaires, trouve que la fréquence des erreurs d'apprentissage n'apparaît que chez des sujets qui ont été testés pour la première fois après l'âge de 70 ans.

Malgré les résultats parfois divergents, il y a un point commun : les deux types d'études ont révélé que les sujets plus âgés montrent quelques difficultés d'apprentissage et d'évocation de ce qui est entré dans la mémoire secondaire.

A. Déficit d'apprentissage ou d'évocation?

L'ensemble des données plaident plutôt en faveur des déficits dans les deux processus. Les plus âgés ont quelque difficulté à faire entrer de nouvelles informations dans la mémoire secondaire et par après à les «sortir», à les évoquer au moment voulu. Par ailleurs, une des questions que posent les personnes d'âge moyen ou d'âge avancé est : «est-ce que l'activité mentale va conserver la fonction cognitive dans le grand âge?». La réponse est «probablement oui» mais il y a beaucoup de chance qu'une activité mentale et, surtout, une capacité verbale reflétant l'entraînement de toute une vie soit très importante. C'est en effet un facteur clef pour les performances des sujets âgés dans le domaine de la mémoire secondaire. De plus, d'autres facteurs vont intervenir, comme p.ex. la «familiarité» du matériel utilisé dans le test ou le fait qu'on permette ou non au sujet de choisir un rythme qui lui convient et de le répéter.

Ainsi, malgré certaines différences plutôt mineures, la mémoire est relativement bien préservée chez des sujets âgés normaux.

B. Changements liés à l'âge versus démence

Le déclin de la mémoire est une des plaintes habituelles chez les personnes âgées qui cherchent un avis compétent. Les informations que la famille peut donner facilitent d'habitude l'impression préliminaire quant à l'importance de la plainte. Des informations de ce type auront un rapport avec les activités quotidiennes, ainsi qu'avec les handicaps dans des tâches comme p.ex. gérer ses revenus, s'occuper de son ménage, prendre soin de sa personne, le jugement, etc. Les sujets qui ont une mémoire normale pour leur âge ne vont pas manifester de déficit dans ces domaines.

Il est de plus essentiel de développer une méthode de routine pour tester les capacités cognitives chez les sujets qui se plaignent de leur mémoire. Une telle estimation, jointe aux informations données par la famille ou provenant d'autres sources, fournit une base objective pour rassurer les patients avec des changements mnésiques normaux pour leur âge, quant à leurs capacités cognitives. Cela sert aussi comme ligne de base au cas où les déficits cognitifs deviennent progressifs.

Les auteurs utilisent le Folstein Mini-Mental Status ainsi que la Batterie de Screening Neuropsychologique de l'Université de Washington (Folstein *et al.*, 1975; Eslinger *et al.*, 1985). Ajoutons que, quelle que soit la batterie utilisée, il est important d'être conscient des limites de validité de tous ces tests et de procéder à des études neuropsychologiques plus complètes lorsqu'on détecte des déficits pathologiques.

En pratique, un score de moins de 24 dans le Mini-Mental Status, ou un score positif dans la batterie de screening, sont d'habitude un signe de la présence de problèmes cognitifs. Cependant ces tests sont sensibles à l'éducation! Des sujets avec très peu de scolarité peuvent donner des scores très bas, sans qu'ils soient déments. Inversement, des déments — pas trop avancés — mais avec un très haut niveau d'éducation peuvent bien passer les tests! De plus, les sujets dont les antécédents et le testing neuropsychologique suggèrent des fonctions cognitives normales et qui désirent améliorer leur mémoire peuvent être dirigés vers un «memory training program» (programme d'entraînement de la mémoire).

C. Les programmes d'entraînement de la mémoire

Ces programmes de training ont été imaginés en fonction des plaintes des sujets âgés et des stratégies qui ont montré une influence sélective sur les performances mentales des sujets âgés. Les programmes ont été testés et les résultats indiquent que les personnes âgées peuvent apprendre des techniques qui améliorent la mémoire secondaire. Il reste encore à prouver que ces techniques ont un rapport avec les problèmes réels de tous les jours et avec les plaintes des sujets âgés quant à leur mémoire.

D. Autres problèmes

a) Anxiété et dépression. Les difficultés de mémoire semblent plus fréquentes lorsque les sujets :
− sont hors de leur routine habituelle;
− sont fatigués;
− doivent fournir des informations qui n'ont pas été utilisées récemment;
− ne sont pas concentrés ou sont en état de stress.

Beaucoup d'auteurs croient que les déficits de mémoire observés chez des personnes âgées non-démentes sont essentiellement dus à une *attention* réduite par *anxiété, soucis* ou *obsessions*.

Yesavage (1984) a montré que la réduction de l'anxiété par un training de relaxation, augmente la capacité des personnes âgées à apprendre une méthode mnémonique et à ainsi améliorer l'évocation. Sa technique consiste en relaxation musculaire progressive, sensible à la palpation et aux mouvements passifs des 4 membres. Certains patients, sous anxiolytique, semblent en bénéficier au point de vue de la mémoire, quoique en général les anxiolytiques provoquent eux-mêmes des troubles mnésiques, comme on le verra plus loin.

Les sujets âgés et dépressifs se plaignent aussi de problèmes de mémoire et souvent le traitement de la dépression réduit ces plaintes.

Il faut encore ajouter que les sujets qui se plaignent de leurs problèmes de mémoire sont parmi ceux qui se préoccupent le plus de leur vieillesse et la probabilité est plus grande qu'ils respectent les conseils compétents. Mais ils sont aussi plus sensibles et plus inquiets des changements normaux liés à l'âge. Il convient donc — en plus des programmes de training mnésique — de bien les informer sur les changements normaux liés à l'âge.

b) **Les stratégies d'organisation et de répétition**

Comme on l'a dit, l'évocation des informations stockées dans la mémoire secondaire est plus difficile chez les sujets âgés. Cette difficulté est surtout liée au fait que les personnes âgées n'organisent d'habitude pas spontanément l'information. Ils ne répètent pas l'information, ne groupent pas en catégories les items s'y rapportant, ce qui représente deux stratégies importantes que les jeunes utilisent fréquemment. En plus les personnes âgées et surtout les retraités, font d'habitude moins appel à leur mémoire que lorsqu'ils travaillaient. Leur déclin dans l'évocation peut simplement être dû à l'inactivité. Les stratégies utilisées pour contrecarrer ces déficits concernant la mémoire comprennent : répétition, imagerie, catégorisation, usage de « trucs » mnémoniques. Pendant le training, la *catégorisation* seule peut avoir des conséquences favorables importantes lorsque le sujet âgé reçoit des instructions spécifiques de *répéter* et d'évoquer les informations par *catégories*. Ainsi p.ex. on apprend au patient à se rappeler ce qu'il doit prendre comme médicaments, par catégories : médicaments pour le cœur, pour le transit intestinal, pour la douleur. De même, il est très utile pour améliorer la mémoire de textes en prose, de *classer des mots clefs*. Une autre stratégie importante est de *pratiquer*, surtout lorsqu'il s'agit de sujets peu familiers.

c) **L'importance d'aides visuelles** : aides externes (des listes, des notes, des calendriers, autres personnes qui les font répéter, placer des «rappels» dans des endroits visibles, etc.) ou aides internes (mieux se concentrer, se former des images, essayer de trouver des associations). Les seniors retiennent d'habitude mieux les images que les mots. Donc utiliser des symboles de nourriture pour la salle à manger, des chaises et la TV pour le salon, etc.

d) Mémoire et thérapie : améliorations

Il est évident qu'un déclin dans la capacité du patient de comprendre et de se rappeler les instructions mène à une thérapeutique insuffisante, surtout lorsqu'il s'agit de patients qui doivent prendre plusieurs médicaments. Schwarz *et al.* (1962) ont trouvé, sur 178 patients âgés non-hospitalisés, que 59% font des erreurs dans la prise des médicaments, ce qui fut confirmé par Parkin *et al.* (1976). Afin de minimiser ces erreurs et d'améliorer la «compliance» (c'est-à-dire le respect des instructions médicales reçues), il est utile de demander au patient et à la personne qui s'en occupe de répéter consciencieusement les instructions; leur offrir des instructions écrites bien lisibles; leur faire utiliser des «aides» comme p.ex. des calendriers et des listes. Ceci s'applique aussi au régime, aux mesures de sécurité concernant la vie courante, aux programmes d'exercices, etc.

*
* *

Ciocon et Potter concluent donc que les troubles de la mémoire représentent un problème habituel lorsqu'on s'occupe des sujets âgés. Le grand défi est de différencier les déclins liés à l'âge d'un état pathologique, tel la démence ou le délire. Les difficultés majeures des personnes âgées apparaissent lorsqu'ils doivent se rappeler des informations qu'ils ont apprises récemment. Ces problèmes sont aggravés par :

– la présence d'anxiété et/ou de dépression;
– l'échec dans l'emploi des stratégies adéquates (catégorisation, répétition, pratique, formation d'image, aides mnémoniques).

II. OUBLI SENILE : «BENIN ET MALIN»

Une autre question que Kral (1962) avait posée à ce sujet depuis longtemps, c'est de distinguer, autant que possible, dans ce qu'on appelle l'«oubli sénile», ce qui est bénin, c'est-à-dire relativement peu important, de ce qui est malin.

On sait, rappelle Kral, qu'avec l'âge il y a des déclins dans la fonction mnésique. Ainsi par exemple la moyenne d'âge des sujets avec pertes de mémoire, dans un groupe de 162 personnes de plus de 60 ans est significativement plus élevée que celle des sujets qui n'ont pas de troubles de mémoire (Kral, 1958). De même, sur 52 sujets de plus de 78,4 ans de moyenne, parfaitement bien préservés (s'occupent de leurs besoins personnels, s'adaptent aux changements de leur situation psychosociale, font face à de nouvelles responsabilités sociales, jouissent d'une bonne acceptation dans leur communauté) il y a quand même eu quelque 28 % de pertes de mémoire (Kral et Wigdor, 1961). Mais, parmi les sujets d'une même catégorie d'âge, il y a de grandes différences individuelles, donc l'âge seul n'explique pas tout.

L'auteur conclut qu'il y a deux types de troubles sénescents de la mémoire, en se basant sur des examens psychiatriques chez des sous-groupes depuis 60-70 ans jusqu'à 90 ans et plus.

Le type bénin : l'incapacité de se rappeler des données relativement peu importantes (un nom, une place, une date) alors que l'événement dont la donnée oubliée fait partie n'est pas oublié. Exemple : Une dame de 80 ans qui se rappelle qu'elle avait assisté quelques années auparavant au mariage de son fils mais ne pouvait pas se rappeler le nom de la ville. Cependant, une autre fois, à la même question elle s'est rappelée le nom de la ville. Les données oubliées se réfèrent plutôt à un passé éloigné qu'à un passé récent. Les sujets se rendent compte de l'oubli et essaient de le compenser par des périphrases ou de s'excuser. Ce type de déficit se rencontre à peu près avec la même fréquence chez les hommes et chez les femmes et progresse assez lentement.

Le *type malin* : il touche le passé récent : non seulement des données peu importantes sont oubliées, mais l'événement dans sa totalité.

Par exemple si la même dame avait souffert de ce type de déficit, elle aurait même oublié que son fils s'était marié. Cette perte des mémoires récentes a deux conséquences importantes :
– d'abord désorientation dans le temps et dans l'espace et ensuite, désorientation concernant des données personnelles;
– à cause de l'absence d'indices, une perte rétrograde des mémoires anciennes. La perte de l'expérience de vie n'est pratiquement jamais complète. Les sujets ne sont d'habitude pas conscients de leur déficit et ils fabulent.

Ce type de déficit mnésique sénile ressemble au syndrome amnésique :

- perte des mémoires récentes;
- perte rétrograde des mémoires anciennes;
- désorientation;
- fabulation.

C'est ce qu'on appelle aussi «Korsakoff senile» et qui forme le syndrome fondamental de la démence sénile (organic brain syndrom = syndrome cérébral organique). Ce type de dysmnésie est plus fréquent chez les femmes que chez les hommes.

Deux autres aspects différencient ces deux types de dysmnésies :
a. le déficit mnésique est quantitativement plus important que dans le type bénin.
b. la longévité : chez les sujets atteints de troubles malins, on rencontre une mortalité plus grande.

Ceci justifie le terme de «malin» qui de plus permet de distinguer ce syndrome amnésique sénile d'autres syndromes amnésiques d'étiologies différentes comme p.ex. chez les patients traités aux électrochocs pour dépression ou le patient en état confusionnel aigu. En effet dans ces cas l'importance de la dysmnésie est tout aussi grande, parfois même plus, mais la situation est assez vite réversible avec un traitement approprié.

III. MÉMOIRE, DÉPRESSION, ANXIÉTÉ

Nous allons encore évoquer à ce sujet quelques relations entre les déficits de la mémoire chez la personne âgée et la dépression.

Kahn *et al.* (1975) insistent sur le fait que l'évaluation clinique de troubles de la mémoire, tels qu'un symptôme psychiatrique chez la personne âgée, présente beaucoup de difficultés. Cela provient non seulement de problèmes tels que l'estimation de la part qui revient à la dépression et à l'altération de la fonction cérébrale, mais en plus le clinicien ne peut pas facilement établir s'il y a des changements cognitifs pathologiques ou «normaux».

Un des facteurs qui empêche le plus la formulation d'une estimation clinique appropriée, c'est, comme on l'a déjà vu plus haut, l'existence des stéréotypes négatifs de la vieillesse, dont le plus commun est qu'on s'attend à un déclin intellectuel inexorable. Un corollaire habituel est que la mémoire récente devrait être plus déficitaire que l'ancienne.

Cependant, ces stéréotypes sont actuellement remis en question et on commence à considérer d'autres causes que le simple vieillissement pour les déclins cognitifs comme p.ex. l'anxiété, la dépression, les différences culturelles et scolaires, etc. Par ailleurs, les études longitudinales ont plutôt minimisé la corrélation des déclins cognitifs avec l'âge et ont indiqué que la détérioration, quand elle arrive, est en relation avec la mortalité.

Très probablement, ce qui contribue au maintien de ce stéréotype de déclin cognitif avec l'âge, c'est le fait que les personnes âgées se plaignent de leur mémoire. Cependant on a déjà constaté qu'il y a souvent divergence entre les performances aux tests de mémoire et ce qu'on attendait, compte tenu des plaintes des sujets en étude (Perlin et Butler, 1963).

L'état affectif pourrait être le facteur critique responsable de cette divergence apparente entre les plaintes et le fonctionnement. Ainsi, Gronker *et al.* (1961) ont trouvé — sans tenir compte de l'âge — des troubles de la mémoire récente chez 21 % et de la mémoire ancienne chez 14 % des personnes souffrant de dépression, alors que Kiloh (1961) a décrit chez certains dépressifs un comportement ressemblant à celui rencontré dans la démence. Des données contradictoires existent cependant; ainsi p.ex. Friedman (1964) n'observe chez des déprimés soumis à une grande batterie de tests validés, que des perturbations intellectuelles minimes, et ce, malgré le fait que les patients eux-mêmes se considèrent comme des cas désespérés et déclarent qu'ils ont accompli les tests avec beaucoup de difficultés.

C'est pour ces raisons que l'étude de Kahn a été entreprise, afin de contribuer à comprendre les relations entre la dépression et les altérations de la fonction cérébrale chez les sujets âgés, ainsi qu'entre les plaintes et le fonctionnement réel.

Les sujets (153; âge moyen : 65,1 ans; entre 50 et 91 ans) ont été évalués dans la clinique gérontologique de l'Université de Chicago.

Pour les plaintes sur la mémoire, il y avait des questionnaires comprenant p.ex. des questions comme : «avez-vous des troubles de la mémoire?», «est-ce que votre mémoire a changé par rapport à ce qu'elle était quand vous étiez jeune?».

Pour les performances mnésiques, il y avait :
– la liste des nombres (en avançant et en reculant);
– le rappel d'un paragraphe (immédiat ou après 10 minutes);

- le rappel des mots couplés (non associés);
- les items personnels récents : le nom du médecin, le nom du voisinage et de la rue un coin plus loin que le domicile du patient, l'âge des enfants;
- les items personnels anciens : le nom des écoles fréquentées, l'année du mariage, les dates de naissance des enfants;
- les items généraux récents : la saison de l'année, une nouvelle récente, le nom du maire de la ville;
- les items généraux anciens : des noms des présidents des Etats-Unis, la date de l'attaque de Pearl Harbor, etc.

Il y avait en plus deux tests (Face-Main et le questionnaire Etat Mental) pour évaluer de manière plus générale la fonction mentale.

Résumons les résultats de cette étude.

Sur les 153 sujets, seulement 36 (24 %) n'ont pas exprimé de plaintes sur la mémoire, et chez 75 sujets les plaintes étaient plus importantes que ce qu'on pouvait accepter comme «minimes». Cependant il n'y a pratiquement pas eu de corrélation entre les plaintes et les performances mnésiques réelles.

Par contre, il y a eu une corrélation très significative entre les plaintes et la dépression, surtout chez les sujets à fonction mentale normale. Quoique le niveau du fonctionnement de la mémoire soit nettement inférieur dans le groupe «organique» (c'est-à-dire chez les patients qui montrent des signes de démence, quoique modérée), il y a quand même, pour les plaintes, une nette corrélation avec la dépression. Parmi ceux qui avaient une fonction mentale normale, les performances mnésiques réelles n'étaient pas différentes, mais ceux qui étaient déprimés se plaignaient significativement plus des troubles de la mémoire. Dans le groupe «organique», les déprimés exprimaient aussi plus de plaintes sur la mémoire mais les performances réelles étaient aussi significativement plus réduites.

Il n'y a pas eu de relation entre les plaintes mnésiques et l'âge ou l'éducation.

Dans la discussion de leurs résultats, Kahn *et al.* insistent sur quelques points.

a. Les résultats sont assez clairs : les gens peuvent se plaindre de troubles de la mémoire alors qu'ils peuvent ne pas avoir de déficit mnésique objectivable par les tests.

b. Les déficits des performances mnésiques ont été surtout en corrélation avec la présence d'un trouble organique cérébral, alors que les plaintes sur la mémoire, plutôt que de refléter un réel déficit cognitif, étaient en fait une manifestation de la dépression.

Par ailleurs ces données sont en accord avec les auto-estimations des déprimés, qui sont très pessimistes quant au jugement de leur propre travail ou des tests auxquels ils sont soumis, alors que, objectivement, leurs résultats sont aussi bons que ceux des non-déprimés.

Par ailleurs, ceux qui se sont plaints de leur mémoire, donnaient comme exemple qu'ils avaient oublié d'acheter quelque chose ou qu'ils avaient égaré leurs lunettes ou leurs clefs. Or, ce sont des petits incidents d'oubli que tout le monde a, que les plus jeunes ou les non-déprimés ignorent tout simplement, alors que les seniors déprimés les considèrent comme indiquant un déclin marqué dans leur fonctionnement mental.

La dépression elle-même pourrait refléter un trait de personnalité différent, car on sait p.ex. que certains sujets apparemment normaux mais qui se plaignent qu'ils «ne dorment pas bien», dorment en fait assez bien, objectivement, lorsqu'on mesure leur sommeil. De même, les déprimés voient les événements de la vie, même les plus banals, comme stressants.

De plus, comme on l'a déjà dit, les sujets âgés, surtout lorsqu'ils sont déprimés, vont se plaindre de leur mémoire, même si elle fonctionne bien, car ils sont victimes du stéréotype «qu'est-ce que vous voulez, avec l'âge, on oublie tout!».

Contrairement donc à l'idée préconçue de l'inévitabilité du déclin mnésique avec l'âge, l'affaiblissement de la mémoire comme symptôme psychopathologique clinique chez le sujet âgé est un phénomène complexe, dans lequel il faut bien différencier les plaintes de la performance. Le profil du complexe plaintes-fonction dépend de l'interaction entre les deux troubles psychopathologiques majeurs de la personne âgée : la dépression et l'altération de la fonction cérébrale.

L'altération de la fonction cérébrale est associée à des mauvaises performances, alors que la dépression l'est avec l'augmentation des plaintes. Les combinaisons sont variées :
– ceux avec peu de dépression et des fonctions cérébrales normales vont bien réussir leurs tests et ne vont pas se plaindre, malgré leur âge ;
– à l'opposé, ceux qui ont des fonctions cérébrales altérées et sont très déprimés, auront des tests mauvais et vont se plaindre ;

– parmi ceux qui ont des fonctions cérébrales normales, la dépression sévère va mener à des plaintes exagérées.

Dans ce cadre, à savoir les relations entre âge, dépression, performances mnésiques et plaintes sur la mémoire, des données intéressantes se trouvent dans le travail de Scogin *et al.* (1985). Dans leur introduction, ils rappellent que Lowenthal *et al.* (1967) avaient déjà montré que les plaintes concernant une détérioration de la mémoire augmentent avec l'âge et que 50 % des personnes de plus de 60 ans font état de problèmes sérieux.

La majorité des études concernant des programmes de training avec des stratégies mnémoniques ont donné des résultats modestes (Zarit *et al.*, 1981) mais le training était en général basé sur des sessions de groupe, de nature didactique. Il n'y a pratiquement pas de programmes dans lesquels les sujets âgés s'entraînent eux-mêmes, quoique l'on sache très bien que les personnes âgées travaillent mieux si elles organisent elles-mêmes leur rythme.

Scogin et ses collaborateurs se proposent les buts suivants :
1. Etudier l'efficacité d'un programme d'auto-administration pour le training des capacités de mémoire chez des sujets âgés qui *se plaignent* de difficultés de mémoire. Le manuel d'entraînement qu'ils ont développé guide les participants par quelques techniques mnémoniques que nous n'allons pas détailler ici.
On a émis l'hypothèse que, puisque les sujets âgés apprennent ces techniques à leur meilleure convenance et dans leur environnement naturel, on va obtenir des résultats meilleurs et de plus longue durée (au moins 1 mois après le training).

2. Un deuxième but était d'essayer de comprendre pourquoi certains seniors se plaignent de problèmes de mémoire et pas d'autres problèmes. Il se pourrait que ceux qui se plaignent aient en effet des déficits plus importants que ceux qui ne se plaignent pas. Pour cela :
– on a comparé les plaintes *avant* et *après* le training avec l'idée que si les performances mnésiques s'améliorent, les plaintes vont diminuer ;
– on a comparé les performances de ces deux groupes afin de déterminer si en effet les « plaignants » sont moins bons.

Il est en général admis — comme nous l'avons d'ailleurs vu plus haut — qu'il y a une corrélation positive, chez les personnes âgées, entre les plaintes concernant la mémoire et la dépression. Aussi, cette étude voulait-elle déterminer si les « plaignants » étaient en effet plus déprimés que les autres et si le programme d'entraînement mnésique auto-administré allait réduire aussi les symptômes de dépression rapportés spontanément par les patients.

Les participants étaient répartis en deux groupes :
- *Le groupe des «plaignants»*. Une centaine de personnes (60-82 ans) parmi 125 qui ont répondu à une annonce dans un journal qui faisait appel à des personnes âgées désirant un training pour difficultés de mémoire. Ils ont été sélectionnés de manière à ce que le groupe soit homogène au point de vue âge, statut socio-économique, santé générale, niveau d'intelligence, etc.
- *Le groupe des «non-plaignants»*. 25 personnes qui ont répondu à une annonce qui demandait des participants à une recherche psychologique, et sélectionnés pour qu'ils présentent les mêmes caractéristiques générales que le groupe précédent.

Il nous semble intéressant de résumer quelques détails techniques de cette étude.

1. *Le manuel de training de la mémoire* : 92 pages, destinées à occuper environ 16 sessions d'une heure par jour. Le sujet devait dater et signer à la fin de chacune des 16 sections.
Section 1 : introduction, instructions générales, quelques informations sur la mémoire chez les personnes âgées.
Sections 2-6 : description de la méthode des «lieux» et exercices pratiques qui augmentent progressivement le nombre de lieux inclus.
Sections 7-11 : rappel de noms et de visages par des images en interaction (p.ex. Eleonor Roosevelt et puis le nom : Dupont!).
Section 12 : révision des sections précédentes.
Sections 13-15 : description des manières de diviser et de catégoriser les informations à retenir. Exemples : listes de numéros, objets communs de la maison, aliments, activités quotidiennes, numéro de pension (ou de mutuelle) du patient.
Section 16 : revue générale du manuel.

2. *Les instruments de mesure*
Trois mesures étaient faites dans 3 domaines :
- la performance de la mémoire;
- l'évaluation personnelle de la mémoire (les plaintes);
- l'auto-évaluation des symptômes de dépression.

a. *Performance mnésique* : trois tests de rappel et deux procédés cliniques. Pour les tests de rappel il y avait le rappel immédiat et le rappel avec délai (retardé).
1er rappel libre : une présentation simultanée d'une liste dactylographiée

de 20 images importantes, des noms concrets.
2e rappel libre : 15 articles d'épicerie
3e rappel : une présentation (auto-administrée) de 15 photographies de personnes avec le nom respectif.
Pour les tests cliniques : Test de Rétention Visuelle de Benton.
b. *Les plaintes de mémoire* : mesures par le Questionnaire de Meta-mémoire de Zelinski *et al.* (1980) qui pose 10 questions sur les faiblesses de la mémoire et sur l'auto-estimation de sa propre mémoire.
c. *L'état affectif* : mesuré avec l'échelle de Zung (1965) d'auto-estimation de la dépression.

3. *Déroulement de l'étude*
Les plaignants participent au programme de training de la mémoire, reçoivent le manuel et reçoivent une fois par semaine un coup de fil «encourageant». La compliance est vérifiée d'après la signature dans le cahier et est estimée à 94%.
Le test a lieu dans les locaux de l'université, une fois pour ceux sans plaintes, trois fois pour les autres.

Les résultats obtenus peuvent être résumés comme suit :

a) *L'effet du training de la mémoire sur les performances mnésiques*
Il y a eu amélioration significative dans 6 des 11 mesures de mémoire :
– le temps pour étudier la liste des noms;
– le rappel immédiat des noms;
– le rappel retardé des noms;
– le temps pour étudier la liste d'épicerie;
– le temps pour étudier les noms et les visages;
– le rappel immédiat des noms et des visages.

b) *L'effet du training de la mémoire sur les plaintes et la dépression*
Il y a eu peu d'effet sur les plaintes et sur l'auto-évaluation de la dépression.
On peut donc conclure avec les auteurs que le training améliore effectivement les performances mnésiques (dans beaucoup d'items) et que l'effet se maintient un mois après. Les personnes âgées peuvent donc s'entraîner elles-mêmes si on leur donne les bonnes structures. Cependant l'évaluation subjective de l'effet du training sur la mémoire ne montre pas d'effet significatif car les plaintes persistent. Ainsi il est possible, vu qu'il y a quand même eu des améliorations objectives dans plusieurs items, que les plaintes reflètent des déficits plus importants dans la mémoire. Par ailleurs, le groupe «plaignant» était au départ aussi bon que l'autre groupe, et les deux groupes différaient seulement dans leur propre estimation du déficit.

Il n'y a pas eu d'effet sur les auto-estimations liées à la dépression, donc les plaintes sur la mémoire des sujets âgés ne reflètent pas nécessairement la dépression. Par ailleurs, dans l'ensemble, ces sujets n'étaient pas des dépressifs.
Pourquoi alors certains sujets âgés se plaignent-ils de leur mémoire et demandent-ils un traitement ?
Ceux qui cherchent une aide ont probablement des attitudes et des attentes spéciales concernant leurs capacités cognitives. Ils exigent beaucoup d'eux-mêmes et sont plus préoccupés du fait de vieillir et plus sensibles aux changements liés à l'âge dans leurs performances.
Ceux qui ne se plaignent pas peuvent au contraire avoir une attitude plus résignée à propos de ce qu'ils considèrent comme une partie normale du processus de vieillissement.

Cette hypothèse mérite d'être mieux testée dans un effort en vue d'augmenter notre connaissance quant à l'adaptation individuelle au processus de vieillissement et comme un guide dans le développement des procédés thérapeutiques appropriés. En effet, les traitements les plus efficaces devraient être ceux qui tiennent compte dans les stratégies qu'ils proposent pour améliorer les performances mnésiques, des attitudes et des attentes de chaque patient.

IV. PERSONNALITÉ ET MÉMOIRE

Eysenk (1979), le grand spécialiste des études de la personnalité, fait aussi une corrélation entre l'anxiété, l'apprentissage et la mémoire. Nous donnons ci-après un bref aperçu de cet essai théorique.

A. Survol théorique

a. Une première prémisse théorique qu'évoque Eysenk, c'est qu'il faut faire une distinction claire entre :
– l'anxiété comme trait de personnalité : c'est-à-dire une prédisposition semi-permanente à se sentir anxieux, avec une importante composante héréditaire, et
– l'état anxieux : c'est-à-dire une condition émotionnelle, affective, transitoire.

Il semble que ce soit surtout l'anxiété qui influence les performances cognitives.

b. Une autre distinction importante est à faire entre :

- la composante cognitive de l'anxiété et
- la composante motivationnelle, associée à l'éveil («arousal») physique. Liebert et Morris (1967), se basant sur le «Questionnaire pour tester l'Anxiété», concluent en effet que l'anxiété comprend deux composantes distinctes, à savoir : l'*inquiétude* et l'*émotivité*.

L'*inquiétude* est considérée comme la composante cognitive de l'anxiété. On est inquiet quant au niveau des performances qu'on est en train de réaliser ou qu'on sait que l'on devra réaliser, on s'attend à ne pas réussir ce qu'on entreprend et en général on s'auto-évalue plutôt négativement.

L'*émotivité* inclut des changements dans le niveau du fonctionnement physiologique ainsi que le sentiment d'être mal à l'aise, de la tension et de la nervosité.

La plupart des auteurs considèrent que dans toute théorie adéquate de l'anxiété, il faut tenir compte de ces deux facteurs. Cependant, certains ont essayé d'expliquer les effets de l'anxiété sur l'apprentissage et la mémoire en soulignant soit la composante cognitive, soit la composante motivationnelle de l'anxiété.

Schachter et Singer (1962) attirent l'attention sur le fait que des états similaires d'éveil physique sont impliqués dans des émotions très différentes et que c'est l'activité cognitive qui détermine quelle émotion on ressent. Leur hypothèse est que tout état d'émotion que l'on vit est déterminé par une sorte de potentialisation entre le niveau d'éveil physiologique et l'estimation cognitive de la situation stimulante.

La position que va prendre Eysenck est que l'inquiétude, et toute autre activité cognitive liée à l'anxiété et pas à la tâche qu'on doit accomplir, vont toujours réduire la qualité de la performance. La raison est qu'il y a toujours une «compétition» dans les systèmes de traitement des informations et d'organisation des réponses, entre les données liées à la tâche à accomplir et les données qui n'y sont pas liées mais qui concernent l'inquiétude et les préoccupations de soi. Les sujets très anxieux sont en effet dans un état d'attention divisée, alors que les non-anxieux traitent essentiellement les informations liées à la tâche.

L'auteur postule encore que c'est surtout la mémoire «de travail» (*working memory*) qui est impliquée dans ce traitement compétitif des informations liées ou non à la tâche à accomplir.

Ceci est aussi lié à l'*effort* fourni pour accomplir une tâche, effort plus grand, pour la même tâche, chez l'anxieux. En fait, du point de vue de la performance, ceci est dans une certaine mesure un mécanisme de compensation : l'anxieux fait un effort plus grand mais cela peut lui faire compenser l'anxiété et accomplir quand même la tâche.

La motivation est influencée par la probabilité subjective de succès. Revelle et Michaels (1976) considèrent que des problèmes ou des situations de difficulté modérée mais avec de bonnes probabilités de succès devraient être très motivants, alors que des tâches très difficiles, voire presqu'impossibles, seront très peu motivantes («les hommes sages ne se tapent pas la tête au mur», ou «on ne se bat pas avec des moulins à vent»!).

Comme les sujets très anxieux voient leurs tâches comme très difficiles et avec peu de probabilité de succès, leur motivation sera très basse (exemple : l'«inutilité acquise», que nous avons vue plus haut).

B. Les preuves empiriques

Il va s'agir, pour expliquer les effets de l'anxiété sur l'apprentissage et la mémoire, de considérer le traitement des informations non-liées à la tâche, la mémoire opérante et l'effort.

a. Les activités liées aux traitements non-liés à la tâche

Les sujets anxieux répondent aux questionnaires respectifs avec beaucoup plus de commentaires non-liés à la tâche, que les non-anxieux, commentaires surtout du type auto-évaluation et excuses. Les sujets anxieux déclarent qu'ils ont été plus distraits, notamment par l'éveil neuro-végétatif, plus soucieux et, objectivement, ils sont moins efficients. De plus, Doctor et Altman (1969) ont montré que l'inquiétude et l'émotivité étaient en corrélation négative avec l'efficience lors d'un examen scolaire important, mais que c'est surtout l'inquiétude qui est l'élément déterminant pour de mauvais résultats.

Cependant l'anxiété modérée peut parfois être utile : ainsi Polak *et al.* (1975), en utilisant le test de Stroop dans des conditions de facteurs distrayants modérés ou importants, trouvent que, sous distraction modérée, les sujets anxieux répondent mieux au test que les non-anxieux, et que, sous distraction importante, ils répondent moins bien.

b. La capacité de mémoire opérante (working memory)

Les études ont surtout porté sur la mémoire immédiate des chiffres. En général l'anxiété comme trait de personnalité n'influence pas ce type de mémoire. D'autres études cependant (Hodges et Durham, 1972) trouvent que l'anxiété élevée favorise la performance chez les sujets très intelligents et la réduit chez les moins intelligents. Cependant, dans l'ensemble, l'état anxieux et le stress, affectent négativement les performances.

c. L'effort

En général l'effort augmente les capacités de traitements mais, pour la mémoire opérante ceci n'est pas démontré. Du point de vue de H.J. Eysenck, les névrotiques sont des intravertis, très anxieux, les extravertis ne sont pas tellement anxieux. Cependant, d'autres auteurs ne trouvent pas de différence dans la capacité de la mémoire opérante entre ces deux groupes. Cela est probablement dû au fait que les anxieux font un effort plus grand et compensent ainsi leur déficit. De plus, lorsque le sujet doit accomplir une tâche «principale» et une tâche «secondaire», l'anxiété affecte particulièrement la tâche secondaire.

d. Le niveau d'«espoir»

Lors d'un état important d'anxiété, la probabilité, subjective, de succès devient tellement petite que la motivation est très réduite, comme dans l'inutilité acquise. Ainsi on peut dire en général qu'un niveau élevé d'anxiété peut augmenter la motivation et l'effort sauf si la probabilité subjective de succès devient trop basse, ce qui va précipiter une chute catastrophique de la motivation.

e. La loi de Yerkes-Dodson

Yerkes et Dodson, en 1908 déjà, ont formulé une loi à deux aspects :

– il y a une relation curviligne (en U renversé) entre l'éveil et la performance, l'optimum de performance étant obtenu lors d'un niveau modéré d'éveil;

– le niveau optimal d'éveil varie inversement avec la difficulté de la tâche.

Dans l'ensemble, la plupart des études disponibles montrent en effet que l'anxiété élevée, mais pas exagérément, améliore les performances faciles et réduit les performances difficiles.

NB. Il y a aussi un type d'apprentissage «dissocié» (*state-dependent learning*) : ce qu'on a appris sous un certain niveau d'anxiété est mieux évoqué si on reproduit le même état.

C. Prolongements empiriques et théoriques

La rétro-action de l'échec (*failure feedback*) augmente l'état d'anxiété (Gaudry, 1977) et ceci est plus grave pour les grands anxieux (c'est surtout l'inquiétude qui augmente). Il y a bien sûr une tendance compensatoire pour un plus grand effort après l'échec, mais ceci est surtout efficace chez les anxieux modérés, car les grands anxieux n'ont pas tellement la capacité de le faire, vu qu'ils sont déjà tout le temps proches de leur capacité maximale d'effort.

On peut conclure que les réponses à l'échec sont :
- chez les grands anxieux, augmentation de l'inquiétude et du traitement des activités non-liées à la tâche ;
- chez les anxieux modérés, effort accru.

Donc les échecs vont plutôt améliorer la mémoire opérante chez les anxieux modérés et la détériorer chez les grands anxieux, ce qui fut prouvé dans les études discutées ici.

En conclusion, Eysenk considère que :
- les sujets anxieux entreprennent plus d'opérations qui ne sont pas liées à la tâche ;
- les anxieux ont une capacité de mémoire opérante inférieure ;
- les anxieux font plus d'effort pendant la performance ;
- les effets nocifs de l'anxiété sur les performances sont plus grands pour les tâches secondaires ;
- les anxieux sont plus sensibles aux échecs et l'anxiété produite par l'échec affecte surtout le processus d'évocation mnésique.

V. ÉTUDES CLINIQUES ET UTILITÉ DES TRAININGS

De tout ce qui précède, il résulte assez clairement, nous semble-t-il, que d'une part on sous-estime trop souvent les capacités mentales des personnes âgées, et d'autre part on n'essaie même pas des techniques adéquates pour les rendre encore plus efficientes. Or de telles techniques existent et, quoiqu'on puisse avoir des doutes quant à leur efficacité, elles méritent notre attention, ne fût-ce que parce que, de par leur existence même, elles contribuent à ce que l'on se dise de moins en moins : «Que voulez-vous, il est vieux, il n'y a rien à faire!». Dans ce qui suit, vous en trouverez quelques exemples, non détaillés, mais pour vous donner une idée de ce que cela représente.

A. L'étude de Schmitt *et al.* (1981)

Elle se propose de faire apprendre aux personnes âgées une stratégie pour développer la capacité de se rappeler des notions nouvellement apprises.

Cette étude continue celle de Sanders *et al.* (1980) et est structurée de manière à répondre essentiellement à deux questions :
- quelle est la base des différences de stratégies mnésiques observées entre jeunes et âgés?
- quelle est la possibilité de modifier — par des manipulations, des instructions — la stratégie de performance mnésique des sujets âgés?

L'hypothèse était que la différence avec l'âge dans les performances de mémoire est due essentiellement à une stratégie inadéquate. Dans cette étude, il y a eu 3 groupes de sujets âgés : des sujets contrôles, des sujets encouragés à être simplement plus actifs, des sujets encouragés à être plus actifs mais aussi à sérier, à catégoriser les items pour les retenir.

Il est apparu clairement dans cette étude que :

1. les *contrôles* n'utilisent pas, ou peu, de stratégies, ils répètent seulement l'item présenté et quelques fois un mot associé.

2. l'*activité* améliore très modestement le rappel immédiat.

3. les *instructions de stratégies* améliorent drastiquement le rappel immédiat ainsi que celui lié à la mémoire secondaire, p.ex. dans le rappel des mots «forts», les sujets âgés et encouragés se rappellent 78 % correctement, les étudiants 79 %. Il est donc probable que les sujets âgés montrent ce déficit en stratégies méta-mnésiques, tout simplement parce que, par rapport aux jeunes, ils n'ont plus tellement l'occasion ni le besoin de les utiliser (rappelons-nous Sir Martin Roth avec son expression : «utilisez-la ou perdez-la!»).

Il apparaît donc clairement que chez les sujets âgés le potentiel de rappel immédiat dépasse largement la performance spontanée. Or la plupart des études comparent les groupes d'âge surtout sur les performances spontanées.

Une description plus complète du fonctionnement mnésique chez la personne âgée serait donc à faire en évaluant leur potentiel de performance. Pour cela il faut utiliser des procédures de training et tenir compte des stratégies impliquées dans la performance d'une tâche déterminée.

B. L'étude de Zarit *et al.* (1981)

Elle rappelle tout d'abord que l'idée de la mémoire défaillante est un des stéréotypes les plus communs du vieillissement. Les personnes âgées se plaignent souvent de troubles de la mémoire et ceci est habituellement interprété comme une preuve de perte irréversible et liée à l'âge des capacités cognitives.

Cependant plusieurs recherches — dont certaines que nous avons déjà évoquées — tendent à démontrer que ces plaintes sont exagérées par rapport à la réalité objective. Il s'agirait plutôt de corrélations avec l'état affectif que de véritables indices objectifs des performances mnésiques. On a vu p.ex. (Kahn, 1975) que :

- chez des «plaignants» intacts, les performances mnésiques sont pratiquement les mêmes que chez les «non-plaignants»;
- chez les «plaignants» avec des signes de syndrome organique, les troubles de la mémoire sont plutôt associés à l'état dépressif qu'à la gravité du déficit cognitif.

Cela n'exclut pas la possibilité de déclins mnésiques chez les sujets âgés, mais suggère que chez ceux-ci la préoccupation pour la mémoire est plutôt exprimée par ceux qui ont d'autres difficultés dans leur vie. Ainsi, les pertes de mémoire sont souvent un signe fiable et précoce de la présence d'un syndrome organique, alors que chez un sujet âgé mais en bonne santé, les troubles de la mémoire sont rarement importants.

La mémoire «primaire», d'après Zarit *et al.* (1981), est généralement peu atteinte par l'âge. En utilisant deux types de tâches (rappel libre et nombre de chiffres retenus), on constate peu ou pas de déclin avec l'âge dans la capacité de stockage dans la mémoire à court terme. Ces fonctions de la mémoire à court terme restent stables et efficientes malgré l'âge, à condition que :

- les items aient été bien perçus (pas de perte de l'audition p.ex.);
- il ne soit pas nécessaire de réorganiser le matériel.

Cependant, la vitesse avec laquelle l'information peut être évoquée, en la sortant de la mémoire primaire, diminue : les sujets âgés évoquent plus lentement les informations retenues dans la mémoire primaire.

La mémoire secondaire montre d'habitude une différence en fonction de l'âge : l'acquisition et l'évocation sont diminuées chez les personnes âgées.

Ces changements liés à l'âge, dans les capacités mnésiques, pourraient dépendre de changements cérébraux structurels mais pourraient également être liés, ne fut-ce que partiellement, à des facteurs potentiellement réversibles comme p.ex. un déficit dans l'efficience du traitement de l'information, un manque de motivation ou trop peu de support pour l'efficience de la part de l'environnement.

Une source majeure de difficultés des personnes âgées serait l'absence de stratégies adéquates pour traiter de manière efficace les informations, comme p.ex. organiser les données à retenir ou bien utiliser des médiateurs. En effet, comme on l'a décrit, les personnes âgées organisent mal les items par rapport aux jeunes et les performances mnésiques s'améliorent si on les aide à réaliser une organisation ; d'autre part, les personnes âgées utilisent peu de techniques de médiation pour acquérir et retenir des informations nouvelles ou bien tendent à utiliser seulement des médiateurs verbaux plutôt que visuels alors que l'utilisation des médiateurs verbaux et visuels améliorent les performances.

Un autre aspect lié à ce problème général est celui de la « profondeur » du traitement des informations à retenir, suivant le modèle proposé par Craik et Lockarst (1972). Ce modèle insiste sur trois aspects principaux :
- le traitement des caractéristiques sensorielles des entrées ;
- la comparaison de la nouvelle information avec celles déjà stockées antérieurement ;
- l'enrichissement de la signification du matériel nouveau.

Selon ce modèle, plus l'information est traitée de cette manière, plus la mémoire est améliorée ; or, en général, les personnes âgées traitent les nouvelles informations de manière plus superficielle que les jeunes.

Dans l'ensemble on peut suggérer que les difficultés rencontrées avec les trainings cognitifs chez les personnes âgées seraient dues aux facteurs motivationnels et émotionnels qui influencent les performances.

Le travail de Zarit *et al.* essaie de mieux déterminer les relations entre, d'une part, les plaintes sur la mémoire chez des sujets âgés normaux et d'autre part, l'efficience mnésique réelle et l'état affectif.

Deux groupes de sujets ont été soumis respectivement à des trainings différents :

a. *training mnésique* : on a enseigné des stratégies cognitives susceptibles de faire surmonter les déficiences dans le traitement des informations liées à un apprentissage récent.

b. *training dit «de croissance»* : un ensemble de techniques non-cognitives et inter-personnelles dont le but est de modifier les perceptions de soi-même et l'état affectif afin de réduire les divergences entre les plaintes et les performances mnésiques.

Le but de l'étude est de répondre à deux questions majeures :

a. le training mnésique direct réduit-il plus que le training non-cognitif les inquiétudes sur la mémoire?

b. est-ce que les deux types de training ont une certaine efficacité pour améliorer la mémoire et l'état affectif?

Les sujets de cette étude furent 47 femmes (âge moyen 63.68 ans; niveau moyen de scolarité : 12 ans), vivant chez elles et ayant répondu à une annonce (journaux et télévision) pour une clinique de la mémoire.

Il y a eu beaucoup plus de réponses qu'il n'en fallait pour l'étude, et par un screening simple on a éliminé au départ tous les sujets montrant quelque signe de syndrome organique cérébral. L'étude a duré 4 semaines (deux fois par semaine, une session de 1 h 30) et 6 sujets seulement n'ont pas terminé l'étude.

A. *Le training mnésique*

Session 1 : grouper : p.ex. retenir suivant un certain ordre logique quelques numéros de téléphone; catégoriser : p.ex. organiser une liste d'achats suivant des catégories de nourriture.

Session 2 : médiateurs visuels : des images visuelles nouvelles ont été utilisées pour apprendre des listes d'items disparates, sans relations logiques entre eux.

Sessions 3 et 4 : codage sémantique : on apprend aux sujets à classer des données personnelles et générales comme agréables ou désagréables.

Session 5 : noms et visages : des médiateurs visuels et des associations nouvelles sont utilisés pour apprendre des noms.

Sessions 6 et 7 : rappel intégratif : on demande aux sujets d'écouter des paragraphes pour le sens du contenu et puis ils doivent répondre aux questions en rapport avec ce qu'ils ont entendu, en complétant des phrases laissées délibérément incomplètes (ils appellent cela «intégration provoquée»).

B. Le training «de croissance»

On dit aux sujets de ce groupe qu'ils vont améliorer leur mémoire en augmentant le niveau de concentration et l'efficience personnelle. Il s'agit de discussions et d'exercices présentés comme suit.

Session 1 : capacités sociales : des exercices pour faire et écouter la manière dont on fait des présentations en société et également pour avoir des conversations plus actives.

Session 2 : résoudre des problèmes : les sujets discutent des activités qu'ils voudraient faire, mais qu'ils n'ont pas faites et décrivent leurs sentiments quant à ces activités.

Session 3 : ré-estimations cognitives : les sujets font un choix des activités qu'ils ont aimées mais qu'ils font rarement et puis, avec un autre membre du groupe ils présentent des arguments pour et contre l'accomplissement de ces activités.

Session 4 : activités désagréables : on demande aux sujets de décrire des activités qu'ils n'aiment pas et qu'ils aimeraient arrêter. On discute aussi leur droit de les refuser et quelques exemples pour les refuser de façon polie.

Session 5 : relaxation et droits personnels : on utilise une technique standard de relaxation musculaire profonde et ensuite on discute le problème des droits de la personne âgée et de la discrimination qu'ils ont ressentie.

Session 6 : discriminations : on tente différentes façons de s'évaluer soi-même dans des situations non-personnelles (p.ex. dans le cabinet du médecin) ou personnelles (p.ex. avec l'époux). On essaie d'établir une sorte de hiérarchie des buts à atteindre.

Session 7 : rejets et compliments : on apprend des techniques pour savoir répondre de manière non défensive aux critiques et sans gêne aux compliments.

C. Les mesures

1. Mesures pré-training

a. *les plaintes mnésiques* sont estimées par un interview structuré (Kahn et al., 1975) qui comprend entre autres :

- une question globale : avez-vous des troubles de la mémoire ?
- le genre de problème ressenti, p.ex. mémoire récente ou antérieure ?
- les situations dans lesquelles les difficultés se présentent, p.ex. est-ce qu'on oublie pourquoi on est entré dans un magasin ?

b. *la dépression* est évaluée d'après l'échelle de Zung (1965).

2. *Mesures pendant les sessions*

Pendant chaque session on teste les performances mnésiques :

Session 1 : se rappeler un numéro de téléphone et une liste d'achats.

Session 2 : se rappeler une liste d'items non catégorisables.

Session 3 : se rappeler ses listes personnelles d'activités agréables et désagréables.

Session 4 : se rappeler des listes d'activités générales qui ont pu être identifiées comme agréables et désagréables.

Session 5 : se rappeler les noms qui ont été présentés, avec photos de 12 personnes.

Session 6 : identification du matériel présenté dans un paragraphe du test.

Session 7 : formuler des questions qui utilisent correctement le matériel d'un paragraphe du test.

Le nombre de réponses correctes est exprimé en pourcentage du total possible.

3. *Mesures après le training*

Les mêmes que pendant les sessions : interview sur les plaintes mnésiques, échelle de Zung pour la dépression et 7 tests de mémoire.

D. Les résultats

1. Les sujets des deux groupes ont montré une amélioration significative depuis le pré-test jusqu'à l'estimation finale, dans 5 des 7 mesures. Ceux du groupe training mnésique font des progrès très rapidement, mais à la fin, le progrès est le même pour les deux groupes.

2. Les plaintes de mémoire ont diminué très significativement dans les deux groupes, alors que la dépression a été significativement réduite dans le groupe « croissance ».

3. Cependant, malgré l'amélioration objective de la mémoire et la réduction des plaintes de mémoire, il n'y a pas eu d'association claire entre ces deux paramètres.

Les résultats ont donc bien montré que, aussi bien le training spécifique de mémoire que le training non-cognitif, ont eu un impact similaire, à savoir :

– réduction des préoccupations subjectives concernant la mémoire ;
– augmentation des performances mnésiques.

Le fait que les performances mnésiques aient augmenté dans les deux groupes suggère l'importance d'un effet d'exercice et d'autres facteurs, pas spécifiquement liés aux techniques de training, comme p.ex. la stimulation augmentée et l'effet socialisant de la participation au groupe.

Une différence entre les groupes est quand même apparue : les sujets du groupe avec training mnésique ont montré une augmentation rapide du niveau des performances, dès l'introduction des techniques de training, mais à la fin l'amélioration fut la même pour les deux groupes. Il se pourrait donc que, au fur et à mesure des passages aux tests, ceux du groupe «croissance» soient devenus plus efficients et/ou aient développé leurs propres stratégies mnésiques et aient ainsi amélioré leurs performances.

Il est probable, de plus, qu'un effet commun aux deux groupes fut d'augmenter l'importance des facteurs motivationnels impliqués dans les performances cognitives.

Comme l'avait déjà remarqué Labouvie-Vief (1976), les composantes motivationnelles et affectives qui influencent les performances mnésiques des enfants semblent être en corrélation, chez les sujets âgés également, avec leur efficience cognitive.

L'étude de Zarit et al. attire donc l'attention sur l'importance de bien maîtriser et utiliser ces dimensions non-cognitives dans toutes les études de training et de manipuler systématiquement, pour le bien du sujet âgé, tout ce qui est en relation avec les motivations positives. Par ailleurs, ceci est confirmé également par l'importance de l'état affectif du sujet : la diminution des plaintes a été clairement en corrélation avec la diminution des scores de dépression. Ceci est en accord avec Kahn et al., (1975) qui ont constaté que c'est la dépression, et pas vraiment la performance réelle, qui est en corrélation directe avec les plaintes de mémoire, tant chez les âgés normaux que chez ceux qui ont un syndrome organique cérébral. Alors, étant donné la fréquence d'un fond dépressif chez les personnes âgées, il est probable que le moral joue un rôle critique dans la manière dont ces sujets s'auto-estiment.

Les stéréotypes concernant la vieillesse et le support réduit que l'environnement offre pour utiliser les compétence des personnes âgées, contribuent au sentiment de dépression et alors, logiquement, le moral bas mène à l'acceptation par les seniors eux-mêmes, des stéréotypes sur la vieillesse.

La recherche sur l'efficience cognitive des personnes âgées s'est concentrée surtout sur les performances objectives. La dimension subjective cependant, de percevoir ses propres capacités, peut être aussi un facteur critique, en particulier lorsqu'il s'agit de généraliser ces efficiences du laboratoire dans la vie réelle, de tous les jours.

Par ailleurs, Zarit *et al.* ont souligné aussi l'importance que les personnes âgées accordent à leur mémoire. Les personnes qui ont répondu aux annonces et qui ont voulu entrer dans ce programme, ont dépassé les possibilités du staff d'environ cinq fois! Les sujets retenus ont souvent dû faire de longs trajets pour arriver au laboratoire et il y a eu très peu de personnes qui n'ont pas terminé le programme.

Il est possible que les préoccupations des personnes âgées pour ce problème reflète le manque de support de la part de leur environnement pour maintenir leurs compétences et leur bien-être plutôt que la présence de déficits considérables dans l'acquisition et la rétention des informations nouvelles.

C. Les études du groupe de Yesavage

Yesavage *et al.* (1982) ont étudié l'effet bénéfique d'un training spécial de relaxation sur la mémoire d'un groupe de sujets âgés normaux, ainsi que la corrélation entre cette amélioration et la diminution de l'anxiété.

Les auteurs rappellent tout d'abord l'existence d'études antérieures qui ont montré qu'avec l'âge il y a d'habitude une diminution de l'attention, qui apparaît par exemple dans la difficulté à être sélectivement attentif aux stimuli, à maintenir l'attention sur une tâche donnée, à résister à la fatigue devant des tâches répétitives. On sait également que l'anxiété excessive diminue l'attention et on a même suggéré que des techniques de relaxation, comme p.ex. l'auto-hypnose, peuvent réduire l'anxiété et améliorer l'attention. Yesavage et son groupe se sont posé la question de savoir si un training de cette nature pourrait être utile chez des sujets âgés présentant des troubles cognitifs. Puisque les auteurs eux-mêmes, comme d'autres d'ailleurs, avaient déjà constaté que ce type de training ne donnait que peu de résultats, l'hypothèse de travail fut que seuls les sujets présentant un niveau relativement important d'anxiété allaient bénéficier de la relaxation, alors que ceux présentant peu d'anxiété n'allaient pas en bénéficier et pourraient même voir leur cas s'aggraver.

Voyons tout d'abord quelques éléments de la méthode utilisée. Il s'agissait de coter un nombre de sujets âgés sur des échelles validées d'anxiété et de leur apprendre une technique standard de relaxation; ensuite, en une seule session, on leur demandait d'accomplir une tâche cognitive brève et relativement facile, comme celle d'apprendre une liste, de se relaxer en utilisant la technique de relaxation et d'accomplir à nouveau la tâche cognitive en état de relaxation.

Les sujets étaient des volontaires normaux, recrutés dans des centres locaux pour personnes âgées, pour une expérience d'«amélioration de la mémoire». Après un screening fait par un psychiatre, on a éliminé ceux qui montraient des signes de démence, même légère, et ceux ayant une dépression marquée. Parmi les 30 volontaires, 26 ont été retenus et ont suivi la procédure complète. L'âge moyen était de 69.3 ans et 40% étaient des hommes.

De la procédure utilisée retenons les éléments suivants.

a. Durée : 4 sessions d'1 h 30 (1 par semaine).

– on leur expliquait tout d'abord le sens de l'expérience et le principe de la technique de relaxation;

– au cours des 2e et 3e sessions on leur apprenait la relaxation musculaire progressive selon un manuel standard de thérapie comportementale, mais modifié pour ne pas inclure de mouvements du cou et du dos. Le niveau de relaxation musculaire était testé à chaque session par une sorte d'examen physique afin d'encourager un niveau approprié de relaxation. On apprenait aux sujets à pratiquer la procédure chez eux, deux fois par jour et à remplir un «journal» pour noter ce qu'ils ressentaient ainsi que les éventuelles difficultés dans la pratique des exercices. Chaque difficulté exprimée était discutée en groupe. Pendant la 3è session, après avoir bien expliqué la procédure, le testing cognitif était appliqué.

– la 4e et dernière session était consacrée à l'analyse et à la discussion des résultats individuels.

b. Testing

Le 1er jour les sujets étaient soumis à deux tests d'anxiété :

– la liste des symptômes à souligner, avec 10 questions liées à l'anxiété. Suivant les réponses, on cote de 0 à 4 et plus on a de points, plus l'anxiété est grande.

- l'Echelle Gériatrique d'auto-évaluation, qui cote de 3 à 21; ici aussi, plus le score est élevé, plus le sujet est anxieux.

Le test cognitif : au début de la 3e session, les sujets étaient soumis à une tâche de rappel libre : pendant 4 minutes ils pouvaient regarder une liste de 18 noms communs afin de l'apprendre «par cœur»; ils avaient ensuite 3 minutes pour se rappeler autant de noms que possible. Après ce test initial, les sujets accomplissaient leur training de relaxation pendant 15 minutes avec contrôle physique de la relaxation. Pendant que les sujets étaient encore relaxés, on présentait une seconde liste de 18 noms suivie du test de rappel. L'ordre de présentation des deux listes était randomisé d'un sujet à l'autre.

c. Les résultats obtenus furent très clairs :

1. les deux échelles d'anxiété mesurent la même chose, car les scores sont bien corrélés pour chaque sujet.

2. dans la tâche de rappel après relaxation, les sujets plus anxieux montrent une amélioration, significativement plus grande que ceux qui sont moins anxieux.

Les résultats de cette étude confirment l'hypothèse que les techniques de réduction de l'anxiété (ici la relaxation) améliorent les résultats obtenus dans des tâches de mémoire chez les sujets âgés, mais seulement chez ceux assez anxieux initialement. Les résultats sont en accord avec les observations qui montrent que la capacité de se concentrer est inversement proportionnelle à l'anxiété.

Spiegel et Spiegel (1978) avaient montré que le succès d'autres techniques de relaxation dépend de la capacité de provoquer un état de relaxation physique alors que l'intellect reste vigile. Par ailleurs, dans leurs conditions, la capacité d'obtenir une meilleure concentration, diminue avec l'âge et est réduite chez les patients anxieux.

L'effet de la procédure de relaxation utilisée ici pourrait n'être qu'indirectement lié à la sphère cognitive, à travers la motivation. En effet la «loi» de Yerkes et Dodson postulait déjà en 1908 (voir plus haut) qu'une augmentation modérée de la motivation améliore les performances cognitives, mais que dès qu'on dépasse un certain seuil, l'effet s'inverse. Alors on peut admettre que les sujets très anxieux sont trop motivés pour bien réussir les tests et ont trop peur de rater. La relaxation alors, en réduisant l'anxiété, ramène la motivation à un niveau optimal. Par contre, pour ceux qui sont normalement motivés et pas exagérément anxieux quant à la réussite, la relaxation peut réduire la motivation en-dessous du niveau optimal et donc réduire la réussite.

Cette interprétation peut aussi aider à comprendre le manque relatif d'effet de la relaxation chez des sujets âgés, rencontré dans des études antérieures : on aurait simplement mélangé les sujets très anxieux avec des sujets relativement non-anxieux. Les résultats positifs chez les anxieux sont alors compensés par les résultats négatifs chez les non-anxieux et le résultat global est non significatif.

Yesavage (1984), dans une autre étude, a repris, élargi et confirmé les résultats que nous venons de voir. L'auteur a testé l'hypothèse selon laquelle le training de relaxation pourrait être utile comme phase *préliminaire* à un training plus spécifique avec des techniques mnémoniques, plutôt que comme un traitement per se. Ce type de training pourrait réduire l'anxiété lors de la performance, anxiété qui peut masquer l'assimilation de l'apprentissage et donc réduire l'amélioration. Il a choisi le rappel des noms et des visages comme tâche expérimentale, partant de l'observation que, oublier les noms était l'item le plus fréquent parmi 18 plaintes liées à la mémoire chez les sujets âgés. Le procédé mnémotechnique utilisé a été choisi parce que, chez les jeunes, il améliore de manière considérable, le rappel de noms et de visages. Les étapes de ce procédé sont :

a. identifier une caractéristique évidente du visage ;

b. proposer une modification concrète du nom, parlant à l'imagination ;

c. former une image visuelle qui associe la caractéristique faciale au nom transformé ; p.ex. si le Dr Yesavage a un menton caractéristique, l'image peut être un indigène sauvage qui attrape le menton !

Ce procédé a été appliqué à deux groupes de sujets âgés afin de déceler un éventuel effet du training de relaxation. Les sujets ont été recrutés dans des «centres de seniors» pour une expérience d'amélioration de la mémoire. On n'a pas retenu les sujets nettement déprimés ni ceux ayant un syndrome organique du cerveau (plus ou moins déments). L'âge moyen était de 76,1 ans (62-83 ans) et 32 sujets sur 39 (82%) étaient des femmes. La plupart donc étaient des femmes de plus de 70 ans, en bonne santé et avec un bon passé de scolarité (environ 2 années d'université).

La procédure était la suivante :

– pendant 3 semaines, 2 fois par semaine, une session de 1 h 30 ;

– au cours de la première session, les sujets recevaient des instructions et des explications générales sur l'étude, et étaient testés pour une sorte de ligne de base d'anxiété et de rappel mnésique.

Après ces 3 semaines, le *groupe expérimental* apprenait une relaxation musculaire progressive, destinée surtout au cou et au dos. Le degré de relaxation musculaire était mesuré par la palpation et les mouvements passifs des membres et les sujets en étaient informés afin d'encourager la relaxation adéquate. On leur disait de s'exercer aussi chez eux 2 fois par jour et de noter leurs observations dans un journal.
Le *groupe contrôle* recevait, seulement pendant les 2e et 3e sessions, des instructions pour améliorer leur propre attitude devant le problème du vieillissement.
Pour les deux groupes les sessions 4 et 5 étaient destinées à apprendre la technique mnémonique et la session 6 au post-testing et au décodage.

Les tests comprenaient :

– des mesures de l'anxiété : la première mesure était la liste des symptômes, la deuxième mesure était une échelle analogue (scores élevés= anxiété élevée).

– un rappel des noms et des visages (pour les visages : diapositives de 6 hommes et 6 femmes).

Le groupe expérimental devait se relaxer avant d'apprendre les noms.

Les principaux résultats ont été les suivants :

– après l'exercice mnémotechnique, les deux groupes se sont améliorés, mais l'amélioration est significativement plus importante dans le groupe expérimental.

– une réduction de l'anxiété au testing final est significativement corrélée avec un meilleur rappel des noms et des visages.

Sur la base de ces résultats, Yesavage affirme que les techniques de réduction de l'anxiété, comme celle de la relaxation, augmentent la capacité du sujet âgé d'apprendre un procédé mnémotechnique et donc d'améliorer sa capacité de se rappeler. Par ailleurs, les sujets qui ont appris, mais sans relaxation, sont plus anxieux qu'avant l'apprentissage. Cela confirme que la capacité de se concentrer est en corrélation inverse avec l'anxiété. Ainsi on comprend mieux pourquoi certains sujets âgés ont des difficultés avec les procédés mnémotechniques : apprendre ces procédés relativement compliqués est anxiogène !

Ceci explique probablement pourquoi certains médicaments anxiolytiques améliorent l'apprentissage chez les personnes âgées (Yesavage *et al.*, 1982), mais une technique comme la relaxation est préférable à un médicament quand on pense que cette population est particulièrement sensible aux effets secondaires des médicaments.

Cependant, la relaxation seule n'est pas assez efficace pour améliorer les fonctions cognitives, il faut l'associer aux procédés mnémotechniques.

Les sujets non-déprimés qui ont servi pour cette étude, ne sont pas des déments séniles, mais ils ont des troubles nets de la mémoire. Kral (1962) avait déjà décrit, comme on l'a vu, «l'oubli bénin de la sénescence», le terme «bénin» s'appliquant à une moyenne de 28 % de perte de mémoire dans les tests cognitifs. Kral disait «bénin» parce que le déclin ne progresse pas rapidement et n'est pas lié à une mortalité précoce comme c'est le cas dans la démence sénile. Il ne faut cependant pas oublier que les sujets peuvent ressentir ce déclin «bénin» comme très désagréable si cela les empêche d'exercer leur profession ou de profiter de leurs loisirs habituels. Les changements qui paraissent bénins pour le médecin peuvent être considérés comme malins par le patient. Dans cette optique, il est intéressant de souligner le fait que, dans l'étude de Yesavage, comme par ailleurs dans les études d'autres auteurs dont nous avons parlé plus haut, l'amélioration dans le groupe expérimental est presque aussi importante que le déclin mnésique normal. Il y a donc un espoir réaliste qu'un tel traitement puisse amener des bénéfices pratiques chez les personnes âgées qui commencent à ressentir le déclin «normal» lié à l'âge!

Une conclusion importante de Yesavage est donc que, chez les sujets soumis à la relaxation, la diminution de l'anxiété est en stricte corrélation avec l'amélioration mnésique.

L'idée générale est que la réduction de l'anxiété chez le sujet âgé augmente sa capacité de bénéficier d'un programme de training de la mémoire.

Chapitre 4
Vieillesse ou maladie ?

Dans les chapitres précédents déjà, on s'est rendu compte assez clairement, nous l'espérons, que tout n'est pas inéluctable avec l'âge, qu'on ne vieillit pas de manière homogène et que, dans certaines limites, on peut même récupérer des compétences cognitives, comme p.ex. des capacités de mémoire. Dans ce bref chapitre, nous allons évoquer certains aspects plus organiques liés à l'âge et nous verrons que, même dans ce domaine, il y a des capacités de récupération. De plus, nous verrons qu'il s'agit assez souvent, lorsqu'on se trouve devant une personne âgée, de bien faire la distinction entre ce qui est vraiment lié au processus de vieillissement et ce qui est dû à la maladie. Nous n'allons évoquer de ce vaste sujet que quelques exemples. Ils suffiront cependant pour convaincre que même dans ce domaine, qui n'est pas directement lié à l'activité mentale, mais qui peut néanmoins l'influencer indirectement, il y a souvent quelque chose à faire et qu'il ne faut pas abandonner la lutte pour un éventuel vieillissement « réussi ».

I. LA PERTE D'EAU

Pour ce point, nous allons nous baser essentiellement sur le travail de Reiff (1987). Il commence par rappeler que, quelque 2400 ans auparavant, Thalès de Milet soutenait que l'eau est l'essence de toutes choses, alors que, environ 1800 ans plus tard, Ponce de Leon cherchait en vain la Fontaine de Jouvence. Leurs concepts nous semblent maintenant naïfs et cependant ils pourraient avoir une certaine validité. Nous venons de la mer et nous sommes constitués principalement d'eau, le milieu et le solvant où se passent les processus les plus vitaux. Un embryon, est constitué d'environ 90 % d'eau et un fœtus de 80 %. Ce pourcentage diminue pendant la maturité (autour de 70 %) et au cours de la sénescence l'eau peut ne plus représenter que moins de 60 % du corps. Les conséquences physiologiques de toute perte d'eau corporelle sont en effet importantes et peuvent avoir un impact direct sur l'état clinique d'un patient âgé.

Une certaine confusion règne dans les études relatives à la question des changements dans l'eau corporelle avec le vieillissement. Les résultats contradictoires qu'on trouve dans la littérature peuvent être en partie expliqués par les techniques différentes utilisées pour mesurer le contenu en eau : par sujet, par poids corporel total ou par poids sec, etc. Ainsi p.ex. les études plus anciennes ont conclu que la perte en eau due à l'âge serait surtout liée au compartiment intracellulaire, alors qu'un travail plus récent (Steen *et al.*, 1985) met en évidence des réductions importantes de l'eau extracellulaire. Cependant, et tout en sachant que certains changements liés à l'âge dans la composition corporelle sont liés à d'autres éléments, p.ex. une augmentation de la graisse corporelle, tout le monde est d'accord qu'avec l'âge il y a une importante diminution de l'eau corporelle.

Le mécanisme de cette perte en eau dans l'organisme vieillissant n'est pas très clair quoique, théoriquement, il y ait des raisons de croire qu'avec l'âge il y a des changements importants dans le potentiel chimique de l'eau intracellulaire et intersticielle. Ces changements pourraient être dus à une interaction macromoléculaire accrue, dans le sens d'une agrégation, de polymérisations ou d'insolubilités. Tous ces facteurs augmentent avec l'âge et ceci devrait s'accompagner d'une interaction réduite soluté-solvant, provoquant ainsi une pression osmotique colloïdale réduite. Or, il faudrait se rappeler que c'est la pression osmotique des macromolécules, c'est-à-dire celles qui ne traversent pas les membranes cellulaires, qui détermine à long terme le contenu en eau des tissus. Les changements liés à l'âge, que nous venons de postuler, agiraient donc dans l'organisme vieillissant, en facilitant des pertes dans le contenu en eau liée. Examinons quelques exemples des conséquences physiologiques et pathologiques de cet important changement lié à l'âge.

1. La cataracte lenticulaire

Le cristallin se développe embryologiquement comme une invagination de l'ectoderme qui se coupe de sa source ectodermique. L'épithélium basilaire reproductif du cristallin se trouve sur sa surface externe. Les cellules en croissance migrent vers l'intérieur du cristallin d'où il n'y a pas de possibilité d'échapper. Pendant le développement, l'épithélium antérieur reproduit les cellules disposées concentriquement, comme dans un arbre, avec les plus anciennes, et leurs restes, dans le centre du cristallin, et les plus jeunes vers la surface. La concentration protéinique est progressivement plus grande depuis la surface jusqu'au noyau du cristallin et c'est là, dans le nucleus, que se développe avec l'âge la cataracte nucléaire, une structure solide d'où l'eau semble avoir disparu. Par ailleurs, Bettelheim *et al.* (1986) ont bien démontré que le contenu en eau «liée» dans une cataracte est nettement inférieur à celui d'un cristallin non-cataracté. Ceci plaide clairement en faveur d'une pression osmotique colloïdale réduite due à l'agrégation macromoléculaire.

2. Le globule rouge

Les érythrocytes circulants (c'est-à-dire les globules rouges ou hématies) seraient un autre modèle potentiel pour étudier les changements cellulaires liés à l'âge. En effet, pendant sa vie de 3-4 mois, un globule rouge mûrit depuis le jeune réticulocyte, en passant par l'érythrocyte mature jusqu'au globule rouge sénescent qui finit normalement en étant détruit par les monocytes macrophages. Or il est connu depuis des années que les globules rouges vieillissants augmentent leur densité cellulaire, essentiellement à cause de la perte d'eau. Ceci est directement lié à une augmentation de la concentration cellulaire en hémoglobine, la protéine principale du cytoplasme érythrocytaire.

3. Les conséquences cliniques de la perte en eau

La perte normale de l'eau au niveau cellulaire a des implications importantes concernant l'état de santé et les traitements que doivent suivre les personnes âgées. En voici quelques exemples.

a) *Le dosage des médicaments solubles dans l'eau*

L'effet thérapeutique et la toxicité d'un médicament sont liés à sa concentration dans les liquides corporels. Il est donc évident que si la même dose d'un médicament soluble dans l'eau est donnée à un sujet âgé et à un sujet jeune, chez la personne âgée le produit sera distribué dans un volume plus réduit. La concentration du médicament sera donc plus grande chez le patient âgé, ce qui veut dire : potentiel thérapeutique accru mais aussi danger de plus grande toxicité. Les patients âgés ont par conséquent besoin — par rapport aux jeunes — de doses plus faibles des médicaments solubles dans l'eau, pour bénéficier des mêmes effets thérapeutiques. Ainsi par exemple, les patients âgés sont plus sensibles et susceptibles à la déshydratation provoquée par les diurétiques. En conséquence, alors que les jeunes tolèrent une médication quotidienne, chez les personnes âgées, très souvent, l'hypertension systolique est bien contrôlée avec la prise des médicaments tous les deux et parfois même tous les trois jours.

Pour éviter la toxicité des médicaments solubles dans l'eau (comme p.ex., outre les diurétiques, les digitaliques ou la théophylline) les doses doivent être soigneusement établies sur base de tests appropriés et le patient âgé doit être contrôlé afin de détecter très tôt l'apparition éventuelle des signes de toxicité et de déshydratation.

b) *La régulation thermique*

L'eau, par ses propriétés physiques, joue aussi le rôle de tampon thermique qui protège contre l'hypothermie et l'hyperthermie. Ce simple fait physique, ajouté à d'autres facteurs thermorégulateurs hypothalamiques p.ex., font que la personne âgée est plus susceptible à la perte d'une bonne régulation homéothermique. Ces sujets n'arrivent pas à rester suffisamment froids en été ou chauds en hiver. Ils doivent être conseillés pour régler en conséquence leurs activités et leur environnement.

c) *Déshydratation et sur-hydratation*

La diminution de l'eau corporelle totale chez les sujets âgés les rend plus susceptibles à la déshydratation (comme par ailleurs la réduction avec l'âge de la sensation de soif). D'autre part, les sujets âgés sont aussi, par rapport aux jeunes, plus sensibles à la sur-hydratation, parce qu'ils ont un volume plus petit de distribution dans lequel ils peuvent diluer l'excès d'eau exogène. En fait, les sujets âgés ont une capacité physiologique réduite de stocker l'eau.

d) *La réponse à la vasopressine*

On sait que les personnes âgées répondent moins bien à la vasopressine (l'hormone antidiurétique) à cause d'une réponse rénale réduite. L'hypertrophie liée à l'âge de certains noyaux hypothalamiques, qui sont les sites du contrôle de la libération de la vasopressine, pourrait être secondaire à la perte en eau. Ceci pourrait expliquer la tendance chez les personnes âgées à des réponses inadéquates à la vasopressine en tant qu'ajustement compensatoire à la perte de l'eau tissulaire.

e) La susceptibilité à l'hyperosmolarité

Puisque les fonctions rénales diminuent habituellement avec l'âge, les urines peuvent être concentrées seulement au niveau d'approximativement 800 mosm/L chez beaucoup de sujets âgés, alors que les jeunes arrivent facilement à environ 1 200 mosm/L, donc 50 % de plus. Ce fait implique que le sujet âgé a besoin d'un volume d'urine de 50 % plus grand pour excréter la même charge de soluté. Par conséquent, il doit boire beaucoup plus pour éviter la rétention des substances qu'il devrait excréter.

*
* *

Bien entendu, les sujets âgés vieillissent de manière hétérogène et ne présentent pas la perte cellulaire en eau et ses conséquences cliniques au même moment de la vie. Cependant dans une population âgée, ces changements méritent une observation attentive.

Un test de contrôle utile est la collecte de l'urine de 24h. pour déterminer le volume, la créatinine, le glucose et les protéines. Si les tests pour protéines et glucose sont positifs, il est indiqué de faire des dosages quantitatifs. De même, si un patient âgé produit — sur 24 h — une urine plus concentrée que 800 mosm/L, il faut conseiller de boire beaucoup d'eau. D'autres signes de déshydratation peuvent être décelés, comme p.ex. la faible turgescence des tissus, la faible pression intra-oculaire, l'aspect général de déshydratation (comme p.ex. les rides), les matières fécales dures et difficiles à éliminer, l'hyperazotémie et l'hypernatriémie, etc. Dans le même sens, bien connaître le poids corporel pré-morbide est important pour juger, d'après la perte aiguë de poids, d'un index de déshydratation.

Il semble d'ailleurs possible que des patients âgés, coopératifs et vivant chez eux, apprennent à mesurer périodiquement leur poids et leur volume d'urine sur 24 h, en utilisant un récipient volumétrique incassable. Ceci pourrait p.ex. être très utile, en faisant des tableaux avec les valeurs de la tension artérielle (à l'aide d'appareils simples, automatiques, que le patient peut utiliser lui-même) et du pouls, pour guider la médication anti-hypertensive et pour éviter d'éventuelles complications.

II. ACTIVITÉ ÉLECTRIQUE DU CERVEAU ET ÉTAT CARDIAQUE

L'activité électrique du cerveau, ce qu'on appelle l'électro-encéphalogramme (EEG), est d'habitude plus lente chez les personnes âgées que chez les jeunes. Ceci est devenu presqu'un dogme et cependant, en 1972 déjà, Obrist avait démontré que la situation n'est pas en relation simple avec l'âge.

Dans une étude faite aux Etats-Unis, Obrist a montré tout d'abord que, chez des volontaires âgés, en relativement bonne santé, on observe dans un nombre important de cas, un EEG normal, quoique la majorité de cette population présente un EEG ralenti. La Figure 3 montre un exemple clair de ces deux possibilités.

Cependant Obrist ne s'est pas contenté de constater ce que beaucoup d'autres avaient vu avant lui. Il s'est posé la question de savoir s'il n'y

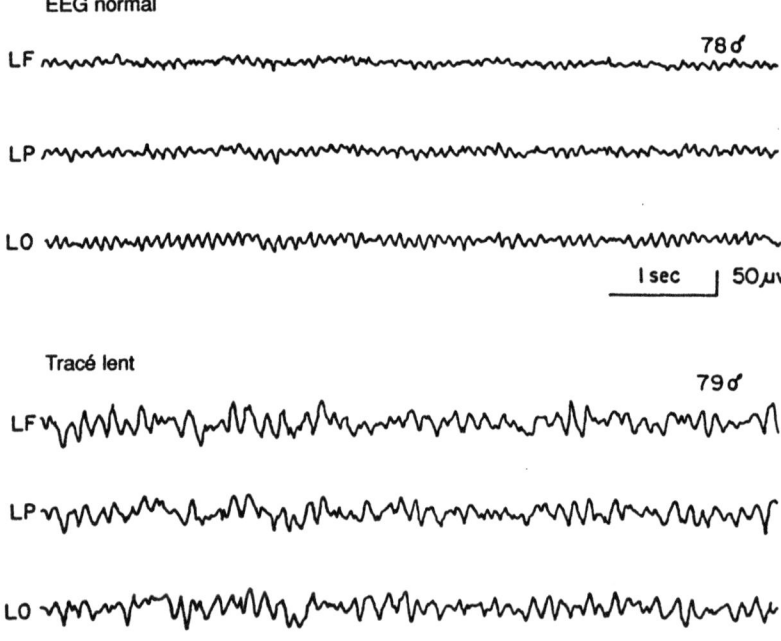

Fig. 3 — *Tracé électro-encéphalographique (EEG) de deux volontaires âgés (l'âge est indiqué sur la figure) résidents d'une institution* (Obrist, 1972).
En haut : tracé normal (rythme alpha de 10 cycles/seconde) chez un senior (homme) en bonne santé.
En bas : rythme ralenti, chez un résident âgé de 79 ans, mais souffrant d'une maladie cardiaque.
Dérivations EEG : LF = frontal gauche ; LP = pariétal gauche ; LO = occipital gauche

avait pas une corrélation entre l'EEG lent et l'état cardiaque. Rappelons que les sujets d'Obrist ne se plaignent pas de troubles cardiaques mais lui s'est demandé si tout de même, à un examen plus attentif, il ne pourrait pas déceler quelques anomalies qui ne demandaient pas encore d'intervention thérapeutique, cardio-vasculaire. Obrist a réussi alors à faire un examen électro-cardiographique des 46 résidents d'une maison de retraite en Caroline du Nord. Ses résultats, illustrés à la figure 4, sont très clairs.

En effet, un des rythmes de base de l'EEG est appelé le rythme (ou la fréquence) alpha et, chez les sujets normaux, il est de 9 à 10 cycles par seconde (10 Herz). La figure 4 nous montre que chez les seniors que Obrist a examinés à la fois du point de vue électro-cardiographique et électro-encéphalographique, il y a une nette corrélation entre ces deux mesures. En effet, chez les sujets qui montrent un électrocardiogramme

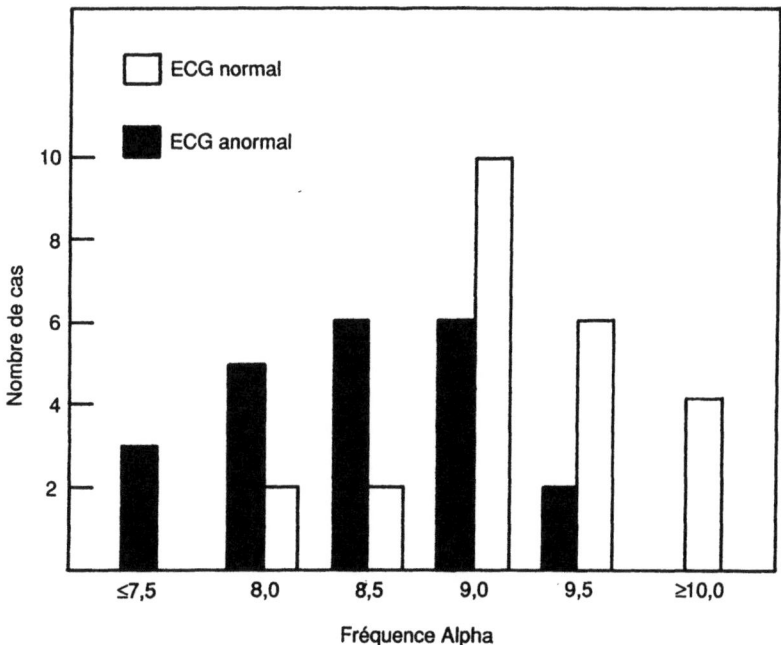

Fig. 4 — *Fréquence du rythme alpha chez 46 résidents de maison de repos, du même âge, qui avaient un électrocardiogramme normal (carré blanc) ou anormal (carré noir). Les groupes diffèrent significativement quant à la fréquence du rythme alpha* (Obrist, 1972).

(ECG) normal, la fréquence du rythme alpha est également tout à fait normale, malgré l'âge moyen de 77 ans. Par contre, le rythme alpha est ralenti chez les sujets qui montrent certaines anomalies cardiaques. Obrist a donc clairement montré qu'il ne suffit pas d'être âgé pour que le cerveau fonctionne moins bien, mais que, dans la plupart des cas où l'on décèle un ralentissement de l'activité électrique cérébrale on décèle aussi un malfonctionnement, encore latent mais néanmoins existant, du cœur.

Il convient donc, encore une fois, lorsqu'on décèle un EEG lent chez un sujet âgé, de ne pas se contenter de dire « oui, c'est normal pour son âge », mais de faire le nécessaire pour déceler une autre cause éventuelle, en l'occurrence ici un trouble cardiaque, et de prendre les mesures médicales qui s'imposent. Dans beaucoup de cas par ailleurs, rétablir un bon fonctionnement cardio-vasculaire a comme conséquence une augmentation légère mais significative des rythmes EEG, donc une normalisation de cet aspect fonctionnel du cerveau.

III. AUTRES DÉFICITS ORGANIQUES

Nous allons dans ce paragraphe évoquer essentiellement le travail de Williams (1987), qui porte d'ailleurs le même titre que notre chapitre, à savoir : « Vieillissement ou maladie ? ».

L'auteur s'oppose, dès le début de son article, au dogme selon lequel « les vieux » déclinent dans presque toutes leurs fonctions et que donc, d'une part ils ont besoin de beaucoup de médicaments et que, d'autre part, il faut absolument changer leur mode de vie. L'image la plus courante est que, une fois à l'âge de la retraite, on réduit toutes les activités. Or, d'une part, comme on l'a vu au début de cet ouvrage, il y a beaucoup d'exemples de personnes qui n'ont pas ralenti leur rythme d'activité, même jusqu'à des âges très avancés ; d'autre part, et c'est l'objet principal de cette contribution de Williams, on dispose actuellement d'une longue étude faite sur les seniors, intitulée « L'Etude Longitudinale de Baltimore pour le Vieillissement » (en anglais : « Baltimore Longitudinal Study of Aging », d'où l'abréviation « BLSA » que nous avons déjà mentionnée). Parmi les principaux résultats du BLSA, nous en mentionnons ici quelques-uns directement liés à notre sujet.

a) Aspects cardiaques

A peu près la moitié des sujets inclus dans le BLSA, ne montrent pas de changements importants, ni dans le rythme cardiaque, ni dans le débit cardiaque, qui reste, comme chez les jeunes, entre 10 et 20 litres de sang par minute.

Il y a quand même quelque-chose que le BLSA a révélé, c'est que le rythme cardiaque, dans un exercice physique standard, n'augmente pas autant que chez les jeunes. Cependant, le cœur du sujet âgé mais en bonne santé augmente, à l'exercice, le volume de sang éjecté à chaque battement, ce qui fait que le débit cardiaque s'adapte en fin de compte à l'exercice, pratiquement tout aussi bien que chez les plus jeunes. Le cœur âgé utilise seulement une stratégie différente. A ce sujet, il nous semble intéressant de mentionner les études animales sur le rat, que cite Williams. Ces études ont montré que les rats âgés qui ont été obligés de faire des exercices physiques considérables (p.ex. courir sur un tapis roulant, nager pour sortir d'un labyrinthe rempli d'eau, etc.) quelques mois avant d'être testés, ne montrent pas un temps de contraction cardiaque prolongé comme le groupe des rats âgés qui ont continué à mener une vie «sédentaire».

b) Aspects rénaux

Une autre vue fréquemment rencontrée dans la littérature médicale, c'est qu'avec l'âge il y a un déclin des fonctions rénales.

L'étude BLSA a cependant clairement montré, en utilisant comme critère la manière dont on élimine la créatinine (qui est un témoin du métabolisme musculaire), que :

– un tiers de la population étudiée ne montre aucun déclin avec l'âge ;
– une faible proportion élimine la créatinine encore mieux, en vieillissant ;
– certains sujets montrent un déclin léger mais progressif ;
– une très faible proportion des sujets montre un déclin important avec l'âge.

Encore une fois donc, comme pour d'autres fonctions, il n'y a pas un changement généralisé et inévitable de la fonction rénale en fonction de l'âge.

Néanmoins ces observations posent des problèmes quant à l'utilisation des médicaments chez les personnes âgées. Il serait certainement utile, mais très cher et très difficile à réaliser en pratique, de pouvoir étudier les effets d'un même médicament chez des personnes de 80 à 90 ans qui éliminent bien la créatinine par comparaison avec d'autres qui montrent des déclins considérables sur ce point.

c) Aspects cérébraux

On a déjà suffisamment évoqué le mythe du déclin «naturel» et inexorable des fonctions cérébrales avec l'âge. Dans ce domaine également le BLSA a montré que le principe de la variabilité est valable.

En effet des études très approfondies, comme celles de tomographie cérébrale à l'aide des scanners, ont été faites sur des sujets âgés de 21 à 83 ans, chez lesquels on a aussi mesuré, par des tests adéquats, les performances mentales et l'intelligence. Le résultat global a été que, chaque fois qu'il y a eu, avec l'âge, des déclins significatifs dans les fonctions mentales, ils pouvaient être attribués à des maladies de diverses natures.

L'exemple le plus frappant à ce sujet est celui que l'auteur a pu étudier chez deux vrais jumeaux de plus de 60 ans. Un des jumeaux est tout à fait normal, cliniquement, l'autre par contre présentait, depuis 5 ou 6 ans déjà, des signes de démence d'Alzheimer. Dans certaines mesures cérébrales, comme p.ex. l'utilisation du glucose par le cerveau, il y avait de grandes différences entre les deux jumeaux : seul celui qui développait la maladie d'Alzheimer montrait des anomalies dans le fonctionnement du cerveau. Il n'y avait donc pas eu, chez ces jumeaux, de changements cérébraux importants directement liés à l'âge, mais uniquement en fonction de la maladie que l'un développait et l'autre pas.

d) L'importance de l'exercice

Williams mentionne le fait que de nombreuses données existent dans la littérature, montrant que les diverses fonctions physiologiques, non seulement peuvent se maintenir dans le grand âge, mais peuvent même s'améliorer avec un exercice approprié.

Ainsi, c'est un fait bien acquis que les athlètes qui continuent toute leur vie des exercices importants, même s'ils ne font plus de compétition, maintiennent jusqu'à un âge très avancé — s'ils restent en bonne santé générale — une très grande capacité respiratoire («capacité vitale»). De même, une étude faite à St Louis, à la Washington University (Seals *et al.*, 1984) a montré que chez des sujets aux habitudes sédentaires, âgés de 60 à 70 ans, l'exercice physique rationnel et modéré augmente très significativement diverses fonctions, comme p.ex. la capacité respiratoire et la tolérance au glucose.

e) Maladies chroniques

Si, comme nous l'avons vu plus haut, une importante amélioration physique et intellectuelle peut encore être obtenue chez les personnes âgées, il ne faut cependant pas oublier que des maladies chroniques sont fréquentes dans cette partie de la population. De plus, très souvent, une personne âgée souffre de plusieurs maladies chroniques à la fois. Ainsi p.ex. : l'arthrite, l'ostéo-porose avec danger de fractures, notamment de la hanche, l'hypertension, des troubles de l'ouïe et de la vision, etc.

Les maladies chroniques créent des handicaps importants surtout chez ceux qui ont dépassé l'âge de 80 ans, or cette tranche de la population augmente très rapidement par rapport aux autres, surtout dans nos pays dits développés ou industrialisés. Aussi, la démence est-elle la cause principale du handicap d'environ 40 % des personnes âgées qui nécessitent des soins quotidiens.

Bien entendu toutes ces maladies, que nous n'avons que survolées rapidement, posent à la médecine et à la société en général, de graves problèmes, tels que prévention et progrès thérapeutiques, y compris un traitement médicamenteux plus efficace.

Tout cela pose de lourdes charges financières et émotionnelles à la société et aux familles. Il ne faut cependant pas oublier que la manière dont la société, dans son ensemble, perçoit les seniors devrait changer aussi. Nous devons quand même nous rendre compte tous, jeunes et moins jeunes, du fait qu'il y a beaucoup de personnes de plus de 80 ans qui, aujourd'hui, sont encore en bonne santé et pourraient encore contribuer au progrès de notre société, moyennant une attitude appropriée.

Chapitre 5
Les médicaments pour le cerveau

Nous sommes, on l'espère, convaincus que face à la vieillesse nous ne sommes pas démunis et qu'il y a beaucoup à faire pour faciliter un plus grand accès vers le vieillissement cérébral réussi. Dans cet effort la psychopharmacologie, c'est-à-dire l'étude des médicaments pour le cerveau (les psychotropes), joue un rôle important. Il convient donc de donner ici quelques notions de base, sans pouvoir faire une revue approfondie, sur la psychopharmacologie[1]. Dans le chapitre suivant, nous évoquerons quelques problèmes particuliers que pose l'usage des psychotropes en gériatrie.

La psychopharmacologie est, comme on l'a dit, la discipline qui traite des médicaments destinés au cerveau, médicaments qu'on appele «les psychotropes». Son importance parmi les sciences de l'homme est donc liée à celle du cerveau. On peut évoquer à ce sujet le problème posé par Hamburger dans son livre «La Puissance et la Fragilité» : pour quelle vie se bat le médecin et ceux qui l'aident dans ce combat?

Hamburger, connu pour avoir effectué les premiers transplants de rein et pour avoir posé les principes modernes de la réanimation, décrit le cas d'une jeune fille atteinte d'une grave affection rénale, entrée dans son service en état de coma profond. Bien qu'on la maintienne «en vie» grâce aux techniques de la réanimation, son état ne s'améliore guère. Appelé en consultation, le neurologue François Lhermitte déclare que cette jeune fille est morte depuis plusieurs jours. On arrête la réanimation et l'on constate en effet que le cerveau est bien liquéfié, ce qui signifie que la mort du cerveau remonte à plusieurs jours. Par contre, les altérations des autres organes (cœur, poumons, etc.) indiqueraient plutôt une mort qui remonte à quelques heures (après l'arrêt des appareils de réanimation).

Constatant que l'«obstination thérapeutique» de son équipe avait donné une apparence de vie au «cadavre» de la jeune fille, Hamburger se demande alors pour quelle vie on lutte en réalité. Est-ce pour la vie des cellules ou des organes ? Non, répond-il. En réalité, la vie des animaux supérieurs et de l'homme nous intéresse parce qu'il y a une organisation particulière des cellules. Cette organisation, qui engendre finalement ce que nous appelons la conscience et la personnalité, débouche sur une certaine liberté, qui différencie tous les individus les uns des autres. C'est, dira Hamburger, pour cette forme de vie que le médecin se bat et dans cette perspective, insiste-t-il, on peut dire qu'il n'y a de vie que neurologique, qu'il n'y a vie que tant que le cerveau reste fonctionnel.

Ceci nous amène naturellement à passer en revue quelques notions générales sur le cerveau.

I. ORGANISATION FONCTIONNELLE DU CERVEAU : NOTIONS DE BASE

A. Les conceptions anciennes

Dire que le cerveau est l'organe de la pensée apparaît aujourd'hui comme une évidence. Il n'en a toutefois pas toujours été ainsi.

Les premières civilisations orientales ignoraient le rôle du cerveau. Ainsi par exemple, pour les Mélanésiens, l'intelligence a son siège dans le ventre et la parole dans la gorge. Même la puissante civilisation égyptienne ne semble pas avoir attribué un rôle important au cerveau. Les Egyptiens embaumaient les corps mais ne gardaient pas le cerveau des momies, lequel était probablement jeté aux chiens avec les intestins et autres viscères. Aucun cerveau n'a en effet jamais été trouvé dans les urnes funéraires, alors que d'autres organes (rein, foie, cœur) y étaient conservés.

La première indication sur le rôle du cerveau se trouve chez Alkmaion, élève de Pythagore, vivant à Crotone au VIe siècle avant J.C.

> «L'œil voit à travers l'eau; et l'œil a certainement du feu en lui, car il produit des étincelles lorsqu'on le frappe. Tous les sens sont liés d'une façon quelconque avec le cerveau. Ils sont donc incapables d'agir si le cerveau est en souffrance car lui est le point final des canaux (ou pores) par lesquels les sens agissent» (cf. Giurgea, 1981).

Cinquante ans plus tard, Hippocrate donne une description du cerveau étonnamment moderne :

> «Les hommes doivent savoir que du cerveau uniquement nous viennent nos plaisirs, nos joies, nos rires, nos blagues, ainsi que nos peines, nos douleurs, nos ressentiments et nos larmes. Par le cerveau, nous pensons, nous voyons, nous entendons et nous distinguons le laid du beau, le mal du bien, l'agréable du désagréable. Ainsi j'arrive à soutenir que le cerveau est l'organe le plus puissant du corps humain car lorsqu'il est en bonne santé, il interprète pour nous les phénomènes d'origine aérienne, et c'est bien l'air qui nous donne l'intelligence. Les yeux, les oreilles, la langue, les mains et les pieds agissent suivant le discernement du cerveau» (cf. Giurgea, 1981).

On ne sait pas comment Alkmaion et Hippocrate sont arrivés à élaborer leurs conceptions du cerveau. La pensée de la Grèce Antique a néanmoins été dominée par Aristote qui considérait pour sa part que c'était le cœur qui était le siège de l'âme. Le cerveau servait tout au plus à refroidir le cœur et à freiner les passions. C'est du reste à Aristote que nous devons les expressions toujours actuelles «aimer de tout son cœur», «apprendre par cœur», «au cœur d'un problème», etc.

Au IIe siècle avant J.C., Galien, philosophe et médecin, émet l'hypothèse que chacun des trois ventricules du cerveau a un rôle distinct dans les trois fonctions de l'activité mentale dont on admettait l'existence à l'époque, à savoir le raisonnement, l'émotion et la mémoire.

Mentionnons encore Nemesius, évèque de Smyrne, qui au Ve siècle après J.C. affirme que l'intelligence et l'âme se trouvent dans les ventricules qui sont remplis d'air. D'où les expressions : «rendre le dernier souffle», «rendre l'âme». Cette conception durera presque quatorze siècles, c'est-à-dire jusqu'au XIXe siècle, exception faite pour Descartes qui considérait la glande pinéale (l'épiphyse) comme le siège de l'âme.

B. Evolution des idées sur la localisation des fonctions dans le cerveau : le XIXe siècle

L'un des précurseurs des idées modernes est Boyle, éminent physicien du XVIIe siècle, également médecin et chirurgien. Boyle découvrit le rôle du cerveau dans la motricité en examinant un chevalier blessé à la tête et chez lequel, suite à une fracture du crâne, on pouvait exercer une pression mécanique sur le cerveau. Boyle observa que lorsqu'il appuyait sur une certaine zone — qui sera dite plus tard zone motrice — le chevalier levait le bras contralatéral à l'hémisphère stimulé. Boyle en déduisit fort justement que certains mouvements étaient en relation avec certaines zones cérébrales (cf. Giurgea, 1985).

C'est cependant au XIXe siècle que se développeront les grandes idées sur la localisation des fonctions dans le cerveau, et ce, paradoxalement, sous l'impulsion de la conception totalement erronée de François-Joseph Gall, médecin viennois créateur de la «phrénologie». Selon cette théorie, il est possible de détecter les caractéristiques mentales de quelqu'un d'après les irrégularités de la forme du crâne, irrégularités qui seraient dues aux pressions exercées par le cerveau sur les os du crâne. Selon Gall, chaque fonction intellectuelle possède une localisation cérébrale précise; la possession d'un certain talent correspond au développement particulièrement important d'une région bien précise du cerveau, ce qui se manifeste par une sorte de bosse sur le crâne. On voit dès lors d'où viennent les expressions telles que «avoir la bosse des mathématiques, du dessin», etc., ou bien celle de «tête de criminel», basée sur les idées de Lombroso, disciple de Gall. Gall, dans sa carte du cerveau va jusqu'à affirmer qu'il y a des localisations précises pour l'attrait pour le vin, pour l'amour de la patrie, l'amitié, l'humour!

La conception erronée de Gall a toutefois généré des critiques, lesquelles ont contribué à l'avancement des connaissances.

Flourens, l'un des pères de la neurophysiologie moderne, recourt, pour combattre les idées de Gall, à l'expérimentation animale. Il est le créateur de la *méthode des extirpations*. En extirpant telle ou telle partie du cerveau, on peut se rendre compte du type de déficit engendré et définir ainsi la fonction de cette partie respective du cerveau. Il met au point plusieurs méthodes d'expérimentation chez le pigeon, le chat, le chien, le lapin, etc., et conclut que si chaque région a en effet ses fonctions propres, chacune participe en outre à la fonction globale du cerveau. En 1829, il écrit :

> «L'unité, c'est le grand principe dominant; il est partout et domine tout. Le système nerveux constitue un système unitaire».

Cette idée, révolutionnaire pour l'époque, est encore fondamentale pour la neurologie et la neurophysiologie modernes.

La *méthode anatomo-clinique* est due à Broca et à Jackson, qui décrivaient les déficits neurologiques des malades et cherchaient après le décès, à l'autopsie, à localiser le déficit anatomique. Ainsi par exemple, s'il y a lésion d'une zone de l'hémisphère gauche chez un droitier, par tumeur, traumatisme ou accident cardio-vasculaire, il y aura perte de la fonction motrice et du langage; par contre, la même lésion dans l'hémisphère droit, toujours chez un droitier, entraîne simplement la perte de la fonction motrice.

En 1871, les Berlinois Fritsch et Hitzig, respectivement chirurgien et physiologiste, introduisent la *méthode de la stimulation électrique*. Contrairement à l'opinion de Flourens (qui employait de mauvais paramètres), ils prouvent que le cerveau est excitable électriquement (expériences sur le chien). Ainsi, lorsqu'on stimule une zone motrice, on observe des mouvements précis contralatéraux par rapport à l'hémisphère stimulé, et de tels mouvements ne se produisent pas en dehors des zones motrices.

Citons enfin la *méthode de l'enregistrement électrique du cerveau*, dont les précurseurs furent Caton en Angleterre, et Danilevsky en Russie (19è siècle), méthode qui est à la base de l'électro-encéphalographie et de toute l'électrophysiologie moderne, qui avait déjà pris son essor au XVIIIe s., principalement à partir des travaux de Galvani (cf. Giurgea, 1981).

C. Conception actuelle de l'organisation fonctionnelle du cerveau

Les connaissances actuelles sur l'organisation fonctionnelle du cerveau humain se basent sur les méthodes que nous venons d'évoquer, telle la méthode anatomo-clinique et la méthode des extirpations (expérimentales, tant chez l'animal que chez l'homme, pour enlever des abcès ou des tumeurs cérébrales). Précisons également que c'est surtout à Foerster (Vienne) et à Penfield (Montréal) que nous devons les contributions les plus importantes au sujet de la *méthode de stimulation électrique du cortex cérébral* chez l'homme. Lorsque l'on doit extirper une partie malade du cerveau sous anesthésie locale — le patient étant éveillé — il est important de bien délimiter la zone malade, celle que l'on doit extirper, afin de conserver un maximum de territoire cérébral sain. C'est en notant minutieusement dans ces occasions les réponses et/ou les mouvements des sujets à la stimulation électrique que ces auteurs, et plusieurs autres, ont pu établir la carte fonctionnelle actuelle du cerveau.

Précisons d'abord quelques notions fondamentales.

Le *Système Nerveux Central*, est contenu dans la boîte crânienne et la colonne vertébrale; il est composé du cerveau, du cervelet, de la moelle épinière et du tronc cérébral.

Le *Système Nerveux Périphérique* est constitué de nerfs qui relient le SNC aux différents organes ; ce sont :
- les fibres afférentes (centripètes ou sensorielles) ;
- les fibres efférentes (centrifuges ou motrices).

Embryologiquement, le SNC se présente sous la forme de trois renflements qui deviennent respectivement :
1. Le prosencéphale → le télencéphale (cerveau terminal) :
   les hémisphères cérébraux
   → le diencéphale (cerveau intermédiaire) :
   thalamus, hypothalamus, épiphyse.
2. Le mésencéphale → le mésencéphale (cerveau moyen) :
   pédoncule cérébral, tubercules quadrijumeaux.
3. Le rhombencéphale → le métencéphale (cerveau postérieur) :
   pont, cervelet.
   → le myélencéphale (bulbe rachidien, cervelet).

L'unité fonctionnelle du système nerveux est la cellule nerveuse ou *neurone*. Chaque neurone est constitué de quatre parties principales :

(a) Le corps de la cellule comprenant le noyau et le cytoplasme.

(b) Les dendrites, qui transmettent normalement l'influx nerveux d'une manière centripète vers le corps de la cellule.

(c) L'axone, prolongement d'habitude plus long, à transmission normalement centrifuge (du corps de la cellule vers les ramifications terminales). Il peut être entouré d'une gaine isolante et protectrice, composée d'une matière grasse appelée myéline.

(d) Les synapses, par lesquelles un neurone communique avec d'autres (il y a 25 000 à 50 000 synapses par neurone). On se souviendra qu'au début du XXe s., il y eut une grande divergence entre les partisans de la théorie de la continuité (Golgi) et ceux de la contiguïté (Cajal). On sait actuellement que les cellules nerveuses ne sont pas en continuité, mais en contiguïté les unes avec les autres. Ce sont des entités propres, qui se transmettent les influx nerveux par l'intermédiaire des synapses. La théorie neuronale (celle qui affirme que les cellules nerveuses sont individualisées et qu'elles n'ont de contact qu'à travers les synapses) fut prouvée par Cajal qui a essentiellement utilisé la méthode de coloration de Golgi. Golgi et Cajal se partagèrent par ailleurs le prix Nobel en 1906.

A côté des neurones, on trouve les *cellules gliales*, considérées par Virchow comme ayant un rôle de soutien et de trophicité (nutritionnel) pour les neurones. Elles sont dix fois plus nombreuses que les neurones, et au fur et à mesure qu'on monte dans l'échelle phylogénique et ontologique, on s'aperçoit que ce rapport nombre de cellules gliales/nombre de neurones augmente. Certaines glies ont une autre origine que le système nerveux. (Le système nerveux, en effet, dérive de l'ectoderme, comme la peau. C'est d'ailleurs pour cela que les troubles nerveux se traduisent souvent concomitamment par des lésions dermiques).

Le rôle des cellules gliales dans le SNC est actuellement en pleine révision. On pense maintenant qu'elles interviennent dans la transmission nerveuse proprement dite. En effet, comme on vient de le voir, ces cellules sont de loin plus nombreuses que les neurones et, de plus, sur le plan phylogénétique, plus une espèce est évoluée, plus le rapport glies/neurones pour une zone donnée est élevé. De nombreux arguments expérimentaux montrent que les glies, accepteurs d'ions, en particulier de K+ (Potassium), et dont le comportement électrophysiologique commence à être mieux connu, agissent comme des modulateurs neuronaux importants. Ainsi, l'idée d'une «gliapse» (Galambos, 1961) pourrait se confirmer : la synapse et son environnement glial serait la véritable structure fonctionnelle assurant la transmission des informations dans le SNC (fig. 5).

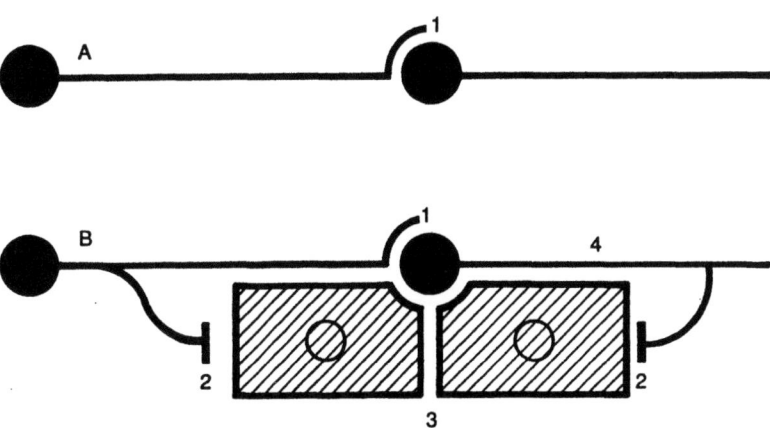

Fig. 5 — *Le concept de Galambos (1961) de la»gliapse» : en A le concept de la synapse : un neurone est en contact (1) avec un autre; en B la synapse (1) est en réalité entourée de deux cellules gliales (2), assurant ainsi un environnement ionique (3) de la synapse qui transmet au neurone suivant (4) le message ainsi régulé par les glies.*

D. La conception de Luria

Luria[2] (1977) considère que le cerveau est constitué de trois unités fonctionnelles (fig. 6) :

(1) Une unité d'entrée, de codage et de stockage des informations provenant du monde intérieur et du monde extérieur (partie postérieure du cerveau, derrière la scissure de Rolando, mais comprenant aussi la zone motrice prérolandique).

(2) Une unité de vigilance et d'homéostasie[3] (systèmes réticulaire et limbique) dont le rôle est de contribuer au maintien de l'équilibre du milieu intérieur face aux variations du milieu environnant.

(3) Une unité de programmation et de contrôle du comportement complexe (le lobe frontal).

(1) Unité d'entrée, de codification et de stockage des informations

Cette zone est constituée par les aires de projections primaire et secondaire, les «analyseurs corticaux» de Pavlov. Chaque fois qu'un stimulus approprié intervient, l'excitation, par l'intermédiaire de relais synaptiques bien déterminés, arrive au cortex cérébral. L'information est donc acheminée à partir du récepteur (p.ex. l'oreille interne) par l'intermédiaire des relais sous-corticaux vers une zone du cortex où elle est codée et stockée (pour un certain moment ou pour très longtemps si le stimulus est important).

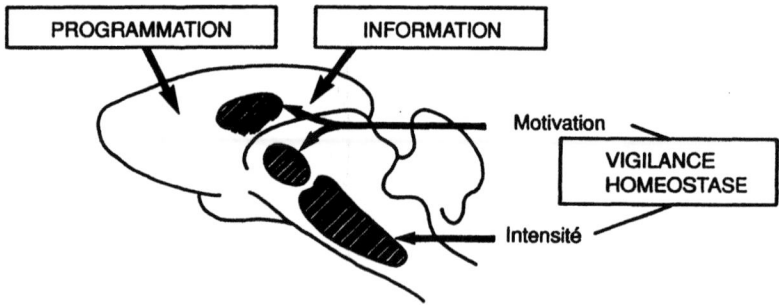

Fig. 6 — *Les trois unités fonctionnelles du cerveau d'après Luria (1977)* (voir détails dans le texte).

Exemples (voir figure 7) :
- audition : dans le lobe temporal ;
- vue : dans le lobe occipital ;
- sensations tactiles et musculaires : dans la zone somato-sensorielle du lobe pariétal (relié à l'aire motrice, prérolandique).

a) Zone de projection primaire

Cette zone reçoit les sensations simples, intègre les premières impressions et contribue à la localisation spatiale des stimuli. A la stimulation électrique, le sujet accuse des sensations simples, élémentaires. Ainsi p.ex. :
- si l'on stimule le pôle occipital (zone visuelle) : «je vois une lumière», «il y a un flash, une mouche»;
- si l'on stimule la zone acoustique : «il y a un son très bref, un bruit».

La destruction de cette zone a des conséquences dramatiques : il y a perte de la modalité sensorielle concernée (cécité, surdité, etc.).

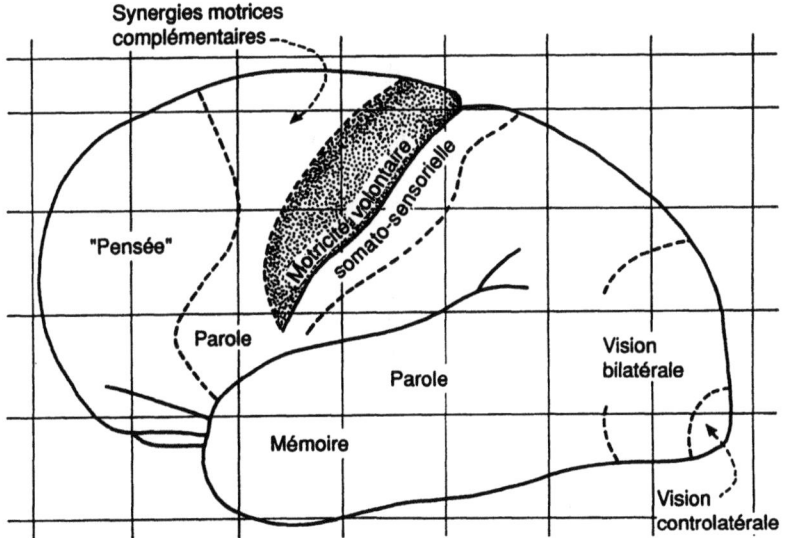

Fig. 7 — *Localisation des fonctions dans le cortex cérébral.*

b) Zone de projection secondaire

Elle reçoit la majorité des informations de la zone de projection primaire. Le rôle des diverses zones de projection secondaire est de contribuer à l'intégration des sensations complexes. Lorsqu'on les stimule, on obtient à peu près les mêmes réponses que pour les zones primaires : sensation simple. Leur destruction a cependant des effets différents : il n'y a pas de perte de la modalité sensorielle concernée, il y a perte dans cette modalité sensorielle des sensations complexes. Ainsi p.ex. quelqu'un qui a perdu la zone de projection secondaire visuelle souffre de «cécité corticale» : il reconnaît les lettres mais ne sait plus les nommer; il ne reconnaît plus les mots. Celui qui perd la zone de projection secondaire dans la modalité acoustique entend mais ne distingue plus une voix connue d'une voix inconnue et ne reconnaît pas une mélodie. Il saisit le sens du mot mais pas celui de la phrase. Si la lésion est importante, il distingue encore le mot au point de vue phonétique, mais il n'en comprend plus le sens.

Les zones de projection secondaire sont des zones associatives : elles reçoivent des impulsions des zones de projection primaire équivalentes, mais aussi d'autres zones de projection primaire ou secondaire. Le degré de convergence multisensoriel est important. Une même cellule reçoit p.ex. des impulsions des récepteurs cutanés, mais aussi des récepteurs auditifs et visuels. Donc en passant des zones de projection primaire aux zones de projection secondaire, on augmente la possibilité de comparer les informations, ce qui représente un aspect important de l'activité intégrative du cerveau.

(2) Unité d'homéostasie et de vigilance

a) La formation réticulaire (fig. 8)

La formation ou substance réticulaire est un ensemble neuronal, situé au centre du mésencéphale et se prolongeant dans le diencéphale. Tout ce qui constitue une information sensorielle arrive à cette substance qui possède des relations multiples avec l'ensemble du cortex cérébral. Le tonus de cette structure dépend de l'intensité et du nombre de stimuli qui l'atteignent et, par là-même, elle assure une régulation innée du tonus cérébral, c'est-à-dire d'un niveau de base d'excitabilité corticale. Des lésions importantes de la substance réticulaire provoquent le sommeil. L'effet est le même que celui de la destruction des récepteurs acoustiques, olfactifs et visuels. Par contre, si on stimule la formation réticulaire (par des amphétamines p.ex.), il y a perte de sommeil. L'alcool à faible dose stimule le système réticulaire et accroît corrélativement la vigilance ; à doses plus élevées, on observe l'effet inverse.

C'est en rapport avec la fonction réticulaire que les neurophysiologistes emploient le mot « conscience » : la conscience, c'est le niveau de fonctionnement du cortex cérébral, qui va de l'état de veille au sommeil. Perdre conscience, c'est perdre le contact avec le monde environnant et perdre la notion de soi.

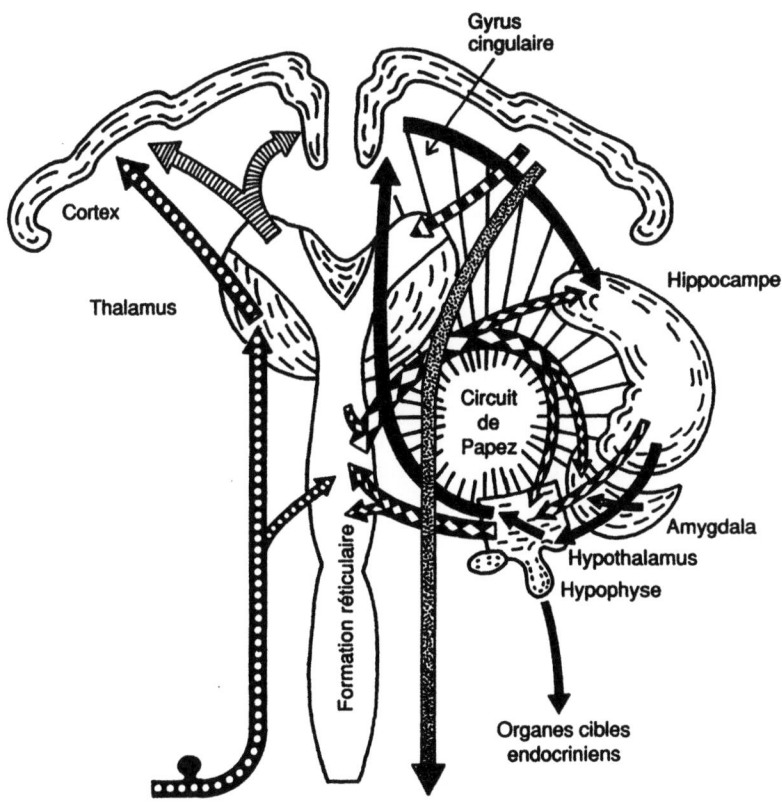

Fig. 8 — *Le système limbique et la formation réticulaire.*

b) Le système limbique (fig. 8)

Ce système est à la base neuro-anatomique de la vie émotionnelle. Nous avons vu que le tonus central, le niveau d'excitabilité cortical, celui qui règle l'état de veille et de sommeil, dépend, via la formation réticulaire, de l'intensité physique et de la complexité des stimuli provenant du milieu extérieur et du milieu intérieur. Pourtant, nous ne réagissons pas toujours en concordance avec l'intensité ou la complexité des stimuli. Il y a p. ex. des couleurs «reposantes», comme le bleu ou le beige, et des couleurs «excitantes», comme le rouge. Des stimuli de même intensité peuvent donc avoir une tonalité affective ou émotionnelle différente. De plus, ces tonalités affectives des stimuli sont dues à des mécanismes acquis ou à des évènements de l'histoire personnelle ; ainsi par exemple, une mère se réveille aux mouvements de son bébé, mais non à d'autres bruits plus intenses ; le meunier se réveille quand son moulin s'arrête, etc.

Chez les mammifères, et notamment chez les mammifères supérieurs, la structure principalement responsable de l'intégration de la tonalité affective des stimuli est le système limbique ou le rhinencéphale.

Le système limbique est situé au milieu du cerveau, sur la ligne médiane des deux hémisphères (d'où le nom de limbique : il est «en frange», «en marge» du cerveau). Il est constitué de nombreuses structures dont par exemple, l'hippocampe, le noyau amygdalien, le cortex cingulaire, etc. Le système limbique est un circuit, dit circuit de Papez (qui l'a décrit en tant qu'élément fonctionnel) : si on stimule un endroit du système limbique, on détecte des potentiels évoqués dans tout son ensemble. De plus, comme on l'a vu, le système limbique est en étroite corrélation fonctionnelle avec le cortex cérébral et en relation directe avec le gyrus cingulaire.

Grâce aux méthodes d'extirpation et de stimulation, on a pu montrer que ce système participe d'une manière essentielle à l'organisation et à l'expression de notre vie affective et émotionnelle. Des lésions de ce système entraînent des modifications importantes de type émotionnel et affectif. Les animaux ou les personnes qui souffrent de tumeurs dans l'une ou l'autre de ces structures ont des réactions bizarres : des impulsions d'agressivité ou au contraire une affectivité exagérée (larmes, rires, etc.). Les expériences de Delgado ont montré qu'en stimulant le système limbique, on pouvait provoquer l'appétit ou le dégoût, l'agressivité ou la soumission, etc. Nous verrons plus loin l'importance de ce système pour comprendre l'action de certains médicaments psychotropes.

(3) Unité de programmation et de régulation du comportement complexe

Cette unité est constituée essentiellement par le lobe frontal, qui est lui-même connecté avec toutes les autres régions, notamment l'hippocampe. Du point de vue de l'évolution, le passage à la station bipède, par modification de l'os iliaque, a entraîné chez l'homme une évolution du volume du cerveau et notamment du cortex cérébral. Parmi les anthropoïdes, l'homme est celui qui possède le cerveau le plus grand par rapport au volume et au poids du corps (fig. 9), et le rapport cortex cérébral /reste du cerveau le plus élevé. En outre, il ne s'agit pas de n'importe quel cortex.

En effet Penfield distingue :
- le cortex «engagé», celui qui est en relation directe avec le milieu extérieur (zones de projection primaire);
- les zones «non engagées», qui ont une fonction de «cérébralisation». Elles permettent d'intégrer les différentes informations (zones de projection secondaire, zones entièrement associatives comme le gyrus cingulaire p.ex. et surtout le lobe frontal).

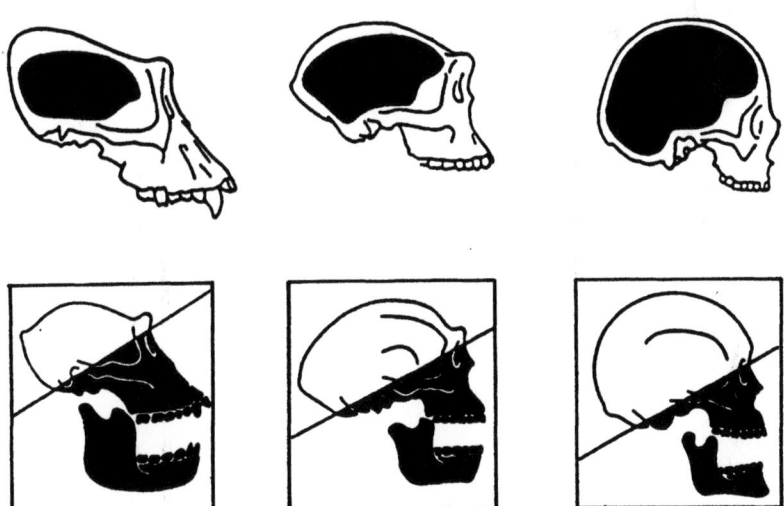

Fig. 9 — *Evolution du cerveau et de la face chez les primates.*
De gauche à droite : le gorille, le pithécanthrope et l'homme.

La figure 10 montre le développement considérable, depuis le rat jusqu'à l'homme, du cortex non engagé, et notamment du lobe frontal. Pourtant on a longtemps méconnu son importance, car l'homme porteur de lésions du lobe frontal semble à première vue conserver ses fonctions (il voit, il entend, il n'est pas paralysé, etc.). On a même affirmé que le lobe frontal était un luxe de l'évolution. Cependant beaucoup d'auteurs (voir dans Giurgea, 1985) ont pu montrer que le lobe frontal était l'organe duquel dépendait l'activité liée aux intentions, qu'il assurait la programmation de nos activités et qu'il était essentiel pour le contrôle de l'exécution des programmes d'action par feed-back. Un sujet privé de

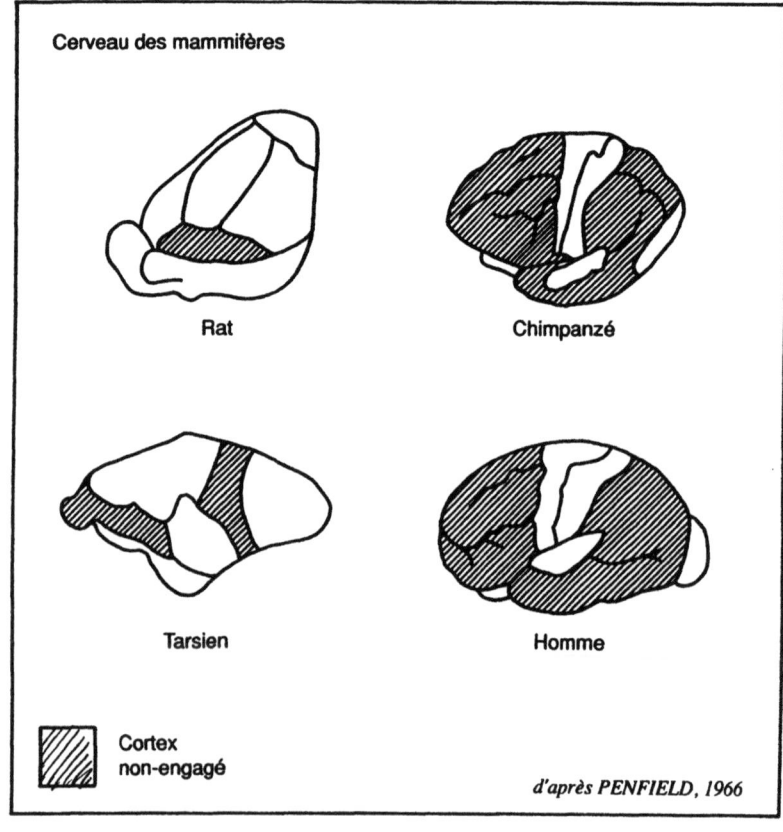

Fig. 10 — *Evolution du cortex «non-engagé», depuis le rat jusqu'à l'homme* (Penfield, 1966).

lobe frontal éprouve des difficultés à fournir une réponse retardée, c'est-à-dire à attendre le moment adéquat pour fournir une réponse. Ainsi p.ex. dans l'expérience d'Anokhin (élève de Pavlov), illustrée à la figure 11, on apprend à un chien à garder la position intermédiaire pour obtenir le stimulus signalant l'arrivée de la nourriture (une lampe). Le chien «frontal» n'est plus capable d'attendre et présente des mouvements «pendulaires», c'est-à-dire qu'il va tout le temps de droite à gauche. On observe donc une absence d'ajustement dans le temps et dans l'espace et une absence d'ajustement dans l'adaptation motrice.

On observe en outre l'apparition de comportements stéréotypés vu que le lobe frontal est celui qui assure le contrôle de l'accomplissement d'un programme d'activités. Ce contrôle disparaît ou est affaibli suivant l'importance de la lésion du lobe frontal, et une détérioration de la stratégie normale des actes et des comportements stéréotypés s'ensuit. Le lobe frontal est en effet un élément essentiel de la mémoire à court terme, celle qui permet de se rendre compte qu'on a accompli l'acte programmé.

Le lobe frontal contribue donc à la mémoire à court terme. L'hippocampe, quant à lui, contribue à la mémoire à long terme. La mémoire à court terme ne doit pas nécessairement être transformée en mémoire à

Fig. 11 — *Expérience d'Anokhin, pour étudier le chien «frontal».*

long terme. Ainsi p.ex., un malade « frontal » n'arrêtera pas de dire bonjour lorsqu'il aura fait le tour de l'assemblée ; l'ordre de dire « bonjour » ne disparaît pas, il appartient à sa mémoire à long terme. Dès lors, on comprend pourquoi, dans le syndrome du lobe frontal, on observe une grande instabilité d'humeur : le malade n'arrive pas à faire ce qu'il doit faire, il manque de contrôle.

E. Différenciation fonctionnelle des deux hémisphères et connectivité inter-hémisphérique (nos « deux cerveaux »)

Le schéma de Luria est valable pour l'homme et pour les mammifères supérieurs. En ce qui concerne l'homme, il n'est toutefois pas complet en ce sens qu'il ne tient pas compte de l'élément sans doute le plus caractéristique de l'évolution phylogénique, à savoir la spécialisation fonctionnelle de chaque hémisphère cérébral.

Depuis la découverte par Broca de ce qu'il a appelé le « centre du langage » dans l'hémisphère gauche chez le droitier, et en dépit des controverses relatives à la localisation cérébrale des aspects complexes du langage, les connaissances à ce sujet se sont beaucoup développées. Nous les résumerons très brièvement, tout en attirant d'emblée l'attention du lecteur sur deux aspects :

- Si le droitier présente une nette différenciation fonctionnelle hémisphérique et qu'elle est incomplète chez le gaucher, ce dernier n'est pas pour autant « anormal ».

- Certains auteurs admettent une tendance à la différenciation fonctionnelle chez certaines espèces animales, mais il semble cependant qu'elle n'a aucun caractère systématique, régulier.

1. Méthodologie

De nombreuses méthodes ont détecté et étudié la différenciation fonctionnelle hémisphérique. Ainsi p.ex. :

- l'ancienne méthode anatomo-clinique ;

- la stimulation électrique lors d'opérations au cerveau ;

- le test de l'injection carotidienne d'un hypnotique, qui bloque pendant quelques minutes le fonctionnement d'un hémisphère et permet d'observer l'activité de l'autre ;

- l'électro-encéphalographie (EEG), et en particulier l'EEG dit « quantifié » ou « computerisé » qui permet l'analyse des spectres de fréquences ;

- les potentiels évoqués;
- les tests dichotiques (qui seront décrits à la section sur la pharmacologie de la fonction noétique);
- la callosotomie (section du corps calleux), dans des cas d'épilepsie p.ex.;
- la méthode des électrochocs unilatéraux.

Certaines maladies psychiques nécessitent un traitement à base d'électrochocs, lesquels sont normalement administrés de manière bi-temporale — application difficilement supportée et comportant des effets secondaires importants, notamment dans la sphère noétique. Vers 1960-70, le neuropsychiatre anglais Stanley a imaginé d'appliquer les électrodes de manière antéro-postérieure sur un seul côté et de ne stimuler qu'un seul hémisphère. Outre les avantages thérapeutiques qui en résultèrent, cette méthode a permis des observations spectaculaires sur les sujets dont un seul hémisphère travaillait (l'EEG enregistrant en effet à un certain moment après l'électrochoc une activité presque normale d'un côté et nulle du côté électrochoqué).

Ces observations ont donc permis de décrire des sujets «hémisphère gauche» et des sujets «hémisphère droit».

2. Le sujet «hémisphère gauche»

a) Au point de vue du langage

Il s'agit d'un sujet parlant beaucoup, engageant spontanément des conversations, conceptuellement riches. Il accompagne son discours de nombreux mouvements de la main droite — qui est en relation avec l'hémisphère gauche. Sur le plan du langage, son seuil auditif est également plus bas. Par contre, les éléments prosodiques (mélodie de la parole) lui font défaut; son ton est monotone. L'hémisphère gauche ne distingue pas facilement une voix féminine d'une voix masculine, ni la tonalité affective d'un discours qui lui parle : le menace-t-on? Le taquine-t-on? Enfin, il chante faux.

b) Au point de vue de la perception visuelle

C'est un sujet qui détecte difficilement des détails dans une image. Il classe les stimulations, mais à sa manière : s'il entend un éclat de rire p.ex., il dira qu'il s'agit d'une personne; s'il entend un aboiement, qu'il s'agit d'un animal (il ne dira pas d'un chien); si on lui demande de classer 4 cartes comportant les chiffres 5, 10, V, X, il n'hésitera pas à le faire selon un critère abstrait : 5 avec V - 10 avec X.

c) Saisie temporelle et spatiale

Le sujet hémisphère gauche sait qu'il se trouve dans un hôpital, qu'il participe à une expérience, qu'on est tel jour, etc. mais hésite si on lui demande s'il y est déjà venu, si c'est la même chambre, etc. S'il s'agit d'images, il hésite : s'il voit des arbres enneigés, il dira « c'est de la neige » mais ne peut nommer la saison ; si on lui dit « janvier », il dira « c'est un mois d'hiver ».

En résumé, chez le sujet hémisphère gauche, la pensée abstraite, conceptuelle, liée à la parole fonctionne relativement bien, à l'inverse de l'imagerie mentale. Sur le plan de l'humeur, le tonus est bon ; c'est un sujet plutôt gai, optimiste.

3. Le sujet « hémisphère droit »

C'est un sujet dont l'élocution et la parole sont réduites, qui n'engage pas spontanément la conversation, dont les réponses sont brèves et sans intérêt. Quant à l'humeur, c'est un sujet plutôt morose.

On a cru — sur base de la méthode anatomo-clinique — que la parole n'existait que dans l'hémisphère gauche et n'avait pas de représentation dans l'hémisphère droit. En fait, les cas cliniques initiaux portaient des atteintes trop graves des deux côtés. La méthode des électrochocs unilatéraux a permis de mettre en évidence le fait que l'hémisphère droit était également capable de parler, encore qu'avec moins d'entrain et sans spontanéité. Si l'hémisphère droit est quasi « muet », il est loin d'être « sourd ». En d'autres termes, les compétences de l'hémisphère droit en compréhension sont nettement plus élevées qu'en production du langage.

4. Considérations générales

a) Du point de vue ontogénétique, l'enfant commence par une dominance de l'hémisphère droit. En effet, le bébé, à l'exception des contrastes phonétiques, comprend d'abord le sens des intonations et ensuite celui des mots.

b) Les interactions inter-hémisphériques sont continuelles chez l'adulte normal et ceci assure le fonctionnement harmonieux du cerveau. Les hémisphères sont différenciés fonctionnellement mais sont interdépendants. Bremer (1966), le grand neurophysiologiste belge, écrit à ce sujet :

> « Une des fonctions primordiales du corps calleux[4] serait le maintien d'un équilibre fonctionnel entre les aires corticales des deux hémisphères. Sur l'activité de fond de cet échange incessant d'influx inter-hémisphériques se superposeraient, au cours de l'évolution du cerveau, les émissions de messages chargés d'informations de complexité croissante. L'appareil étant en place, il serait utilisé pour une harmonisation de plus en

plus fine des activités des deux hémisphères. Au terme de cette évolution, la commissure callosale permet chez l'homme l'utilisation par l'hémisphère « dominant » des informations sensorielles reçues par l'hémisphère « mineur », incapable de les exprimer, sinon de les interpréter en termes symboliques. » (Les termes « dominant » et « mineur » concernent surtout le langage abstrait. Pour l'imagerie mentale p.ex. chez le droitier, c'est l'hémisphère droit qui est « dominant ») (cf. Giurgea, 1985, p. 16).

L'activité intégrative optimale de nos deux cerveaux contribue au renforcement de notre personnalité, comme le souligne Pavlov :

« L'expérience montre clairement qu'il existe deux catégories d'individus, les artistes et les penseurs, entre lesquels la distinction est bien tranchée. Les artistes embrassent la réalité dans son ensemble, comme une entité vivante, complète et indivisible. Les penseurs, eux, dissèquent la réalité, la réduisant temporairement à l'état de squelette. C'est seulement ensuite qu'ils rassemblent progressivement les morceaux et tentent ainsi de lui réinsuffler la vie... En fait, toute activité mentale normale suppose que les deux hémisphères travaillent ensemble. » (cf. Giurgea, 1985, p. 16).

*
* *

Concluons en disant qu'il ne faut surtout pas croire que nous connaissons tout sur le cerveau. Une certitude émerge cependant : le cerveau est l'organe de la pensée ; en dehors du cerveau, il n'existe pas de pensée. Ainsi p.ex. les traumatisés de guerre qui ont perdu les deux lobes occipitaux ne sont pas seulement aveugles, ils ne savent même plus ce qu'est la vue.

II. NOTIONS DE PSYCHOPHARMACOLOGIE GÉNÉRALE ET EXPÉRIMENTALE

1. Définition

La psychopharmacologie (terme créé par Macht en 1928) est une discipline dont l'objet est l'étude des médicaments agissant sur la sphère noétique (la sphère des activités mentales), dont le substrat neuroanatomique est le cerveau, afin d'alléger les souffrances subjectives et de faciliter un meilleur comportement adaptatif au milieu environnant. Les médicaments qui font l'objet de la psychopharmacologie sont appelés psychotropes, ou encore, en anglais « CNS Acting Drugs » (médicaments agissant sur le système nerveux central, en abrégé SNC). Il s'agit du traitement médicamenteux — qui est loin d'être le seul traitement — des insomnies, des apathies, des dépressions, des obsessions, des phobies, des anxiétés, des grandes maladies psychiatriques comme la schizophrénie, les délires de toutes sortes, les manies, et également d'un grand nombre des souffrances dites psychosomatiques. Il s'agit donc d'un vaste domaine médical et pharmacothérapeutique. Nous verrons de plus qu'avec la classe des nootropes, on peut améliorer, même de manière directe, la mémoire, l'apprentissage et l'activité mentale en général, dans certaines limites bien entendu.

Par « étude des médicaments » nous entendons, d'une part l'effort pour atteindre une meilleure utilisation et une meilleure connaissance des médicaments existants, et d'autre part l'effort pour la découverte de médicaments nouveaux, plus efficients. Il s'agit d'un travail clinique, effectué sur des malades, mais aussi d'un travail pré-clinique effectué par des chimistes, des pharmacologues et des toxicologues expérimentateurs. La psychopharmacologie est un carrefour interdisciplinaire qui réunit des médecins (pharmacologues ou cliniciens), des psychologues (expérimentateurs ou cliniciens), des biologistes, des chimistes, des biochimistes, des biostatisticiens, etc.

2. Historique

D'une certaine manière, on a toujours fait de la psychopharmacologie. L'Iliade et l'Odyssée abondent en « histoires pharmacologiques ». Rappelons les « difficultés » d'Ulysse avec Circé qui, le trouvant à son goût, lui a donné un philtre pour oublier Pénélope. Elle avait également une préparation pour transformer les marins en porcs et l'antidote pour les retransformer en êtres humains. C'était déjà là un arsenal thérapeutique important! Qu'on se rappelle aussi les philtres d'amour (Tristan et Yseult), les potions des Aztèques données aux prisonniers lors de l'enlèvement du cœur in vivo sur la pierre du sacrifice. Dans un autre épisode de l'Iliade, on rapporte l'emploi par Hélène d'un « Pharmacon » pour calmer l'anxiété et la tristesse de ses convives à l'arrivée de Télémaque qui s'était mis à parler de la Guerre de Troie. C'est peut-être là l'ancêtre des anxiolytiques contemporains.

Il y a cependant deux différences capitales entre l'emploi de psychotropes dans les temps anciens et dans la médecine moderne. Anciennement, on utilisait les « médicaments » (philtres, potions, etc.) sur des êtres normaux pour les rendre anormaux, et ce, généralement à leur insu. En psychopharmacologie moderne, par contre, il s'agit véritablement de médicaments, c'est-à-dire de substances à donner aux malades afin de les guérir ou de réduire l'importance de la maladie. De plus, on demande l'accord du malade, sauf dans des cas exceptionnels, déontologiquement bien spécifiés.

La psychopharmacologie moderne est relativement récente. Le 19 janvier 1952, Henri Laborit, médecin militaire, convainc un colonel-médecin de l'hôpital Val-de-Grâce (Paris) de donner de la chlorpromazine (ou Largactil) à un schizophrène interné pour la troisième fois pour des crises très importantes de manie. Fin février, après avoir reçu environ 850 mg de chlorpromazine, le malade sort apparemment guéri. Le cas est communiqué à la Société de Psychiatrie Française. Anesthésiologiste et réanimateur, Laborit s'était intéressé au problème du choc opératoire, qu'on attribuait en grande partie à la libération excessive d'histamine par les cellules lésées. Un anti-histaminique devait donc pouvoir combattre et prévenir ce choc. Parmi les phénothiazines, anti-histaminiques puissants, la promazine, et plus tard la chlorpromazine, dérivés phénothiaziniques se révèlent être les meilleurs. De plus, cette observation inattendue fut notée : les malades préparés avec de la chlorpromazine à l'anesthésie générale étaient particulièrement calmes. Ils avaient l'air endormis, mais ne l'étaient pas ; ils étaient « tranquillisés ». Ce sont ces observations qui ont amené Laborit a penser que cette substance pourrait avoir un effet sur les états d'agitation des psychotiques, notamment sur les états maniaques et donc à proposer son emploi chez le schizophrène du Val-de-Grâce.

Ainsi s'ouvrait l'ère des tranquillisants (du Largactil en particulier) grâce aux travaux des psychiatres de l'hôpital Ste-Anne (Paris), et notamment de Delay et Deniker. Ce fut là ce qu'on appelle une découverte par « sérendipité » : les princes de Sérendipe (pays légendaire) trouvaient toujours des trésors, mais des trésors qu'ils ne cherchaient pas. Pasteur déjà avait souligné l'importance des découvertes dues au hasard, mais, disait-il, « le hasard ne favorise que les esprits préparés ».

L'importance de l'introduction des psychotropes dans le traitement des maladies mentales apparaît clairement dans les figures 12 et 13 (Berger, 1972). La figure 12 illustre la mortalité par tuberculose pulmonaire en Angleterre. On notera que :

– vers 1880 on a identifié la cause de la tuberculose, le bacille de Koch ;

– vers 1890 on a mis au point le test à la tuberculine, essentiel pour le dépistage précoce ;

– entre 1940 et 1950 débute le traitement spécifique chimiothérapique (streptomycine, isoniazide, etc.).

On constate cependant que la courbe de la mortalité due à la tuberculose n'accuse pas l'impact de ces découvertes importantes. Elle avait en effet déjà amorcé sa descente avant 1880, grâce à l'introduction des lois sociales et des mesures préventives (hygiène, alimentation, conditions générales de vie, etc.).

Lorsqu'on regarde, par contre, le nombre de patients (par 100.000) hospitalisés pour maladies mentales aux USA (fig. 13), on constate une toute autre situation. La ligne bien stable s'infléchit brusquement après l'introduction de la chlorpromazine (Largactil) et du méprobamate (puis d'autres produits par après). Or ce n'est pas la morbidité psychiatrique qui, par une coïncidence assez invraisemblable, aurait pu changer par elle-même à ce point. En effet, on sait (Berger, 1972) qu'au fur et à mesure que le pourcentage de malades mentaux hospitalisés diminuait, celui des malades mentaux traités en ambulatoire augmentait, pratiquement dans la même proportion. La morbidité psychiatrique n'a donc pas changé, mais pour un nombre impressionnant de malades la décision d'hospitalisation a pu ne pas s'imposer. On a donc pu traiter ces malades sans les arracher à leur milieu familial, sans leur imposer ainsi qu'à leur

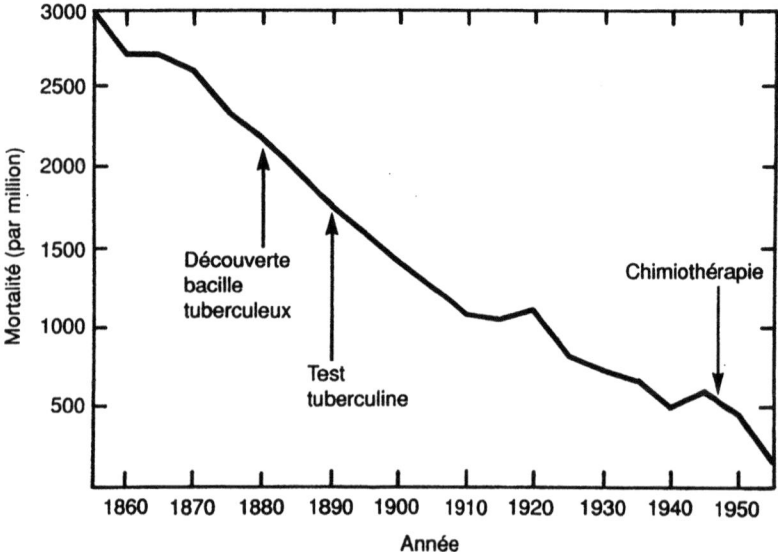

Fig. 12 — *La moyenne annuelle de décès par tuberculose pulmonaire (en millions) de 1890 à 1955* (Berger, 1972).

famille les lourdes conséquences psychologiques et socio-économiques de l'internement psychiatrique.

Les psychotropes ont également changé la face des services hospitaliers de psychiatrie. Le célèbre psychiatre français Pinel avait, au début du XIXe s., déjà libéré les «fous» de leurs chaînes et les avait, le premier, considérés comme des malades. Grâce aux psychotropes, les psychiatres français vont non seulement «délier» les fous au sens propre, mais les délivrer également dans une large mesure de leurs tourments internes.

Ajoutons enfin que l'arrivée des psychotropes a entraîné un changement très net dans l'attitude des médecins non psychiatres, et surtout du monde non médical dans son ensemble, face à la maladie mentale. On associait en effet la notion de maladie à la prise de médicaments. Comme il n'existait pas de médicaments pour les «fous», on ne pouvait pas les considérer comme des malades. L'avènement des psychotropes a donc largement contribué à généraliser la notion que les malades mentaux ont

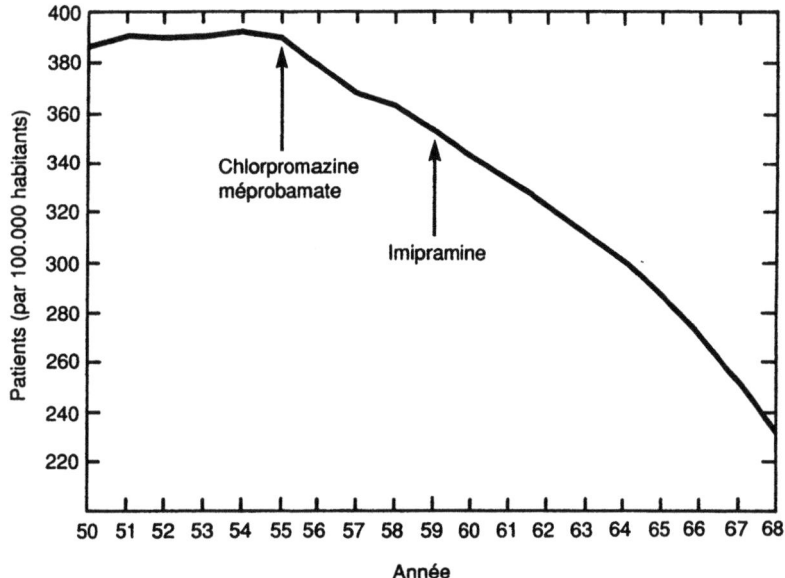

Fig. 13 — *Nombre de patients (par 100 000 habitants) dans les hôpitaux psychiatriques aux USA, de 1950 à 1968* (Berger, 1972).

droit aux mêmes égards que les malades somatiques. Celui qui souffre du cerveau est un malade, tout comme celui qui souffre du foie ou du rein. Bien entendu cela n'enlève pas le rôle de diverses mesures psychothérapeutiques, et il reste assez clairement établi que le résultat final d'un traitement dépend de l'interaction médicament — psychothérapie — malade et cela, même lorsqu'on utilise les psychotropes les plus puissants. Il est donc clair que, malgré toutes les critiques, il y a un certain aspect humaniste dans l'introduction des psychotropes.

3. Aspects déontologiques de la recherche pharmacologique

L'impact des psychotropes, comme nous venons de le voir, a certes été important, mais beaucoup reste à faire. Les nouveaux médicaments sont censés être meilleurs que ceux dont on dispose déjà, c'est-à-dire plus actifs, moins toxiques, à plus longue durée d'action bénéfique et plus individualisés. Ils devraient aussi ouvrir éventuellement l'accès à la pharmacothérapie des domaines neuropsychiatriques qui n'en bénéficient pas encore, ou pas assez.

Il y a donc toute une recherche psychopharmacologique qui continue partout dans le monde. Toute recherche pharmacologique doit nécessairement commencer par des études faites chez l'animal, avant de tester un nouveau produit chez l'homme. On établit ainsi, d'habitude sur plusieurs espèces animales, ce que l'on appelle un «profil» pharmacologique qui permet de faire l'hypothèse que ce nouveau produit, même d'une classe chimique différente pourrait avoir un effet thérapeutique similaire à un psychotrope connu, et puis on va chercher s'il pourrait représenter un progrès par rapport à ce qui existe déjà.

Les problèmes qui se posent alors sont donc multiples : Les tests sont-ils significatifs et sélectifs pour une indication clinique donnée? Est-ce que le nouveau produit est plus actif que ceux qui existent déjà dans le domaine respectif? Est-ce qu'il est plus toxique ou au contraire mieux toléré? Etc.

L'étude de l'activité préclinique d'un nouveau produit est ainsi très longue. De même les investigations quant à sa toxicité sur diverses espèces animales et à long terme (6 mois à 1 an d'administration quotidienne chez deux espèces animales au moins). En ajoutant les investigations cliniques, chez l'homme, une fois que les études pré-cliniques sont satisfaisantes, on compte qu'actuellement 8 à 10 ans s'écoulent depuis la synthèse chimique d'un futur médicament jusqu'à sa disponibilité sur le marché. De plus, les statistiques concordent pour affirmer que des 8 à

10 000 molécules synthétisées dans le but thérapeutique, une seule devient un médicament!

4. Les principales phases des études sur l'homme

a) Phase 1

La phase 1 est celle où l'on administre le produit pour la première fois à un être humain, de manière très prudente par dose unique jusqu'aux premiers signes d'intolérance, afin de déterminer une gamme de doses possibles. C'est ce qu'on appelle aussi une «marge thérapeutique» : l'écart entre les doses à effet thérapeutique et celles qui provoquent des effets non désirés, dits secondaires. Dans cette phase, l'étude se fait sur des sujets volontaires et en bonne santé.

b) Phase 2

Ce sont les premières études effectuées sur des malades.

c) Phase 3

Ce sont les études définitives, lors des traitements appliqués aux malades, qui apportent les preuves statistiquement valables de l'activité et de l'innocuité du produit à doses répétitives. On établit alors les indications et contre-indications.

L'expérimentation chez l'homme d'un nouveau médicament pose des problèmes déontologiques évidents. Déjà en 1865, Claude Bernard écrivait : «Le médecin fait chaque jour des expériences thérapeutiques. C'est le devoir et le droit du médecin de faire des expériences sur l'homme, chaque fois qu'il s'agit de lui sauver la vie, de le guérir ou d'améliorer son état de santé». Il établit aussi les principes de la moralité médicale et chirurgicale (la déontologie) lorsqu'il écrit : «...ne jamais faire une expérience qui pourrait lui être dangereuse, quels que soient les profits possibles pour la science, c'est-à-dire pour la santé des autres».

D'autre part, le monde entier a été, à juste titre, bouleversé par les crimes atroces des médecins nazis, dans les camps de concentration. Aussi, à l'occasion du procès de Nuremberg (1945) et plus tard à Helsinki (1964), on a établi un code déontologique réglant la conduite à suivre dans les expérimentations humaines. L'essentiel des décisions prises peut être résumé comme suit :

– Toute expérience sur l'homme doit se faire sur la base stricte du *volontariat*.

- L'expérience doit être considérée comme potentiellement *utile et irremplaçable* par une expérimentation animale.
- Elle doit être néanmoins basée sur une étude approfondie *faite sur animaux* ainsi que sur une connaissance aussi parfaite que possible de la *maladie* à laquelle est destiné le remède que l'on veut expérimenter.
- L'expérience ne doit en tout cas provoquer ni *souffrance* subjective du patient ni *risque* prévisible de maladie quelconque ou de mort.
- Toutes les phases de l'expérimentation doivent être programmées et suivies directement par des *spécialistes* en la matière.
- Il est expressément stipulé le *droit absolu* du sujet de renoncer, en cours d'expérience, à sa poursuite sans aucune obligation de sa part de justifier sa décision; il est également stipulé l'*obligation* du médecin d'arrêter l'expérience en cours de route s'il considère que celle-ci comporte le moindre risque non prévu au départ de l'étude.

Notons enfin qu'il existe une différence notable entre la situation d'il y a 20-30 ans où le médecin engageait sa responsabilité devant son malade et lui-même et celle d'aujourd'hui où le médecin partage la responsabilité avec une série d'organismes officiels, comme par exemple la FDA aux USA (Food and Drug Administration), ou d'autres similaires en Europe.

Il n'est pas dans notre optique ici de décrire les éléments de psychopharmacologie animale que le lecteur intéressé peut trouver dans Giurgea (1985). Quelques notions sur les récepteurs chimiques et sur les problèmes métaboliques et toxicologiques seront quand même brièvement évoquées ici.

5. Théorie des récepteurs chimiques

Certains agents chimiques agissent sur l'ensemble de la cellule : les phénols, par exemple, dénaturent l'ensemble des protéines cellulaires; les anesthésiques ont une activité générale, mais réversible, au niveau de la membrane cellulaire. D'autre part, certaines substances n'agissent que sur une partie de la cellule, qui a été appelée récepteur. Ce sont les études de Paul Ehrlich qui ont ouvert, au début du XXe siècle ce chapitre de la pharmacologie.

Ehrlich a utilisé des colorants vitaux («vitaux» parce qu'ils ne détruisent pas la bactérie). Il s'est aperçu que le tripane bleu par exemple ne colorait qu'une partie de la bactérie et il en a conclu qu'une partie seulement de la bactérie «acceptait» ce produit, d'où l'idée des récepteurs chimiques. La figure 14 (haut) montre le mécanisme d'action du produit (D) sur le récepteur (R). L'agent agoniste (D) arrive au récepteur (R) sur la membrane cellulaire. Pour Ehrlich, le récepteur a une configuration spatiale stéréochimique telle que la substance active peut s'emboîter sur le récepteur et entraîner la stimulation.

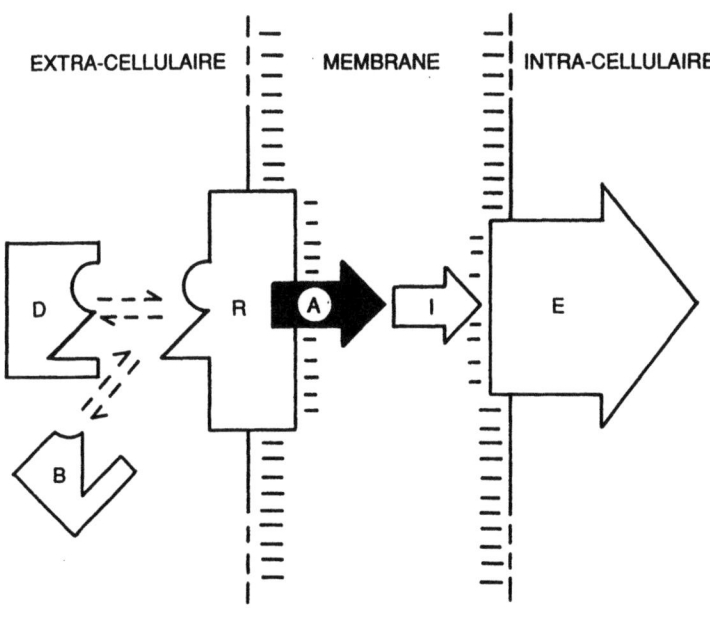

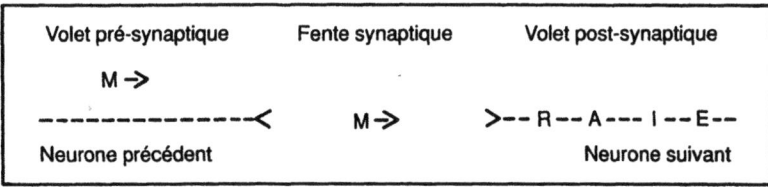

Fig. 14 — Haut : *Schéma général de la théorie des récepteurs en pharmacologie.*
D = le médicament (drug); R = le récepteur; A = activation du récepteur; I = réactions intermédiaires; E = effet; B = antagoniste.
Bas : *Généralités sur les phénomènes d'intérêt pharmacologique au niveau synaptique.*

L'agoniste (D) active le récepteur (R), ce qui déclenche une série de réactions intermédiaires (I) qui finalement produisent, dans le milieu intracellulaire, l'effet (E). Au niveau d'une synapse (fig. 14, bas), le neurotransmetteur, ou médiateur (M), libéré du neurone pré-synaptique dans la fente synaptique par le passage de l'influx nerveux, atteint les récepteurs post-synaptiques (R), les active (A), déclenche toute une série de réactions intermédiaires (I) pour transmettre l'effet respectif (E) au neurone suivant.

L'acétylcholine p.ex., déposée sur la pupille, stimule le récepteur muscarinique cholinergique au niveau post-synaptique et provoque le myosis.

Revenons à la figure 14 (haut). D'autres produits sont des antagonistes des mêmes récepteurs. B est un agent antagoniste qui ressemble, mais pas complètement, à l'agoniste D, se fixe sur le récepteur et le bloque (les réactions intermédiaires n'ont pas lieu et aucun effet physiologique n'est généré). L'antagoniste se fixant sur le récepteur empêche l'action de D. L'atropine p.ex. se fixe sur le récepteur cholinergique. De ce fait, le tonus parasympathique (vagal; cholinergique) est réduit, il y a une prédominance orthosympathique (adrénergique) et la pupille se dilate (mydriase). Dans l'interaction récepteur-antagoniste, il faut tenir compte d'une part, du fait que d'habitude le blocage des récepteurs est réversible et d'autre part, que le blocage n'est jamais total : tous les milliards de récepteurs cholinergiques p.ex. ne sont pas tous touchés par l'anticholinergique. L'effet anticholinergique se manifeste lorsqu'un nombre assez important de récepteurs cholinergiques est bloqué.

De très nombreux récepteurs ont été décrits dans le système nerveux en général et dans le cerveau en particulier, et actuellement on essaie de comprendre l'action des psychotropes en termes d'agonistes ou d'antagonistes de l'une ou l'autre de ces classes de récepteurs.

6. Etudes métaboliques et toxicologiques

Ces études se situent entre celles de pharmacologie animale et celles de pharmacologie clinique.

a) Les études métaboliques

Tout nouveau produit injecté dans un organisme subit des modifications biochimiques complexes, il est «métabolisé». Ce processus mène en fin de compte à son élimination par l'urine, les fèces, la transpiration, etc. Dans la plupart des cas, ce n'est pas le produit administré qui est actif du point de vue thérapeutique mais un dérivé — un métabolite — formé dans l'organisme suite aux opérations métaboliques. Il est donc important de connaître le sort métabolique d'un médicament, sa cinétique, pour des raisons de nature à la fois pharmacologiques et toxicologiques.

b) Les études de toxicologie

Avant de pouvoir utiliser un nouveau médicament chez l'homme, il faut qu'il ait été administré à plusieurs espèces animales, à des doses progressives jusqu'aux doses létales, et ce en administrations uniques et répétées quotidiennement pendant des mois. Ce n'est qu'au terme d'une longue étude toxicologique qu'une substance peut être essayée et encore, avec prudence, chez l'homme. Notons que c'est depuis la tragédie de la Thalidomide qu'on étudie aussi dans tous les cas l'effet que peut avoir un médicament sur la progéniture lorsqu'il est administré à des femelles gravides (études de «tératologie» ou de toxicité fœtale).

7. Classification des psychotropes

La classification est un processus important dans toute activité scientifique. C'est une des manières par lesquelles la science a toujours essayé de s'accrocher à l'univers : classer les connaissances pour mieux les retenir et pour souligner les carences de nos connaissances (ex. : tableau de Mendelejeff). Pour W.James, la classification répond en outre à un besoin de nature esthétique, profondément ancré en nous.

Les psychotropes sont, nous l'avons dit, des médicaments qui agissent essentiellement sur les activités mentales. Nous suivrons dans les lignes générales, la classification française de Delay et Deniker, mise au point dans les années cinquante et basée sur l'activité clinique des psychotropes. Ces auteurs distinguent trois types de substances selon leur mode d'action clinique sur l'efficience de l'activité mentale (cognitive ou noétique) (fig. 15).

- Les *psycholeptiques*, sédatifs qui réduisent l'activité mentale.
- Les *psychoanaleptiques*, qui l'augmentent.
- Les *psychodysleptiques*, qui la désorganisent, la perturbent, la déséquilibrent profondément.

Nous verrons plus loin, surtout, quoique pas exclusivement, en relation avec la psychopharmacologie gériatrique, la nouvelle classe des *nootropes*, que nous avons décrits (Giurgea, 1972). Pour nous, les nootropes, médicaments «pour l'esprit», qui optimisent, sans stimulation, l'efficience des facultés mentales, devraient constituer une troisième catégorie de psycho-analeptiques. On y reviendra plus loin.

Dans chacune de ces catégories, il y a des sous-groupes suivant p.ex. que l'action dépressive ou stimulante s'exerce principalement sur la fonction vigile ou sur la régulation de l'humeur.

1. Les psycholeptiques

— agissant principalement sur la vigilance : hypnotiques;
— agissant principalement sur l'humeur (thymoleptiques) : neuroleptiques (antipsychotiques) et tranquillisants (anxiolytiques).

2. Les psychoanaleptiques

— stimulant la vigilance : amphétamines et dérivés;
— stimulant l'humeur (thymoanaleptiques) : antidépresseurs;
— optimisant l'activité mentale : nootropes.

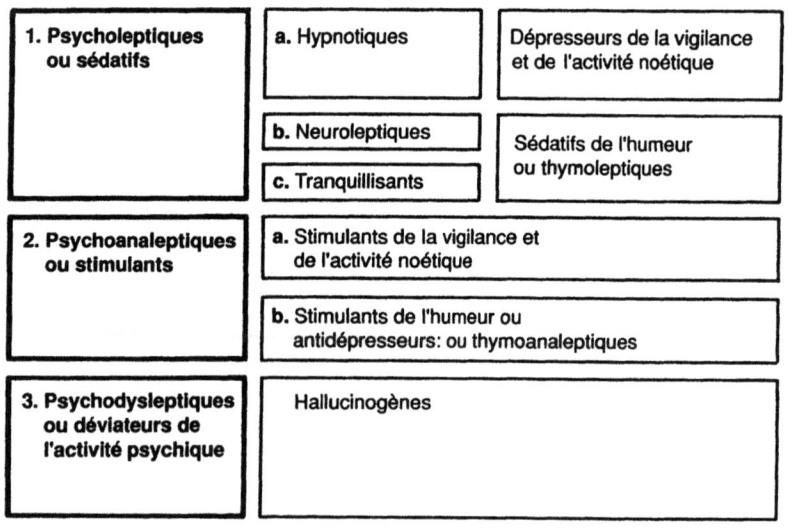

Fig. 15 — *Classification des psychotropes* (Delay et Deniker).

3. Les psychodysleptiques : les « drogues » (toxicomanogènes ou hallucinogènes)

D'autres classifications existent également, notamment celle de l'Organisation Mondiale de la Santé, plus éclectique, et parmi les classifications américaines, celle très pragmatique de Berger (fig. 16).

Nous allons maintenant passer en revue les principales caractéristiques de chacune de ces classes de psychotropes, ainsi que quelques implications neurophysiologiques.

A. LES PSYCHOLEPTIQUES

Les psycholeptiques, psychotropes qui diminuent le tonus central, se divisent en trois groupes :
- les hypnotiques;
- les neuroleptiques (tranquillisants majeurs ou antipsychotiques);
- les ataractiques (tranquillisants mineurs ou anxiolytiques).

I. Les hypnotiques

Les hypnotiques améliorent la fonction hypnique et sont capables de provoquer un sommeil incoercible. Ce sont donc des dépresseurs de la vigilance et de l'activité noétique. En ceci, ils diffèrent des neuroleptiques et des tranquillisants qui sont des sédatifs de l'humeur ou thymoleptiques, capables de produire leur action sédative sans nécessairement endormir le sujet.

AGENTS PSYCHOPHARMACOLOGIQUES

Antipsychotiques
Anxiolytiques
Hypno-sédatifs
Antidépressifs
Hallucinogènes

Fig. 16 — *Classification des psychotropes* (Berger).

1. Caractéristiques pharmacologiques générales des hypnotiques

Du point de vue de la pharmacologie animale, tous les hypnotiques arrivent, à certaines doses, à inhiber le réflexe de redressement. Ceci veut dire que, sous l'action du produit, à la dose nécessaire, l'animal peut être mis sur le dos et qu'il reste ainsi, sans se redresser. Tous, à des doses plus fortes encore, provoquent un état de narcose, c'est-à-dire un sommeil si profond qu'on ne peut réveiller l'animal que lorsque l'action du produit disparaît. Enfin, aux doses très fortes, ils peuvent provoquer l'état de coma, c'est-à-dire une narcose si profonde qu'elle met en danger la vie du sujet par atteinte des centres respiratoires et cardiovasculaires. L'état comateux implique la mise en œuvre des moyens dits de réanimation pour maintenir l'individu en vie.

2. Caractéristiques cliniques générales et classification des hypnotiques

Du point de vue de leur activité chez l'homme, tous les hypnotiques sont utilisés pour les troubles du sommeil. Ils sont également utilisés en anesthésiologie. On les divise généralement en deux grandes catégories, les barbituriques et les non-barbituriques, suivant leur formule chimique.

3. Le sommeil et les insomnies

Les hypnotiques étant les médicaments des insomnies (en dehors de leur usage en anesthésiologie), il convient — avant de décrire les principaux hypnotiques — de passer rapidement en revue quelques notions de base concernant le sommeil et les insomnies.

1. Le sommeil

a) Considérations générales

Le sommeil est un état physiologique dans lequel nous passons environ un tiers de notre vie (le nourrisson dort 80 % de la journée, le vieillard beaucoup moins). L'adulte a besoin de 7 à 8 heures de sommeil par jour (du moins, l'adulte occidental; certaines populations ont, pour des raisons écologiques et peut-être génétiques, un rythme de sommeil différent du nôtre). Donc, dans notre monde occidental, à peu près

- 70 % des gens ont besoin de 7 à 8 h de sommeil par jour;
- 20 % ont besoin d'1 h en moins ou en plus;
- 10 % se contentent de 2 h en moins.

Il existe des différences importantes dans la durée du sommeil d'après le sexe, le mode de vie, etc. En général, la femme dort plus que l'homme; le citadin dort moins que le campagnard; le rentier dort plus que l'actif, mais il a des difficultés à s'endormir. Le rythme de sommeil dépend, pour l'homme, de son environnement social et naturel.

Pendant le sommeil, nous rêvons et les rêves sont parfois nourris des événements du jour.

La qualité du repos dépend plus de la qualité du sommeil que de sa quantité (d'où l'importance des rituels d'endormissement). Le sommeil est un besoin absolu : le manque de sommeil, s'il est important, engendre un sommeil incoercible qui terrasse le sujet dans n'importe quelle situation. L'absence de sommeil est dramatique pour l'homme : on peut tuer plus facilement quelqu'un en le privant de sommeil qu'en le privant de nourriture. On peut engendrer des troubles psychopathologiques parfois

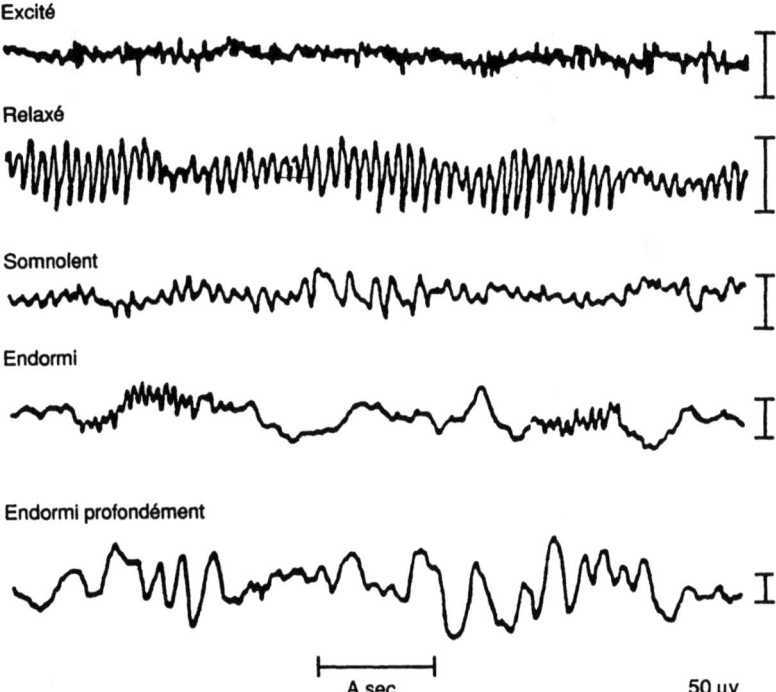

Fig. 17 — *Changements de tracé EEG de base, depuis l'état de veille jusqu'à l'état de sommeil profond* (voir dans Giurgea, 1985).

irréversibles. Déjà sous l'Inquisition existait la «tortura insomnia»; de nos jours, lors des «lavages de cerveau» toutes les techniques utilisent une privation bien dosée de sommeil.

b) Aspects électro-encéphalographiques (EEG)

L'activité électrique enregistrée sur le cuir chevelu entre deux points du crâne se caractérise par des différences de potentiel qui montrent une certaine rythmicité et des amplitudes qui dépendent de l'état de veille du sujet. La figure 17 illustre ces relations. Lorsque le sujet est excité, l'activité EEG est désordonnée (désynchronisée) et de petite amplitude (rythme bêta). Lorsqu'il est relâché mais vigile, l'activité, surtout en dérivations occipitales, est plus ample et plus lente (rythme alpha). Lorsqu'il s'endort, et selon la profondeur du sommeil, l'activité EEG se ralentit davantage, l'amplitude augmente et le tracé est dominé par ce qu'on appelle le rythme delta.

Ce qui caractérise donc l'activité électrique du sommeil, c'est la fréquence lente et la grande amplitude (sauf dans le cas du sommeil dit paradoxal que nous verrons plus loin). Ce qui caractérise l'activité électrique de l'éveil, c'est la fréquence rapide et la faible amplitude du tracé. Dans le sommeil, surtout dans le sommeil profond (qu'on appelle aussi «stade 4»), l'EEG est dominé par de grandes ondes lentes (delta) et dans ce stade il est difficile de réveiller le sujet.

c) Le sommeil paradoxal

Depuis plus de vingt ans, on s'est rendu compte qu'il y avait, à côté des phases de sommeil lent, des épisodes qui présentaient un aspect paradoxal : des épisodes de sommeil où l'animal (ou l'homme) montre un tracé EEG d'éveil mais pendant lequel il est très profondément endormi. En effet il est encore plus difficile de l'éveiller à ce moment que lorsque l'EEG montre surtout des ondes lentes. Le tonus musculaire, déjà diminué dans le sommeil lent, l'est encore davantage. C'est pourquoi on a appelé cette phase le sommeil paradoxal; le sujet dort profondément, il est en état de totale relaxation musculaire et pourtant il présente un EEG d'éveil. Tout le monde a eu l'occasion de voir un épisode de sommeil paradoxal, p.ex. chez le dormeur dans un train ou un tram lorsque brusquement sa tête bascule, ce qui par ailleurs peut le réveiller.

Une caractéristique importante du sommeil paradoxal est qu'il s'accompagne de mouvements rapides de l'œil. On appelle d'ailleurs souvent le sommeil paradoxal «REM-sleep» (Rapid Eye Movements, c'est-à-dire «Mouvements Rapides des Yeux»).

Le sommeil paradoxal est associé au rêve. On le sait depuis des expériences faites en laboratoire sur des sujets volontaires. Lorsqu'on réveille le sujet en phase de sommeil lent, il a des souvenirs flous, peu détaillés et peu nombreux. Mais en sommeil paradoxal, il décrit des rêves bien précis et importants, avec luxe de détails. C'est pendant cette phase que les rêves ont le plus d'intensité.

De plus, une grosse partie du système nerveux végétatif est en activité pendant le sommeil paradoxal. Il y a :
- des modifications erratiques (non prévisibles, vers le haut ou vers le bas) de la tension artérielle ;
- de même pour le rythme cardiaque ;
- des modifications de la vaso-motricité (ex : l'érection ou «raideur matinale» qui s'observe sans qu'il y ait nécessairement contenu érotique des rêves).

Ces épisodes neuro-végétatifs importants sont souvent responsables des morts subites nocturnes. Dans les hôpitaux, la plupart des décès ont lieu la nuit et la dérégulation neuronale et neurovégétative qui a lieu pendant le sommeil paradoxal peut expliquer le décès d'un organisme malade (trouble de la tension chez un hypertendu ou trouble du rythme cardiaque chez un arythmique, etc.).

Notons aussi que pour chaque individu il existe un rythme circadien de sommeil et de veille, et que l'hypnogramme (l'enregistrement EEG d'une nuit) montre également une alternance assez régulière des épisodes de sommeil paradoxal et des autres phases de sommeil.

Pendant le sommeil paradoxal ont lieu la plupart des synthèses notamment des protéines. C'est probablement par là que le sommeil paradoxal contribue beaucoup à la consolidation mnésique. On fixe beaucoup de choses apprises pendant la nuit et notamment pendant la phase de sommeil paradoxal car les phénomènes de consolidation mnésique demandent la formation de nouvelles protéines. D'ailleurs on observe chez les animaux que, si on leur apprend une tâche puis qu'on les prive de sommeil paradoxal, ils oublient beaucoup plus facilement l'apprentissage que si on les prive de sommeil en général. Dans la méthode de la «piscine» décrite par le grand physiologiste français Jouvet, l'animal se trouve sur une plate-forme entourée d'eau. A chaque période de sommeil paradoxal, il perd son tonus musculaire et tombe dans l'eau, ce qui provoque son réveil. L'animal peut donc dormir, mais il est privé préférentiellement du sommeil paradoxal. On voit au cours de ce type d'expériences que cela empêche de manière radicale la consolidation mnésique. De plus, lorsque l'animal fait un effort d'apprentissage et qu'on le laisse se reposer par après, on voit qu'il récupère par une augmentation importante des périodes de sommeil paradoxal. Par contre, s'il est simplement soumis à un effort physique, il se repose surtout avec du sommeil lent.

Notons enfin que changer de rythme de sommeil provoque des difficultés et en particulier que la périodicité sommeil lent/sommeil paradoxal est perturbée. On a alors besoin de beaucoup plus d'heures de récupération. Les heures de sommeil perdues ne se récupèrent donc pas simplement en compensant par un même nombre d'heures. Il faut encore qu'on

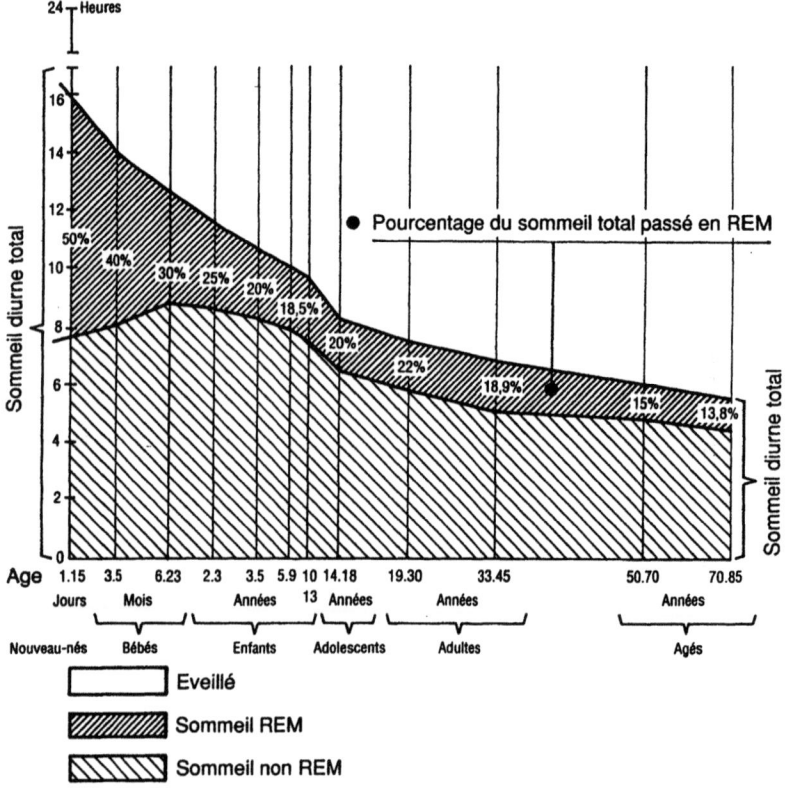

Fig. 18 — *Evolution ontologique du rapport sommeil à ondes lentes / sommeil paradoxal et éveil.*

respecte les habitudes de sommeil, les «rituels» individuels qui président au maintien des aspects chronobiologiques du sommeil. Ceci prend une importance particulière en gériatrie, car on sait que le sujet âgé, d'habitude, dort moins et moins bien que le sujet jeune et que cela contribue aux problèmes de mémoire chez les seniors.

L'évolution ontogénique du sommeil est illustrée à la figure 18. On y voit que le nourrisson passe une grande partie de la journée en état de sommeil et qu'environ 50 % de son sommeil est de type paradoxal. Rappelons à ce sujet que c'est bien pendant le sommeil paradoxal qu'a lieu la synthèse et la mise en circulation de l'hormone de croissance. Par contre, on voit que le sujet âgé dort beaucoup moins, et que seulement environ 10 % de son sommeil est de type paradoxal. Cette relation ontogénétique entre les deux types de sommeil se retrouve chez toutes les espèces animales étudiées. De plus on constate que plus l'espèce animale est évoluée, plus important est le pourcentage de sommeil paradoxal par rapport à celui à ondes lentes, pour chaque tranche d'âge.

2. Les insomnies

Les insomnies, ou troubles du sommeil, peuvent être classées :

a) d'après leur forme clinique :

– les insomnies par difficulté d'endormissement;

– les insomnies par raccourcissement du temps de sommeil;

– les formes mixtes.

b) d'après leur origine :

– les insomnies circonstancielles :
  - circonstances du type médico-chirurgical : opération, maladie, urticaire, etc.
  - circonstances de la vie : anxiété, angoisse, attentes, émotions...

– les insomnies névrotiques, où le problème est de déceler les fausses insomnies. En effet, certains névrotiques croient fermement qu'ils n'ont pas «fermé l'œil de la nuit»; ils ont pourtant dormi, mais ils ressentent subjectivement les conséquences de la mauvaise qualité du sommeil.

– les insomnies des malades psychotiques, malades qui montrent parfois une résistance inouïe au manque de sommeil.

Remarquons que si nous avons décrit rapidement les insomnies, c'est parce qu'elles représentent une des grandes indications des hypnotiques. Les insomnies ne sont cependant qu'un volet des troubles du sommeil.

L'autre volet, sur lequel nous n'insistons pas, c'est celui des hypersomnies, comme p.ex. celles dues aux conséquences post-opératoires, à la maladie du sommeil, à certaines encéphalites, etc.

4. Les Barbituriques

Les barbituriques sont des dérivés de l'acide barbiturique, qui a été synthétisé vers 1864 par A. von Baeyer.

Les barbituriques se caractérisent, du point de vue pharmacologique, par les propriétés fondamentales suivantes :

a) Ils ont un effet global sur le SNC :

– ils provoquent le myosis (rétrécissement de la pupille);

– ils provoquent une chute de la tension artérielle (hypotension), et une diminution de la fréquence cardiaque ainsi que de l'intensité et la rapidité de tous les réflexes.

b) Ils ont une activité particulière et très importante au niveau de la formation réticulaire, c'est-à-dire cette partie du système nerveux central qui assure le niveau de tonus central en fonction de l'intensité et de la complexité des stimuli du milieu environnant et du milieu intérieur. Rappelons que si la fonction de la formation réticulaire est réduite, on est en état de somnolence ; si par contre elle est augmentée, on est excité et on ne dort pas.

Notons que lorsqu'on enregistre l'EEG et que le sujet se trouve en état de relaxation, vigile, on remarque l'apparition d'ondes lentes sur le cortex frontal et une activation dans l'hippocampe dorsal. Suite à une stimulation sensorielle efficiente (un bruit p.ex.), on constate une réaction d'éveil, c'est-à-dire d'activation généralisée corticale et l'apparition dans l'hippocampe du rythme thêta (7 à 8 cycles/sec).

En laboratoire on peut obtenir cette activation :

– soit en stimulant la formation réticulaire par une stimulation sensorielle (un bruit, un flash lumineux, un attouchement de la peau, etc.);

– soit en implantant des électrodes dans la formation réticulaire et en la stimulant électriquement.

Pour chacun de ces deux types de stimulations, il y a un seuil, c'est-à-dire une intensité minimale de stimulation pour obtenir la réaction. Or, les deux seuils sont augmentés par les barbituriques ; ils diminuent donc l'excitabilité réticulaire.

c) Tous les barbituriques provoquent — en fonction de la dose — l'état de sommeil, de narcose ou de coma.

Ajoutons encore que les barbituriques sont aussi des anxiolytiques, à faible dose.

5. *Les non-barbituriques*

Il existe un nombre important d'hypnotiques de formules diverses mais qui n'appartiennent pas à la famille des barbituriques; c'est pourquoi on les groupe d'habitude sous la dénomination commune d'hypnotiques «non barbituriques». A titre d'exemple, citons parmi les plus connus, la Methaqualone (Revonal) et le Gluthétimide (Doridène). On verra par ailleurs plus loin que les anxiolytiques sont aussi employés dans les troubles du sommeil, quoiqu'ils n'aient pas toutes les caractéristiques d'un hypnotique.

Les doses quotidiennes des hypnotiques non barbituriques sont en général plus grandes que celles des barbituriques. De plus, les non-barbituriques ne sont pas, ou très peu, anxiolytiques. Leur emploi est cependant souvent préféré à celui des barbituriques et cela pour trois raisons essentielles :

– Avec les barbituriques, les tentatives de suicide sont plus dangereuses car la réanimation est plus difficile.

– Le danger de toxicomanie est plus élevé avec les barbituriques car ils sont un peu euphorisants.

– Le réveil après barbiturique est souvent pénible, comme après l'ivresse : migraine, tête lourde, bouche pâteuse, etc. Avec les non-barbituriques, le réveil est d'habitude moins désagréable. De même le sommeil barbiturique ne s'installe pas directement mais commence par une légère excitation, ce qui n'est pas le cas d'habitude avec les non-barbituriques.

*
* *

Considérations finales

1. Le stress, les difficultés de la vie quotidienne, provoquent des insomnies, d'où l'emploi abusif des hypnotiques et souvent en automédication. Or, les hypnotiques présentent en général une série de dangers. Ils peu-

vent induire des troubles de la mémoire, de la confusion mentale, etc. sans parler des tares organiques (notamment et principalement lésions du foie).

2. Les hypnotiques, surtout les barbituriques, provoquent facilement de la toxicomanie, avec le danger de l'augmentation progressive des doses « efficaces » et donc le danger de l'« over-dose » (surdosage), d'autant plus menaçant que, comme on l'a vu, la réanimation est particulièrement difficile.

3. Un autre danger important des hypnotiques (plus important pour les barbituriques mais présent pour les non-barbituriques également) est la potentialisation avec l'alcool et avec d'autres sédatifs. On n'insistera jamais assez sur le danger de conduire une voiture lorsqu'on a pris un hypnotique, ou un « verre », ou encore plus grave, les deux ensemble.

4. L'importance physiologique du sommeil a conduit à ce que l'on a appelé des « cures de sommeil ». C'est Asratyan, élève de Pavlov, qui a développé cette méthode pendant la seconde guerre mondiale pour traiter les grands traumatisés et les grands brûlés afin de diminuer le choc traumatique. Actuellement, la cure de sommeil garde encore quelques rares indications, comme p.ex. chez les grands traumatisés et les grands brûlés, dans les états de choc affectif grave (abandon, deuil, ...), et enfin dans certains cas de grande dépression anxieuse ou avec phases d'agitation. Ces cas nécessitent une hospitalisation, hospitalisation dont la cure de sommeil diminue le choc psychologique.

5. Remarquons enfin que l'hypnotique idéal serait celui qui, non seulement serait moins toxique et moins potentialisateur des effets d'autres sédatifs ou de l'alcool, mais encore faciliterait l'endormissement et augmenterait la durée du sommeil tout en respectant les cycles normaux de sommeil lent/sommeil paradoxal. Il n'existe pas encore d'hypnotique idéal. A titre d'exemple, notons que sous les barbituriques le pourcentage de sommeil paradoxal diminue, encore qu'il y ait une certaine habituation après 2 ou 3 semaines. Lorsqu'on arrête le traitement, il y a une sorte de « rebound », qui dure des jours et des semaines, c'est-à-dire une augmentation, anormale également, du pourcentage de sommeil paradoxal par nuit, avec tendance aux cauchemars.

II. Les neuroleptiques

Les neuroleptiques (antipsychotiques ou tranquillisants majeurs) ont été ainsi nommés parce qu'ils provoquent tant chez l'animal que chez l'homme, aux doses toxiques, un syndrome neurologique caractéristique :

le syndrome extrapyramidal. Dans l'ensemble, ce sont des sédatifs psychiques, non hypnotiques bien qu'ils facilitent habituellement, seuls ou en association, la fonction hypnique par la «déconnexion» psycho-motrice qu'ils provoquent.

A. *Caractéristiques pharmacologiques générales*

1. Les neuroleptiques provoquent de la *catalepsie* (p.ex. le maintien d'une position anormale imposée) et du ptosis palpébral (fermeture exagérée des paupières).

2. Les neuroleptiques sont *adrénolytiques*. Ils empêchent l'activité de l'adrénaline circulante et de ce fait provoquent chez l'homme de l'hypotension orthostatique, qui se manifeste par des vertiges qui apparaissent lorsqu'on se lève brusquement. Normalement en effet, lorsque nous nous levons, la pression artérielle diminue au niveau des vaisseaux de la tête et du cou. Des barocepteurs (récepteurs de pression) situés dans l'embranchement des artères carotides enregistrent cette chute tensionnelle et déclenchent un réflexe qui provoque une décharge d'adrénaline, en sorte que la tension artérielle au niveau du cerveau s'adapte rapidement à la station debout. Etant adrénolytiques, les neuroleptiques s'opposent à cette adaptation réflexe et une hypo-irrigation cérébrale passagère s'ensuit lors de la station debout, ce qui se traduit par un vertige.

3. Tous les produits de cette classe sont *antiémétiques*, ils s'opposent aux nausées et vomissements. En pharmacologie animale p.ex., les neuroleptiques empêchent les vomissements provoqués chez le chien par l'apomorphine (à ne pas confondre avec la morphine), substance qui stimule des récepteurs dopaminergiques d'une zone bien déterminée du tronc cérébral («trigger zone», c'est-à-dire la zone qui déclenche).

4. Ils sont également *anti-amphétaminiques* : ils antagonisent la stéréotypie provoquée par l'amphétamine (stéréotypie liée à la stimulation des récepteurs dopaminergiques striés, réticulaires et limbiques).

5. Les neuroleptiques *diminuent l'agressivité* animale.

6. Toutes les activités «réflexes conditionnées», tant d'évitement qu'alimentaires, sont diminuées dans leur *composante motrice* par les neuroleptiques, qu'on a appelés pour cette raison pendant un certain temps des «déconnectants». L'animal semble «déconnecté» du milieu environnant.

B. Caractéristiques cliniques générales

1. En clinique, les neuroleptiques sont employés surtout comme antipsychotiques (dans la schizophrénie, la paranoïa, l'agitation maniaque, les délires, les hallucinations, les psychoses de sevrage, etc.).

2. Ils sont importants dans le traitement du syndrome post-commotionnel.

3. Ils sont également utilisés dans les psychonévroses, surtout lorsqu'il y a agitation, obsessions ou phobies.

4. Les neuroleptiques peuvent provoquer des syndromes neurologiques du type extrapyramidal (pseudo-parkinsonisme médicamenteux).

C. Classification chimique

Les principaux neuroleptiques appartiennent à quatre grandes classes chimiques :
– les phénothiazines, dont la chlorpromazine ;
– les alcaloïdes de la Rauwolfia, dont la Réserpine ;
– Les butyrophénones, dont l'Halopéridol ;
– les thioxanthènes, dont le Chlorprotixène.

Nous allons décrire les principales propriétés des dérivés de chacune de ces classes, tout en gardant présent à l'esprit qu'ils possèdent, bien qu'à des degrés divers, les propriétés générales de tout neuroleptique.

De nouveaux antipsychotiques existent et/ou sont en cours de développement, notamment des antagonistes de la sérotonine. Dans ce chapitre cependant nous nous limiterons à quelques exemples classiques.

1. Les phénothiazines

Les phénothiazines, dont le représentant le plus classique est la chlorpromazine (Largactil), sont les plus sédatifs des neuroleptiques et sont les plus employés pour les troubles du sommeil.

a) Propriétés

1) Les phénothiazines ont une activité particulière au niveau de la formation réticulaire : à petites doses, elles diminuent les réactions aux stimuli sensoriels mais pas à la stimulation électrique directe. Elles agissent donc, du moins aux doses modérées comparables aux doses thérapeutiques, non pas sur la formation réticulaire elle-même, mais sur les collatérales que les axones des voies sensorielles, en route vers les zones

de projection corticale, envoient vers la réticulaire. En effet on se rappelle que toute stimulation sensorielle, outre l'information qu'elle dirige vers le cortex, «charge» la réticulaire. On se souviendra qu'à l'inverse, les barbituriques diminuent parallèlement l'excitabilité réticulaire (se traduisant par une augmentation du seuil de l'éveil cortical) pour tous les stimuli (sensoriels ou directs). Les barbituriques agissent donc directement sur la formation réticulaire et probablement aussi sur les collatérales.

2) Les phénothiazines ont une action au niveau hypothalamique. Elles diminuent, lors de la stimulation de certains noyaux hypothalamiques, tant la «fausse rage» (l'animal attaque tout ce qui est devant lui, y compris les individus dominants) que la «vraie rage» (dans laquelle l'animal évite de s'attaquer à ses «supérieurs»).

3) Les phénothiazines réduisent les activités réflexes conditionnées, surtout les réponses d'évitement (ils sont «déconnectants»).

4) Les phénothiazines sont antihistaminiques, et dès lors leur emploi clinique dépasse la sphère psychiatrique. Elles sont utilisées en médecine générale, en dermatologie, en allergologie, pour le traitement des symptômes liés à un excès des décharges histaminiques, comme les urticaires et les prurits p.ex.

b) Les dérivés phénothiaziniques

Le noyau phénothiazinique, qui comprend trois cycles dans sa formule, peut être sujet à beaucoup de substitutions, ce qui a donné comme suite la découverte des nombreux nouveaux neuroleptiques, comme p.ex. le Nozinan, le Moditen, le Stémétil, le Trilafon, le Majeptil, le Melléril, etc. Chacun a son indication préférentielle, ses avantages et ses désavantages que nous ne pouvons décrire ici (voir dans Giurgea, 1985).

2. Les alcaloïdes de la *Rauwolfia*

La Réserpine est un alcaloïde naturel, dérivé de la plante Rauwolfia serpentina, mais qu'on peut actuellement synthétiser. En psychiatrie, son utilisation est plutôt rare car elle est assez toxique et provoque en outre de la dépression. Elle reste encore d'un certain emploi dans l'agitation des personnes âgées souffrant aussi d'hypertension, car elle est un agent hypotenseur : elle vide les granules des vésicules synaptiques de leur contenu en catécholamines (dopamine et norépinéphrine ou noradrénaline) et en sérotonine. Notons à ce sujet que beaucoup de nouveaux antipsychotiques sont des bloqueurs de certains sous-types de récepteurs sérotoninergiques. La réserpine bien sûr diminue les réflexes conditionnés d'évitement, comme tous les neuroleptiques.

3. Les butyrophénones

Ce sont les neuroleptiques les plus puissants en tant qu'anti-hallucinatoires.

a) Les produits

Cette grande classe fut découverte par Janssen. Le représentant le plus connu est l'halopéridol (Haldol). On peut encore citer le triflupéridol (Tripridol), le pimozide (Orap), et bien d'autres.

b) Propriétés et mécanismes d'action

Outre toutes les caractéristiques de la classe, ils ont une propriété particulière : ils stimulent le noyau caudé (qui fait partie du système extrapyramidal). La stimulation du noyau caudé active une voie inhibitrice pour la formation réticulaire. Le fait que les butyrophénones aient une action particulière dans le domaine des réflexes conditionnés est peut-être lié à ce mécanisme; à très petites doses, l'animal continue à répondre (il n'est pas déconnecté), mais il répond avec une latence plus grande. A doses plus fortes, on observe la déconnection habituelle.

L'élément caractéristique du mécanisme d'action des butyrophénones est cependant le blocage des récepteurs dopaminergiques (plus encore qu'avec les phénothiazines).

4. Les thioxanthènes

Le chlorprothixène (Taractan) est un représentant typique de cette classe. C'est un neuroleptique relativement peu antipsychotique mais très anxiolytique.

*
* *

En résumé

a) Les neuroleptiques provoquent une indifférence affective et une baisse de la réactivité psychosomatique (« déconnectants »).

b) Ils s'opposent aux agitations psychomotrices de toute origine.

c) Ils constituent le médicament de choix dans le traitement des psychoses.

d) Tous les neuroleptiques présentent le risque de provoquer des syndromes extrapyramidaux du type parkinsonien.

D. *Le syndrome extrapyramidal provoqué par les neuroleptiques*

Le système pyramidal est appelé ainsi parce que les cellules qui leur donnent naissance (dans la zone motrice du cortex cérébral) ont une forme qui ressemble à une pyramide. Les longs axones de ces cellules traversent le SNC via le tronc cérébral pour arriver à la moelle épinière. Il est croisé, en sorte que tous les mouvements des membres droits sont commandés par l'hémisphère gauche et vice versa. Pour qu'un mouvement se déroule normalement, il faut une commande corticale, mais il faut aussi que les muscles concernés se trouvent à un tonus adéquat. Ce tonus musculaire, sur lequel s'exerce l'action de la commande corticale est assuré essentiellement par un système qui ne fait pas partie du système pyramidal et qu'on a appelé extrapyramidal. Le système extrapyramidal est embryologiquement un prolongement du cortex cérébral, et fait partie de ce que l'on appelle les ganglions de la base. On distingue le noyau caudé et le corps strié (putamen et globus pallidus), de même que, au niveau de l'hypothalamus, la substance noire ou locus niger. Depuis le noyau caudé, par le putamen (donc par le corps strié) passe le faisceau pallido-réticulaire (qui va vers la formation réticulaire). Ce faisceau est inhibiteur pour la formation réticulaire.

Ajoutons que tout ce système, tous ces noyaux sont en interaction entre eux, exactement comme dans le système limbique, et qu'ils sont en interaction avec le cortex moteur également. Lorsqu'on perturbe ces interactions par des neuroleptiques, on provoque un syndrome extrapyramidal ou syndrome neurologique appelé «pseudo-parkinsonisme médicamenteux», car il ressemble à la maladie de Parkinson.

La symptomatologie extrapyramidale peut se résumer comme suit :

1. *Le syndrome akinéto-hypertonique*, qui est le syndrome parkinsonien habituel :

– hypo- ou akinésie : absence de mouvements par baisse exagérée du tonus (le parkinsonien marche à petits pas et sans balancement des bras);

– hypo- ou amimie : faciès figé et salivation excessive;

– micrographie : écriture petite;

– hypertonie plastique : catatonie (un bras ou une jambe garde la position anormale qu'on lui impose; phénomène de «roue dentée» : lorsqu'on tire le bras en flexion, il cède par saccades);

– adiadochocinésie : difficulté de faire un mouvement en symétrie avec les deux mains.

Tout ceci retentit sur le psychisme et on y rencontre :
a) indifférence psychomotrice (« déconnexion »);
b) morosité;
c) dépression.

2. *Le syndrome hyperkinétique*, qui peut se superposer au premier :
- dyskinésie : mouvements mal calculés, dystoniques ou catatoniques, petits tremblements des membres au repos (le geste du « compteur de billets »);
- excitation psycho-motrice, à savoir :
  a) impatience;
  b) akathisie : difficulté de rester assis;
  c) tasikinésie : difficulté de rester debout, impulsion à marcher.

Comme retentissement sur le psychisme, on note souvent de l'anxiété et de la suggestibilité.

3. *Les troubles végétatifs* :
- troubles du rythme cardiaque;
- hypotension orthostatique;
- hypothermie;
- syndrome endocrinien : impuissance, frigidité;
- troubles trophiques des extrémités : membres rouges, cyanosés, gonflés.

Les neuroleptiques provoquent donc souvent une partie de la symptomatologie parkinsonienne. Le traitement de choix contre ces effets secondaires des neuroleptiques est l'usage des anticholinergiques, ou atropiniques. Il faut dans chaque cas estimer les bénéfices (le traitement de la psychose) et les risques (le parkinsonisme comme danger potentiel).

Un risque plus grave, parce qu'il n'y a pratiquement pas de traitement efficace, est celui de la dyskinésie tardive. Il s'agit d'un syndrome du type hyperkinétique qui apparaît longtemps (des mois) après le début du traitement.

Il est donc évident que chez les personnes âgées on évitera, le plus possible, de faire appel aux neuroleptiques.

III. Les ataractiques (ou tranquillisants mineurs)

A. Introduction

Les ataractiques (a-taraxie : absence de réactivité émotionnelle; indifférence) ou tranquillisants (dits aussi tranquillisants mineurs) représentent des psychotropes qui se situent, d'une certaine manière, entre les hypnotiques et les neuroleptiques. En effet, à faible dose, ils facilitent l'endormissement et le sommeil et peuvent être confondus, jusqu'à un certain point, avec les hypnotiques. Mais ils ne provoquent jamais de sommeil incoercible, ne mènent pas à la narcose; au contraire, si on augmente les doses, ils peuvent être excitants et même, pour certains d'entre eux, convulsivants. D'autre part, ils se rapprochent des neuroleptiques dans la mesure où — sans être pour autant antipsychotiques — ils induisent un état d'indifférence relative, affective et motrice (en ce sens ce sont des tranquillisants) sans produire de sommeil. Mais à l'encontre des neuroleptiques, ils ne provoquent jamais le syndrome neurologique extrapyramidal.

B. Caractéristiques pharmacologiques générales

1. Du point de vue pharmacologique, toute cette classe se caractérise par un effet de sédation (diminution de la vigilance et du niveau d'activité locomotrice, le sommeil étant l'aboutissement d'une sédation importante) variant selon la dose, et par une action anxiolytique (diminution de l'anxiété). Ils sont particulièrement actifs lors des situations dites conflictuelles.

2. A l'encontre des neuroleptiques, les tranquillisants ne sont ni cataleptisants ni antiémétiques (excepté les anti-histaminiques).

3. A l'encontre des hypnotiques, ils ne provoquent pas de narcose même à des doses fortes qui sont, comme on l'a dit, bien au contraire, plutôt irritantes.

C. Indications cliniques

En clinique humaine, on utilise principalement les tranquillisants dans le but de mieux maîtriser les conséquences des stress de la vie quotidienne et surtout des situations exceptionnelles : anxiété, insomnies, troubles de l'appétit, maladies dites psychosomatiques, névroses et même certaines psychonévroses, mais, répétons-le, pas en tant qu'anti-psychotiques. Nous reviendrons par après sur le problème de l'abus des tranquillisants.

***D.* Classification**

Les tranquillisants se divisent en deux grandes classes :
- les relâchants musculaires ;
- les ataractiques « vrais » (non relâchants musculaires).

1. Les tranquillisants relâchants musculaires

Ils représentent les médicaments les plus prescrits dans le monde entier depuis une dizaine d'années : on parle en effet de centaines de millions d'utilisateurs par an !

Les deux principales classes chimiques des tranquillisants relâchants musculaires que nous évoquerons ici sont les dérivés du propanediol, dont le Méprobamate et les benzodiazépines (dont le Librium).

– Le Méprobamate : C'est le premier des tranquillisants. Il fut découvert vers 1948-50 dans le cadre d'une recherche sur les relâchants musculaires (curarisants). Le Méprobamate, outre son activité de relaxation musculaire, provoque une sorte d'indifférence affective. C'est en observant cet effet « tranquillisant » du produit qu'ils avaient découvert que Frank Berger et Jonathan Cole ont lancé le nom de « Tranquillisants », qui fut par après étendu à tout le groupe.

– Les Benzodiazépines : Le Librium (chlordiazépoxide) a donné le coup d'envoi à toute une série de produits apparentés chimiquement et pharmacologiquement : le Valium (diazépam), le Témesta (lorazépam), le Séresta (oxazépam), le Mogadon (nitrazépam), le Nobrium (médazépam), le Rohypnol (flunitrazépam), le Lexotan (bromazépam), l'Halcion (triazolam), etc.

a) Eléments de pharmacologie

1) Tous les tranquillisants de cette classe sont, comme on l'a dit, des *relâchants musculaires*. Leur action ne s'exerce pas directement au niveau du muscle, ni au niveau de la jonction myoneuronale, ni sur les neurones moteurs de la moelle épinière. Ils dépriment préférentiellement l'excitabilité d'interneurones. Rappelons la différence principale entre les réflexes monosynaptiques et polysynaptiques : dans les réflexes polysynaptiques, il y a, dans la moelle épinière, entre la voie afférente et la voie efférente des neurones appelés « interneurones » ou « neurones intercalaires ». Le réflexe rotulien p.ex. est monosynaptique, celui de grattage est polysynaptique. Chez l'animal, on constate que, sous l'action du Méprobamate ou d'une benzodiazépine aux doses appropriées, le réflexe polysynaptique est nettement réduit, voire bloqué, alors que le réflexe

monosynaptique n'est pratiquement pas modifié. On peut donc en déduire que le produit n'a pas modifié les propriétés fondamentales des voies afférentes ou efférentes, ni de l'organe effecteur qu'est le muscle, car, en effet, le réflexe monosynaptique se déroule normalement. Si le réflexe polysynaptique a changé, c'est parce que le produit a réduit l'efficience des neurones intercalaires, seule différence entre les deux types de réflexes.

2) Ils sont *anti-convulsivants* (anti-épileptiques), et ce grâce à plusieurs modes d'action, dont la relaxation musculaire. En effet, pour développer une crise d'épilepsie, il faut qu'il y ait un certain tonus musculaire.

3) Leur action clinique *principale* est *anxiolytique*. Ils sont donc actifs dans ce qu'on appelle des situations conflictuelles.

En pharmacologie animale, une situation conflictuelle typique est celle où il y a un conflit entre motivations. De ce point de vue, une définition opérationnelle de l'anxiété serait l'attente d'un danger potentiel, attente accompagnée de réactions locomotrices et neurovégétatives exagérées. Il y a donc un élément d'anticipation et d'exagération dans l'anxiété. Plusieurs modèles sont disponibles à ce sujet. En voici quelques exemples :

Le test dit de l'«anxio-soif» (voir dans Giurgea, 1985)

Un rat assoiffé pendant 24 h au moins est placé pour la première fois dans le compartiment éclairé d'une cage à deux compartiments. Par ins-

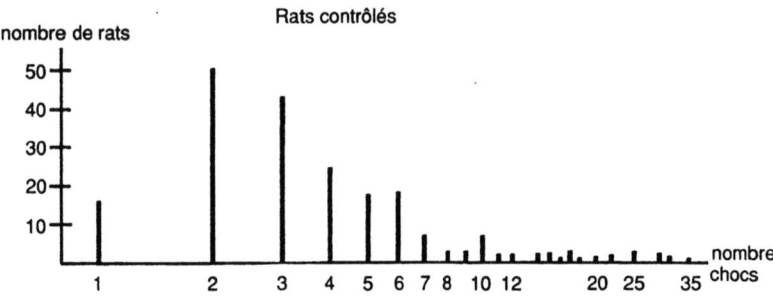

Fig. 19 — *Test «anxio-soif» – «contrôles». Très peu de rats «encaissent» un nombre important de chocs.*

tinct, il se dirige vers le compartiment le plus sombre, où il trouve une pipette avec de l'eau : il boit, en léchant la pipette. L'expérience dure trois minutes pendant lesquelles le rat reçoit une décharge électrique dans la bouche, tous les vingt coups de léchage. La situation conflictuelle est claire : d'une part la soif qui le pousse à lécher la pipette qui lui procure de l'eau, et d'autre part la peur du choc. La figure 19 montre la distribution des rats (N = 200) selon le nombre de chocs reçus pendant les 3 minutes d'expérience.

La plupart des animaux ne reçoivent que peu de chocs car peu de rats continuent à boire. Mais on voit à la figure 20 que si l'on injecte un tranquillisant (ici du Librium ou du Méprobamate), le nombre de rats qui continuent à boire malgré les chocs augmente considérablement. Les rats «prennent le risque» de boire malgré le danger. Il ne s'agit pas d'une diminution de la douleur, car ils sursautent et parfois crient lors du choc de la même façon que sous placebo.

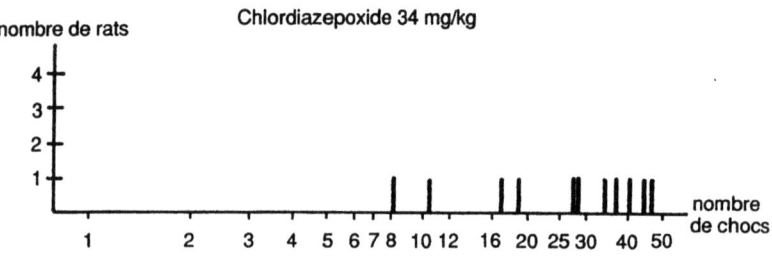

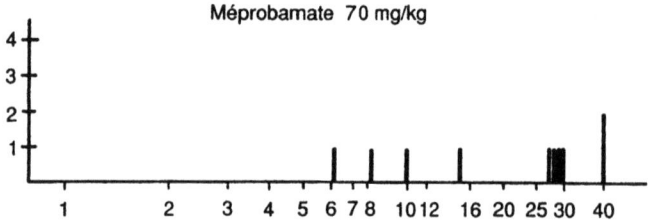

Fig. 20 — *Test «anxio-soif» – rats traités au Librium (chlordiazépoxide) et au Méprobamate. La plupart des rats traités «encaissent» un nombre important de chocs.*

Les tests basés sur la «suppression conditionnée» – Méthode de Geller et Seifter

Dans une cage de Skinner, un animal apprend à appuyer sur une pédale, à un signal, pour obtenir une récompense. Ensuite il apprend que lors d'un autre signal, il sera puni et en même temps récompensé. Il va donc recevoir deux signaux : (1) l'un l'avertit qu'il n'y a pas de danger; (2) l'autre qu'il y a une récompense mais aussi un danger. Le schéma de la figure 21 montre (enregistrement cumulatif) que l'animal appuie sur la pédale (et est récompensé) tant que n'apparaît pas le signal de danger (O).

Lorsqu'on lui signale le danger, il s'arrête (O = punition s'il appuie); quand le signal de danger s'arrête, il recommence son activité. C'est ce comportement qu'on appelle «suppression conditionnée» : devant un danger potentiel, le rat arrête l'activité conditionnée positive. La même figure (droite) montre que sous l'action de l'oxazépam (20 mg/kg) le rat, tout en ralentissant le rythme, continue l'activité réflexe conditionnée malgré le signal avertisseur.

Il est aussi intéressant de voir dans le même test (fig. 22), les effets différentiels sur les réponses «punies» et «non-punies» d'une dose modérée et répétée d'une benzodiazépine, ici le chlordiazépoxide (Librium). A la dose de 10 mg/kg per os (po), les réponses non punies ne sont pas affectées alors que les réponses punies, normalement bloquées par l'anxiété, sont «libérées». Les anxiolytiques, à des doses modérées, «débloquent» donc les comportements inhibés sans trop influencer les autres

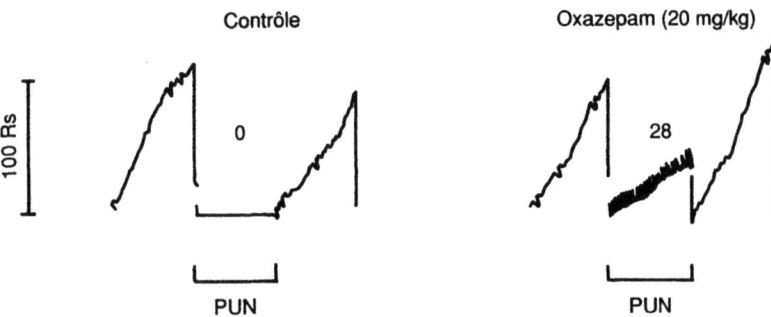

Fig. 21 — *«Suppression conditionnée» (test de Geller-Seifter)*.
Gauche : Rats contrôles : au signal de punition, les rats arrêtent de pousser sur le levier (zéro réponse).
Droite : Sous l'action du Seresta (oxazépam), au même signal, les rats émettent quand même 28 réponses.

comportements. Nous verrons cependant plus loin les limites de ce tableau quelque peu « idyllique » des anxiolytiques.

4) Tous les ataractiques ont de plus un effet du type *anti-agressivité*, lié probablement à l'activité anxiolytique. On connaît, chez l'homme aussi, les relations étroites entre agressivité et anxiété : celui qui est « bien dans sa peau » n'est pas agressif, il accepte les fautes de l'autre, il accepte même que l'autre soit agité, agressif, il essaye plutôt de calmer les belliqueux. Par contre celui qui a lui-même des problèmes, qui est inquiet et anxieux est beaucoup moins tolérant et plus agressif dans les rapports sociaux. En pharmacologie animale on peut mettre en évidence des comportements similaires et voici deux exemples seulement.

Test de « la souris isolée » (agressivité « intra-spécifique »)

Une souris adulte vit normalement avec d'autres souris. On isole une souris dans un local, de préférence obscur. Au bout de 3 semaines, elle

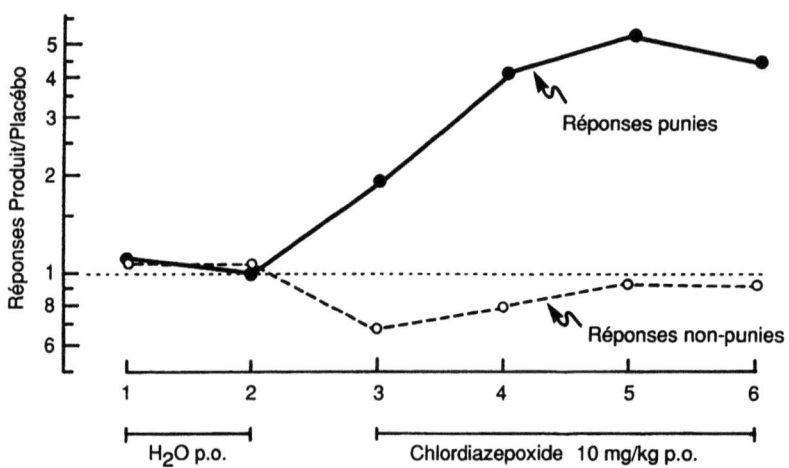

Fig. 22 — *L'effet différentiel du Librium (chlordiazépoxide) sur les réponses « punies » et « non-punies ». Après stabilisation des performances (deux semaines), les rats reçoivent de l'eau, per os (p.o.) et sont ainsi habitués à être manipulés. Lorsqu'ils sont sous traitement, les réponses non-punies ne sont pas modifiées, alors que les réponses punies sont nettement augmentées.*

développe une agressivit évidente : elle attaque les autres, qu'on les introduise dans sa cage, ou qu'elle soit introduite dans la cage d'autres. Les mécanismes biochimiques responsables de l'agressivité de la souris isolée sont complexes, mais sont apparemment liés à d'importantes perturbations du métabolisme cérébral des catécholamines et de la sérotonine. Les anxiolytiques réduisent l'agressivité de la souris isolée.

Test des rats «murricides» (agressivité «inter-spécifique»)

5 à 10 % des rats de laboratoire sont agressifs envers la souris. Lorsqu'on introduit une souris dans la cage du rat, il l'attaque sauvagement, d'habitude par la peau du cou ; il lui brise les vertèbres cervicales et va jusqu'à la dévorer. On sait que ce comportement est intégré au niveau de l'amygdale (donc du système limbique), car en détruisant chez le rat agressif les noyaux amygdaliens, ils n'attaquent plus la souris (Karli, 1978). Le même effet anti-agressif est obtenu en traitant le rat murricide avec des doses appropriées de méprobamate ou de benzodiazépine. Bien sûr, tous les psycholeptiques sont capables d'empêcher ce comportement murricide. Ce qui caractérise l'effet des anxiolytiques, c'est qu'ils sont «anti-agressifs» à des doses relativement faibles qui n'inhibent pas le déroulement des comportements normaux tels que le toilettage, le réflexe d'orientation ou de redressement, l'exploration, etc.

5) Les tranquillisants relâchants musculaires ont également *un effet sur la composante neurovégétative du stress*, lors des situations conflictuelles et de l'anxiété, effet beaucoup plus grand que les neuroleptiques (qui agissent surtout sur la composante motrice). A ce sujet l'expérience de Corson *et al.* (1960) sur le chien porteur de fistules urinaire et salivaire est particulièrement démonstrative. Dans cette expérience, l'animal est pourvu d'une fistule urinaire, d'une fistule salivaire ainsi que d'électrodes enregistrant la fréquence cardiaque. Dans une chambre A, il est soumis à des stimulations sonores associées à des chocs douloureux non évitables administrés sur une patte. Dans une chambre B (contrôle), à ce même son, il ne reçoit jamais de chocs douloureux. On mesure la densité et la quantité d'urine (en ml/min), la sécrétion salivaire et la fréquence cardiaque. On constate dans la chambre contrôle sur trois heures d'observation, que le chien urine beaucoup (la densité est donc faible), qu'il n'y a pas de salivation et qu'il y a une légère tachycardie mais seulement au début de l'expérience. Dans la chambre à chocs (A), par contre, le chien urine nettement moins (l'urine émise est plus concentrée), il y a une salivation de peur et une tachycardie importante. On note les réactions de l'animal placé pendant 3h dans la chambre A, mais sans recevoir de choc et l'on constate qu'il a les mêmes réactions que s'il en recevait. L'ambiance expérimentale seule provoque des réactions neurovégétatives

très importantes. Le stress stimule la décharge de l'hormone hypophysaire anti-diurétique (c'est pour cela que l'animal urine moins et de façon plus concentrée), entraîne la sécrétion de salive et la tachycardie. Corson a montré que le simple fait d'être dans la chambre A provoque ces réactions; l'animal «anticipe» les chocs grâce au réflexe conditionné «raccourci», grâce à l'ambiance expérimentale et montre des signes de stress, comme s'il recevait les chocs douloureux. Sous l'action du méprobamate (non illustrée ici), l'effet anxiogène de l'ambiance expérimentale est bloqué : la sécrétion d'hormones antidiurétiques est inhibée, le chien a une sécrétion rénale normale. De plus, le méprobamate contrecarre partiellement les conséquences respiratoires et cardiaques du stress. Les barbituriques et les benzodiazépines ont des effets similaires, et ce contrairement aux hypnotiques non barbituriques et aux neuroleptiques.

En résumé

Les tranquillisants relâchants musculaires, dont les deux formules principales sont celles du méprobamate et des benzodiazépines, se caractérisent par leur effet de relaxation musculaire (dû à leur action sur les neurones intercalaires), par leur action anti-convulsivante et par leur effet anxiolytique et anti-agressif. Ils agissent aussi partiellement sur les conséquences neurovégétatives du stress et de l'anxiété. Les médicaments de cette classe se ressemblent beaucoup entre eux, mais il y a cependant des différences de dosage et des nuances d'activité entre les différents représentants de ce groupe. Nous verrons plus loin les différences entre les benzodiazépines du point de vue de leur effet nocif sur la mémoire et l'apprentissage.

b) Mécanismes d'action

Quels sont les principaux mécanismes neurophysiologiques et biochimiques responsables de l'activité anxiolytique des tranquillisants relâchants musculaires?

1) Au point de vue neurophysiologique :

L'activité des anxiolytiques s'explique essentiellement par leur effet au niveau du système limbique, car ils réduisent l'excitabilité limbique. Une démonstration directe en est donnée par des expériences d'électrophysiologie, et notamment par l'étude des post-décharges hippocampiques. Chez le lapin p. ex. on implante stéréotaxiquement des électrodes qui permettent l'enregistrement EEG et la stimulation électrique de l'hippocampe. Pour obtenir une post-décharge hippocampique on stimule l'hippocampe d'un côté en cherchant le voltage minimal (seuil) pour obtenir une post-décharge. Une «post-décharge» est une série de décharges paroxystiques qui apparaissent après la fin de la stimulation. Pendant cette «tempête électrophysiologique» qui a lieu dans son système limbique, l'animal reste calme, il ne fait pas de convulsions, et il n'est pas agressif. Pour chaque animal, le seuil est différent, mais une fois établi il reste stable pendant des heures si l'on stimule l'animal toutes les 5 à 15 min. Le tableau EEG reste pratiquement le même, en sorte qu'on a une «ligne de base» et qu'on peut étudier le produit qu'on injecte. Le méprobamate et les benzodiazépines diminuent l'excitabilité hippocampique, car le seuil est augmenté et la durée des post-décharges est réduite, sous l'action de ces produits.

Les anxiolytiques ont donc au niveau du système limbique une action préférentielle qui est à la base de leur effet sur l'anxiété. Par contre, les neuroleptiques, comme p.ex. la chlorpromazine, ont un effet inverse : ils prolongent la durée des post-décharges hippocampiques.

2) Au point de vue biochimique :

Le neurotransmetteur le plus impliqué dans l'action des benzodiazépines (BDZ) est le GABA (acide gamma-amino-butyrique). Les travaux de Costa et son groupe (1975) ont notamment établi que les BDZ sont des agonistes du système GABA (ils stimulent les récepteurs GABA et/ou augmentent leur sensibilité au GABA disponible) et ce d'une manière préférentielle au niveau du système limbique.

Les benzodiazépines provoquent de nombreux autres effets qui concourent, avec l'interaction positive au niveau du système GABA-ergique, à leur efficience en tant que sédatifs et anxiolytiques. Parmi ceux-ci, signalons que les BDZ augmentent l'efficience du système sérotoninergique central (voir pour plus de détails dans Giurgea, 1985).

En résumé, les tranquillisants relâchants musculaires sont :
- relâchants musculaires et anticonvulsivants par leur action sur les interneurones, et notamment en tant qu'agonistes du GABA;
- anxiolytiques, facilitant la maîtrise des situations conflictuelles, en particulier du point de vue moteur mais aussi partiellement du point de vue neurovégétatif. L'effet anxiolytique est facilité par la relaxation musculaire elle-même et s'explique :
  - du point de vue neurophysiologique, par l'activité préférentielle au niveau du système limbique;
  - du point de vue biochimique, par la facilitation de l'efficience centrale des systèmes GABA-ergique et sérotoninergique. En outre, il semble que, contrairement à l'effet GABA qui est immédiat, l'effet sérotoninergique ne devienne maximal qu'après quelques administra-

tions, ce qui expliquerait la meilleure efficience des BDZ en doses répétitives.

c) Indications cliniques des tranquillisants relâchants musculaires
- Les situations d'angoisse et de tension émotionnelles.
- Les troubles psychosomatiques (palpitations, difficultés de déglutir, «boule œsophagienne», «main qui étouffe», etc.). Le méprobamate semble le plus puissant de ce point de vue, mais il faut admettre qu'aucun médicament ne maîtrise encore vraiment ces symptômes.
- Les psychonévroses à composante anxieuse et les névroses anxieuses.
- Les insomnies de toute nature. En relâchant les muscles, en diminuant le tonus musculaire, on réduit le grand faisceau des impulsions vers la formation réticulaire, ce qui diminue le tonus central. Réduire l'excitabilité limbique permet de se désintéresser du monde extérieur, de diminuer la tension quotidienne et donc d'amorcer le sommeil.
- Les épilepsies de toute origine. Le diazépam (Valium) est particulièrement actif dans les crises de grand mal.
- Les maladies à spasmes musculaires (sclérose en plaques; crise de tétanos, etc.).
- Le sevrage des toxicomanes (alcool, morphine, amphétamine, barbituriques et opiacés en général). Ce qui domine le tableau clinique du sevrage est en effet l'angoisse, l'insomnie et la tendance à des crises épileptiques.

d) Dangers
- Ces produits sont très dangereusement potentialisés par l'alcool, qui lui-même est tranquillisant et sédatif.
- L'emploi répétitif peut entraîner des troubles de l'activité noétique : diminution de l'activité mentale, notamment au niveau de la rétention et de l'évocation mnésique, donc troubles de la mémoire.
- Il y a un danger d'accoutumance, d'une certaine toxicomanie, due au sentiment de bien-être que ces médicaments procurent grâce à leur effet anxiolytique.
- Une trop forte relaxation musculaire peut faire perdre le contrôle des mouvements et provoquer des chutes, ce qui représente, surtout chez les personnes âgées, un danger non négligeable.

En dépit de ces risques, il faut admettre que les anxiolytiques, manipulés avec précautions, sont dans l'ensemble d'une grande utilité. De plus, à l'encontre des barbituriques, les tentatives de suicide aux benzodiazépines seules, ne réussissent d'habitude pas.

2. Les ataractiques «vrais» (non relâchants musculaires)

Il s'agit surtout, mais pas exclusivement, de l'hydroxyzine, connu comme l'Atarax, qui a donné son nom à cette sous-classe de tranquillisants, ainsi que de la benactyzine (Suavitil).

a) Propriétés pharmacologiques

- Les ataractiques sont des légers sédatifs, essentiellement par action réticulaire; ils n'ont pas ou peu d'action limbique (surtout sur l'hippocampe et l'amygdale).

- Ils ont aussi une action au niveau de l'hypothalamus : ils bloquent la réaction de fuite suite à la stimulation de l'hypothalamus latéro-postérieur.

- Ils ont une action anti-histaminique, et de ce fait exercent un effet sédatif et agissent contre les nausées et les vomissements, ainsi que contre les prurits (démangeaisons).

b) Indications cliniques

Les indications cliniques sont en partie celles des tranquillisants relâchants musculaires : l'insomnie, les psychonévroses, les névroses anxieuses, etc. Ils sont cependant peu utilisés dans l'épilepsie étant donné qu'ils sont moins puissants que les benzodiazépines. Par contre, les ataractiques «vrais» sont, en tant qu'anti-histaminiques, indiqués dans les allergies respiratoires et cutanées et contre les nausées et vomissements. Ils ne provoquent pas de troubles de la mémoire.

B. LES PSYCHOANALEPTIQUES

Les psychoanaleptiques sont les psychotropes qui, quel que soit le mécanisme, augmentent une certaine efficience de l'activité mentale. On les subdivise classiquement en :

- stimulants de l'humeur (ou antidépresseurs);
- stimulants de la vigilance (ou stimulants tout court).

Nous y avons ajouté la classe des nootropes qui sera discutée plus loin (Giurgea, 1972; 1981).

I. Les antidépresseurs
(stimulants de l'humeur ou thymoanaleptiques)

A. Généralités

Les stimulants de l'humeur, apparus dans les années soixante, ont comblé une lacune importante de l'arsenal thérapeutique : celle de pouvoir agir radicalement sur la dépression mentale. Avant leur apparition, on utilisait, à défaut d'autre alternative, l'électrochoc convulsivant ou les sédatifs. Or, l'électrochoc convulsivant est un traitement difficile à appliquer et qui n'est pas sans séquelles, parfois graves. Les sédatifs, quant à eux, n'agissent pas sur la dépression elle-même. Les antidépresseurs sont des stimulants psychiques qui relèvent l'humeur déprimée. Il convient cependant de bien les distinguer des stimulants de la vigilance, comme les amphétamines, qui non seulement n'ont pas d'effet bénéfique sur les dépressions, mais qui aggravent d'habitude les dépressions endogènes.

Les antidépresseurs, surtout certains tricycliques (voir plus loin), sont de légers sédatifs aux doses thérapeutiques. Il faut également les distinguer des sédatifs comme les tranquillisants ou les hypnotiques car seuls les antidépresseurs sont capables de redresser l'humeur dépressive : ils ont une activité dite thymo-analeptique («thymie»=humeur) et peuvent même inverser cette humeur dépressive en provoquant de l'euphorie (action thymo-réversive). Seuls les vrais antidépresseurs ont cette double action. On distingue :

- les inhibiteurs de la Mono-Amino-Oxydase (IMAO) ;
- les antidépresseurs dits tricycliques ;
- les sels de Lithium.

B. Caractéristiques générales de toute la classe

1. Ils n'agissent pas tout de suite : il s'écoule un délai de 8 à 15 jours entre le début du traitement et l'apparition des effets cliniques. Ceci pose un problème important lorsqu'il y a danger sérieux de tentative de suicide.

2. Ils peuvent provoquer un syndrome neuro-psychique et végétatif comme effet secondaire, mais très différent du syndrome extrapyramidal provoqué par les neuroleptiques :

- Le syndrome neuropsychique se caractérise essentiellement par de l'insomnie, qui peut aller jusqu'à l'apparition de signes irritatifs sur l'EEG, et même, très rarement, des crises convulsives (surtout quand on traite un épileptique déprimé).

– Les signes neurovégétatifs sont principalement :
  - un effet atropinique, anticholinergique (surtout dans le cas des tricycliques) : sécheresse de la bouche, constipation ; troubles de la vision, rétention urinaire.
  - des effets sur la tension artérielle, habituellement de l'hypertension par leur facilitation cathécholaminergique centrale.
– Quelques signes neurologiques sont parfois à signaler, tels que de légers tremblements, de la dysarthrie (difficultés de la parole) ou des vertiges.

C. Notes sur la dépression nerveuse

Ces quelques notions, très succinctes, sur la dépression sont utiles pour mieux comprendre le rôle de cette classe de psychotropes mais aussi pour le problème plus général du vieillissement cérébral. La dépression est en effet assez fréquente chez les seniors et nous avons déjà vu qu'avant de donner des médicaments, qui gardent néanmoins dans beaucoup de cas leur utilité, on peut souvent redresser leur humeur dépressive en modulant positivement l'environnement psycho-social.

1. Description et incidence

La dépression est l'une des plus graves expériences subjectives qu'un être humain puisse connaître. Il s'agit d'un état de découragement, d'apathie, d'anorexie, de tristesse, de mélancolie, de préoccupations psychosomatiques de toutes sortes. Le malade déprimé a de plus tendance à l'auto-accusation, ce qui aggrave encore sa détresse morale vu qu'il se croit habituellement coupable de sa dépression. Cette tendance contribue par ailleurs au diagnostic différentiel entre la dépression et les états névrotiques et surtout psychotiques, dans lesquels le malade est plutôt revendicatif. Il s'agit donc d'un syndrome extrêmement complexe, dominé par un sentiment d'impossibilité de résoudre ses problèmes, de maîtriser les événements exceptionnels ou même ceux de la vie courante.

Insistons sur le fait qu'il ne s'agit pas ici des attitudes bizarres des grands psychotiques, des schizophrènes p.ex. Tout le monde passe dans la vie par des moments de découragement, où l'on n'a envie de rien faire, où l'on est triste, etc. Ce qui caractérise la dépression, c'est d'abord le fléchissement, souvent assez soudain, de l'humeur vers cet état complexe dominé par la tristesse et le sentiment de l'incapacité de s'en sortir, puis la persistance anormale de cet état thymique. Cette dernière handicape le sujet, l'entraîne dans un cercle vicieux par rapport à lui-même et à son entourage, qui entretient et intensifie son état et peut finalement le mener au suicide.

L'importance de cette tendance suicidaire chez les déprimés est illustrée par une statistique de 1970 (USA) selon laquelle la mortalité due au suicide serait plus grande chez les jeunes de 19 à 25 ans que celle due au cancer et aux accidents de la route et de la circulation en général (avion y compris) considérés ensemble. Cette statistique ne tient compte, bien entendu, que des suicides réussis. Or, il y a deux à trois fois plus de suicides manqués.

D'autre part, la dépression des seniors est une des grandes préoccupations de la géropsychiatrie; notons toutefois que si, dans ces cas, le désir de suicide existe, l'énergie psychique manque souvent, mais pas toujours, pour passer à l'acte. Retenons cependant qu'environ 60 % des personnes âgées, surtout de plus de 65 ans, montrent des signes plus ou moins importants de dépression. Nous reviendrons sur l'interprétation de la grande incidence de la dépression pour cette tranche de la population.

C'est en raison du caractère particulièrement dramatique de la dépression que les anti-dépresseurs représentent une contribution importante et humaniste à la thérapeutique.

2. Importance du facteur cognitif

Le facteur cognitif est d'une importance particulière dans la dépression. En effet, la dépression s'installe et se maintient tant que le sujet évalue la situation et conclut lui-même à son incapacité de surmonter un événement qui lui apparaît comme catastrophique. La dépression se termine quand le sujet revient (même inconsciemment) à une évaluation positive de ses propres ressources.

3. Etiologie et classification

L'étiologie (c'est-à-dire la cause) de la dépression n'est pas encore bien connue, malgré l'hypothèse adrénergique que nous verrons ci-après. Les formes cliniques sont variables d'un patient à l'autre, et parfois, chez le même sujet, d'un épisode dépressif à un autre. D'une manière générale, on décrit :

a) La dépression «endogène» : qui s'installe sans cause déclenchante claire. Elle se rencontre plutôt chez les jeunes et chez les très âgés.

b) La dépression «réactive» : qui apparaît à la suite d'un événement dramatique comme un deuil, une séparation, la perte de l'emploi, etc.

NB. La distinction entre «endogène» et «réactive» semble relativement artificielle dans la mesure où il existe toujours un ensemble de facteurs prédisposants sur lesquels viennent se greffer les facteurs du milieu et les circonstances de la vie. Il suffit pour s'en convaincre de penser que les conditions atroces des camps de concentration n'engendraient pas nécessairement la dépression et qu'à l'inverse, certains sujets présentent des épisodes dépressifs quand les circonstances sont parfaitement normales. On a même décrit une «dépression par le succès», caractéristique de promotion trop rapide ou trop importante chez des personnes à tendance dépressive.

c) La dépression dans le cadre de la «psychose maniaco-dépressive»
Précisons tout d'abord que nous sommes tous plus ou moins «cyclothymiques», c'est-à-dire que notre humeur a des hauts et des bas. Ce qui caractérise le malade maniaco-dépressif, c'est le caractère excessif de cette bipolarité : de longues périodes de grave dépression suivies d'un renversement de l'humeur, c'est-à-dire d'une période euphorique, hypomaniaque, pendant laquelle le sujet est hyperactif, infatigable, très sûr de lui, prenant des décisions parfois importantes sans réfléchir. C'est surtout le comportement du malade pendant cette phase maniaque, comportement qui rappelle celui du psychotique, qui a généré le nom de «psychose» maniaco-dépressive. Nous verrons plus loin comment le succès du traitement au lithium a fait changer non seulement le pronostic, mais également la terminologie, car lorsqu'on décrit cette maladie, on a actuellement tendance à éliminer le terme «psychose».

4. Considérations thérapeutiques

L'importance de la psychothérapie, au sens le plus large du terme, est particulièrement grande dans le domaine de la dépression. Une preuve en est que 30 à 35% des déprimés sont des placebo-répondants, c'est-à-dire réagissent à des comprimés qui ne contiennent qu'une substance inactive. Néanmoins, à côté de la psychothérapie, la pharmacothérapie garde toute son importance, et ce pour deux raisons fondamentales :

a) Dans la plupart des cas, surtout si elle est précoce, la pharmacothérapie évite l'acte suicidaire et favorise l'approche psychothérapeutique. Rappelons à ce sujet, pour comprendre son importance, que la grande majorité des jeunes qui souffrent de dépression et qui ont fait une tentative de suicide ne la répètent pas. Quant à l'aspect psychothérapeutique, on insistera sur le fait que le malade ne doit pas rester seul et s'occuper uniquement de lui-même. Il faut au contraire qu'il sorte et surtout qu'il s'occupe des autres. Lorenz avait créé, en Bavière, pour les déprimés, une école de sauveteurs; en s'occupant des autres, les déprimés «se sauvaient» en effet eux-mêmes.

b) Selon l'hypothèse adrénergique, les anti-dépresseurs seraient un traitement causal, étiologique. On sait actuellement que la dépression est liée, du moins en partie, à une certaine diminution des catécholamines disponibles aux récepteurs (par synthèse réduite et/ou par excès d'élimination et de métabolisation).

Les catécholamines sont des substances possédant une fonction amine (NH2) et deux fonctions OH sur le cycle du benzène. Les principales catécholamines sont : la noradrénaline, l'adrénaline et la dopamine. La noradrénaline et l'adrénaline p.ex. agissent sur la tension et le rythme cardiaque, augmentent la consommation d'oxygène, stimulent la glycogénolyse, inhibent le tonus et le péristaltisme gastro-intestinal, provoquent une mydriase (dilatation de la pupille), contractent les muscles pilomoteurs («horripilation»). Bref, toute une série de réactions qui mettent l'organisme en état d'alerte. De plus, au point de vue SNC, elles jouent un rôle dans la transmission synaptique, dans ce qu'on appelle les synapses catécholaminergiques.

Les réactions adrénergiques sont donc essentiellement les réactions d'alarme, nécessaires à la maîtrise du stress. De plus, les médiateurs synaptiques des zones de récompense du cerveau (les zones d'auto-stimulation, le système méso-limbique) sont pour la plupart catécholaminergiques. Or, le déprimé est justement quelqu'un qui ne maîtrise pas les situations et qui est incapable de ressentir de la joie. Dans leur passé, on trouve souvent un excès adrénergique : ils étaient très actifs et impulsifs. Tout se passe comme s'ils étaient arrivés progressivement à un épuisement des réserves en catécholamines. Dans l'ensemble, on admet l'hypothèse selon laquelle la plupart des déprimés souffriraient, entre autres, d'un déficit adrénergique, contre lequel agiraient les antidépresseurs.

Cette hypothèse ne va pas sans soulever de critiques, surtout quant à son caractère exclusif. En effet, on sait par exemple que le déficit neurochimique ne touche pas uniquement les catécholamines, mais aussi la sérotonine (5-hydroxytryptamine); par ailleurs de nouveaux antidépresseurs optimisent aussi, voire même surtout, le système sérotoninergique (voir dans Gottfries, 1992 et Giurgea, 1992). De plus, on n'a pas encore découvert l'anti-dépresseur qui agirait chez au moins 80 à 90 % des déprimés au lieu de 50 à 60 % comme c'est le cas actuellement.

D. *Classification*

Deux grandes classes sont actuellement les plus employées, outre le lithium :

– les IMAO;

– les «tricycliques».

1. Les inhibiteurs de la mono-amino-oxydase (IMAO)

a) Historique

Au début des années cinquante, l'isoniazide et par après son dérivé, l'iproniazide, étaient employés comme médicaments antituberculeux. Dès le début de leur usage en clinique humaine, on avait décrit comme effet secondaire une action euphorisante allant parfois jusqu'à des états hypomaniaques. D'autre part, la réserpine et ses dérivés, utilisés avec succès dans le traitement de l'hypertension artérielle, induisaient souvent comme effet secondaire un véritable état dépressif. En 1956, Brodie réussit à montrer que la propriété qu'a l'iproniazide d'inhiber la mono-amino-oxydase mène à une élévation du taux cérébral en monoamines (norépinéphrine et sérotonine) alors que la réserpine a un effet inverse. C'est enfin Kline qui montre en 1957 (voir dans Kline, 1974) que l'effet euphorisant de l'iproniazide est en relation directe d'une part avec le pouvoir antidépresseur et d'autre part avec l'inhibition de la mono-amino-oxydase. C'est Kline également qui montre que l'effet dépresseur de la réserpine est dû à la chute du taux cérébral de sérotonine et de norépinéphrine.

Pour comprendre le mode d'action des IMAO, il convient d'évoquer brièvement quelques notions de biochimie concernant les catécholamines et la sérotonine (5-HT=5-hydroxy-tryptamine).

Les catécholamines
Le précurseur des catécholamines est la tyrosine, un acide aminé dont les sources sont d'une part la glande thyroïde, d'autre part un certain apport alimentaire. La tyrosine subit toute une série de transformations biochimiques pour aboutir à la dopamine ou à la norépinéphrine, qui sont toutes les deux des neurotransmetteurs synaptiques. Le sort de la dopamine et de la norépinéphrine dans l'organisme dépend essentiellement de deux enzymes, la mono-amino-oxydase et la catéchol-o-méthyltransférase (COMT) qui donnent à partir de la norépinéphrine, l'acide vanilmandélique et à partir de la dopamine, l'acide homovanillique.

La sérotonine
Le précurseur en est le tryptophane, acide aminé essentiel, c'est-à-dire dont la source est l'apport alimentaire. Une enzyme (hydroxylase) le transforme en 5-hydroxy-tryptophane (5-HTP) qui, sous l'action d'une autre enzyme, devient la 5-hydroxytryptamine (5-HT), ou sérotonine. La mono-amino-oxydase transforme enfin la 5-HT en acide 5-hydroxyindole (5-HIAA), qui passe dans la circulation sanguine et «libère» la synapse sérotoninergique de son médiateur. Rappelons que les neurones sont dé-

nommés d'après le neurotransmetteur qu'ils libèrent par leur axone au niveau des synapses. Ainsi p.ex., parmi beaucoup d'autres :
- les neurones cholinergiques; transmetteur : acétylcholine;
- les neurones adrénergiques; transmetteur : noradrénaline;
- les neurones dopaminergiques; transmetteur : dopamine;
- les neurones sérotoninergiques; transmetteur : sérotonine;
- les neurones gaba-ergiques; transmetteur : GABA.

b) Mode d'action des IMAO

A la lumière de ces éléments de biochimie, on comprend que les catécholamines et la sérotonine, une fois libérées au niveau des synapses respectives, et ayant exercé leur rôle sur les récepteurs post-synaptiques, doivent être éliminés. Ceci est nécessaire, entre autres, pour permettre à la synapse de redevenir fonctionnelle et donc de pouvoir remplir à nouveau son rôle spécifique dans la transmission des informations. La MAO joue, comme on l'a vu, un rôle principal dans la catabolisation des catécholamines et de la sérotonine, dans ce «nettoyage» de la fente synaptique. Les IMAO empêchent l'action de la MAO et de ce fait ralentissent la destruction des catécholamines en sorte qu'il y a plus de catécholamines disponibles aux récepteurs. Ainsi, on compense partiellement le déficit adrénergique et sérotoninergique des déprimés, car le peu de monoamines qu'ils possèdent reste plus longtemps disponible au niveau des récepteurs. Nous n'aborderons pas ici les transformations des récepteurs eux-mêmes suite aux déficits précités.

c) Pharmacologie générale des IMAO

La propriété inhibitrice de la MAO se mesure directement, in vitro, par des mesures neurochimiques appropriées. En pharmacologie animale, in vivo, les IMAO se caractérisent par les effets suivants :

- potentialisation de la stéréotypie amphétaminique;
- antagonisme de la catatonie et du ptosis palpébral provoqués par la réserpine;
- des effets sympathicomimétiques (tachycardie, hypertension artérielle, vasoconstriction périphérique, etc.);
- aux fortes doses enfin, il y a stimulation locomotrice, voire agitation et convulsions.

d) Aspects cliniques

Les IMAO sont utilisés dans la dépression mentale, surtout grave. Le problème est que les effets secondaires, voire toxiques, sont nombreux et parfois assez dramatiques. Ainsi p.ex. :

– atteinte hépatique, pouvant aller jusqu'à l'ictère ;

– crises d'hypertension paroxystiques chez des hypertendus ou chez des personnes qui, de façon concomitante à l'administration des IMAO, mangent du fromage «bien fait», lequel contient de la tyramine (substance proche des catécholamines) ; les IMAO empêchant la destruction des monoamines (catécholamines + tyramine), cela provoque un taux trop élevé de monoamines dans le sang, d'où épisodes paroxystiques d'hypertension, parfois grave (on a appelé cela de manière assez humoristique, l'«effet fromage» !).

Les effets secondaires ont mené à limiter leur emploi, bien qu'ils restent encore à l'heure actuelle parmi les antidépresseurs les plus puissants. Un regain d'intérêt pour l'usage des IMAO en gériatrie se manifeste pourtant depuis les travaux de Robinson (1975). Cet auteur a en effet découvert qu'il y a, avec l'âge, chez toutes les espèces examinées y compris chez l'homme, une augmentation du taux de mono-amino-oxydase dans le sang et dans le cerveau. C'est comme s'il y avait un ordre génétiquement inscrit selon lequel à partir d'un certain âge, notre organisme était envahi par une substance dépressive endogène. En effet, un excès de mono-amino-oxydase catabolise excessivement les catécholamines, diminue donc la transmission synaptique respective et favorise la tendance dépressive. Cela explique en bonne partie la grande fréquence des dépressions chez les personnes âgées. L'intérêt pour les IMAO en géropsychiatrie est donc évident ; il faudrait toutefois trouver des médicaments mieux tolérés que ceux connus actuellement. C'est dans ce sens qu'un des symposia lors du dernier Congrès de Psychiatrie Biologique, en 1991, s'intitulait : «Renaissance des IMAO?». C'est peut-être dans cette perspective que, dans le domaine gériatrique, un produit comme le Gérovital pourrait trouver une place, car, étant un dérivé de la procaïne, il est un léger inhibiteur de la MAO.

2. Les tricycliques

a) Historique

Il y a une parenté chimique entre la phénothiazine et les antidépresseurs qui ont succédé aux IMAO. Des modifications apparemment mineures (absence du soufre, ou de l'azote et du soufre) ont supprimé les propriétés neuroleptiques et ont donné aux produits en question un pouvoir antidépresseur : l'imipramine (Tofranil) et l'amitryptiline (Triptizol).

Ces antidépresseurs et leurs dérivés analogues ont été appelés «tricycliques» pour les distinguer des IMAO et en vertu du fait que leur formule chimique comprend trois cycles. Actuellement cependant, de nouveaux antidépresseurs sont disponibles, qui ne sont pas des IMAO et qui par ailleurs appartiennent à des familles chimiques diverses, contenant p.ex. deux ou quatre cycles.

La découverte du premier antidépresseur tricyclique résulte d'une observation clinique fortuite. En vertu de sa formule chimique apparentée au Largactil et des premières données de pharmacologie animale, on a cru que le produit qui porterait plus tard le nom d'Imipramine allait être un neuroleptique «doux». C'est sur la base de cette recommandation de la firme productrice que le psychiatre suisse Kuhn allait tester ce produit comme un neuroleptique potentiel. C'est grâce à ses observations cliniques compétentes que le produit s'est avéré être en réalité un antidépresseur.

b) Mécanisme d'action

Les tricycliques ne sont pas des inhibiteurs de la mono-amino-oxydase. Ils augmentent cependant également la disponibilité des catécholamines aux récepteurs en réduisant leur recharge (re-uptake) pré-synaptique. Ce mécanisme découvert par Axelrod (prix Nobel) et analysé en détail par de nombreux chercheurs (dont Glowinsky), peut être résumé comme suit.

Lorsque le transmetteur est libéré dans la fente synaptique et qu'il a exercé ses effets au niveau du récepteur post-synaptique, il reste, dans la fente, un certain excès de transmetteur, qu'il convient d'éliminer. Une partie entre alors dans la circulation générale et est éliminée ailleurs; une autre est attaquée de suite par la MAO alors qu'une certaine quantité de neurotransmetteur est reprise dans la partie pré-synaptique et sert à remplir à nouveau les vésicules pré-synaptiques. C'est en quelque sorte un mécanisme d'économie : ne pas gaspiller les catécholamines mais les réutiliser. C'est principalement à ce niveau qu'agissent les antidépresseurs tricycliques : ils empêchent la recharge pré-synaptique et contribuent ainsi à maintenir plus de catécholamines disponibles aux récepteurs.

c) Pharmacologie générale des antidépresseurs tricycliques
– Les tricycliques empêchent, comme on l'a vu, la recharge pré-synaptique en catécholamines.

- Ce sont, en outre, des atropiniques, des anticholinergiques. Cette propriété est d'une part à la base de certains effets secondaires : sécheresse de la bouche, constipation, parfois diplopie (trouble de la vision : on voit double), troubles de la miction (dysurie, allant jusqu'à la rétention d'urine). D'autre part, elle contribue aux effets thérapeutiques. En effet, le fait de diminuer le tonus cholinergique provoque une prédominance du tonus adrénergique, même si on n'intervient pas directement sur lui. De plus, les effets anticholinergiques des tricycliques sont à la base de leur emploi dans la maladie de Parkinson. Les médicaments classiques anti-parkinsoniens sont atropiniques. Que l'anticholinergique soit de plus antidépresseur est très utile car cette maladie s'accompagne d'un état de dépression réactionnelle : le malade parkinsonien souffre de son état, de sa dépendance par rapport aux autres.

- Ce sont de faibles sédatifs qui à faibles doses peuvent potentialiser les barbituriques. Par ailleurs, aux doses élevées, ils potentialisent aussi les amphétamines (facilitation de la stéréotypie amphétaminique). Ceci est dû à leur effet sur les catécholamines, à leur effet adrénergique. C'est une propriété unique aux tricycliques car si tous les sédatifs (hypnotiques, neuroleptiques, anxiolytiques) potentialisent les barbituriques, les tricycliques sont les seuls sédatifs qui potentialisent aussi, à fortes doses, les amphétamines.

- Ils antagonisent toutes les catalepsies, provoquées soit par la réserpine, soit par les neuroleptiques. La catalepsie est en effet due au blocage des récepteurs dopaminergiques. Cependant tous les récepteurs ne sont pas bloqués et donc si on augmente le taux des catécholamines disponibles, on a plus de chance qu'elles stimulent les récepteurs non bloqués.

- Ils ont aussi une certaine action anxiolytique due à leur effet au niveau du système limbique (diminuent les post-décharges hippocampiques ou amygdaliennes), ce qui explique qu'ils réduisent aussi l'agressivité (p.ex.le comportement murricide).

d) Aspects cliniques

1) Indications majeures :
- les dépressions, surtout endogènes et accompagnées d'anxiété ;
- la maladie de Parkinson.

2) Indications mineures (en association avec d'autres médicaments) :
- tous les états psychonévrotiques avec anxiété ;
- les états obsessionnels ou phobiques.

3) Effets secondaires :
- liés à leur activité atropinique : cf. plus haut (sécheresse de la bouche, constipation, etc.) ;

– liés à leur activité adrénergique : les mêmes que ceux des IMAO, mais nettement moins dramatiques.

4) Schéma du traitement :
Trois éléments sont à retenir du schéma général (voir Giurgea, 1985) :
– on augmente progressivement les doses;
– quand le résultat est atteint, on maintient le traitement quelques mois;
– lorsqu'on décide d'arrêter, on diminue progressivement les doses. Il est important d'avoir à l'esprit ce schéma général. En effet, ces médicaments sont très connus du public et il est facile en pratique de s'en procurer. Il existe en outre une tendance générale à en prendre à forte dose directement, avec l'idée de guérir plus vite, et par ailleurs à les supprimer dès que l'on obtient le moindre résultat. Or, le début progressif est obligatoire au point de vue des effets secondaires, le maintien du traitement pendant quelques mois est indispensable et l'arrêt progressif nécessaire pour éviter des phénomènes de type sevrage. Une autre précaution importante est à prendre : il ne faut jamais mélanger les IMAO et les tricycliques car il y a des phénomènes d'incompatibilité entre eux. Si on n'obtient pas de résultat avec les tricycliques, il faut attendre au moins une semaine avant d'entreprendre un traitement avec les IMAO, et vice versa. De plus, outre l'incompatibilité, il y a addiction d'effets secondaires qui peuvent donner lieu à des troubles hépatiques et à des accidents cardio-vasculaires importants.

E. Le lithium et la «psychose» maniaco-dépressive

1. Introduction

L'utilisation du lithium dans la psychose maniaco-dépressive (PMD) a changé le statut même de cette maladie, en ce sens qu'on ne la considère plus comme une véritable psychose. Avant le lithium, la phase maniaque était si difficile à maîtriser que le patient donnait l'impression d'être un psychotique, surtout parce qu'il semblait avoir des difficultés à s'orienter dans l'espace et dans le temps. En maîtrisant l'état maniaque autrement que par l'électrochoc et les anti-psychotiques (les neuroleptiques), on s'est rendu compte que le malade revenait assez vite à un état presque normal et, de plus, qu'il était parfaitement conscient de ce qu'il avait fait pendant sa phase maniaque. Il n'était pas réellement désorienté, mais son activité locomotrice et son idéation accélérées et infatigables en donnaient l'impression.

2. Définition de la «manie»

L'état maniaque (ou hypomaniaque) est caractérisé par un excès d'activités psychiques et locomotrices. Le malade a une énergie extraordinaire : il peut ne pas dormir pendant des nuits, parcourir des kilomètres, écrire toutes sortes de choses même s'il ne sait plus très bien de quoi il s'agit; il a des idées de grandeur, tout est possible, rien ne l'arrête, tout est admissible. Il présente une grande labilité émotionnelle, avec une certaine agressivité, surtout verbale et particulièrement envers ses proches, et en même temps une tendance à donner tout ce qu'il a, une générosité irréfléchie et exagérée.

Notons que ce tableau clinique peut être compatible, dans une certaine mesure et dans des cas exceptionnels, avec la créativité artistique : certains artistes ont eu des périodes de créativité importante pendant des phases maniaques. Ajoutons que le milieu social accepte plus facilement une phase maniaque, si elle n'est pas excessive, qu'une phase dépressive. Ajoutons cependant que dans la plupart des cas, le maniaque qui n'est pas traité ruine sa vie et celle de ses proches.

Nous n'allons pas insister sur le problème du lithium et de la «psychose» maniaco-dépressive, car cela touche rarement les personnes âgées. Nous donnerons ci-après seulement quelques éléments du problème.

3. Etiologie

L'étiologie de la PMD n'est pas encore connue. Il semble cependant qu'il y a un déterminisme génétique, lié au chromosome X, ce qui explique qu'elle est à peu près deux fois plus répandue chez les femmes que chez les hommes (Mendlewicz, 1980).

On ne peut pas non plus considérer simplement la manie comme l'inverse de la dépression, car le lithium agit sur les deux phases, contrairement à ce qu'on croyait il y a quelques années. On sait qu'il s'agit d'un déséquilibre complexe du type électrolytique, et qu'un certain déficit sérotoninergique existe également.

4. Aspects historiques

Dans les années trente, on savait déjà que le sodium était dangereux pour les hypertendus et les malades cardio-vasculaires. On a alors essayé de remplacer, dans le sel de cuisine, le sodium par diverses autres substances, et notamment par le chlorure de lithium; les essais furent vite abandonnés à cause du mauvais goût du produit et de sa toxicité.

En 1949, à Sydney (Australie), Cade, psychiatre et expérimentateur, entreprend l'étude des effets cardio-vasculaires du lithium. Il utilisait le chlorure de lithium (alors qu'aujourd'hui on emploie surtout le carbonate de lithium). En injectant des doses importantes de lithium à des cobayes, il constate qu'ils tombent en léthargie. Cade imagine alors d'utiliser le lithium dans l'agitation maniaque, qui est l'«inverse» de la léthargie. Malgré la réussite de ses premiers essais, ce traitement fut pratiquement abandonné. On craignait la toxicité du lithium, et, par ailleurs, les grands tranquillisants, les neuroleptiques — qui étaient plus faciles à utiliser — venaient de faire leur apparition sur le marché, avec le succès presque immédiat que l'on sait.

Ce n'est que vers 1960-65 que Schou, psychiatre de Copenhague, réintroduit le lithium dans le traitement de la manie, remportant là une des grandes victoires de la psychopharmacologie. Schou propose de plus, de renoncer au terme «psychose maniaco-dépressive» et de le remplacer par celui de «troubles affectifs récidivants». Ce terme semble plus acceptable par le malade même et par son entourage, mais il n'est pas encore assez utilisé.

5. Quelques particularités du lithium

– C'est probablement le seul psychotrope vraiment prophylactique car il prévient tant les phases maniaques que les phases dépressives des PMD. C'est comme s'il «rabotait» les hauts et les bas de la cyclothymie exagérée, stabilisant ainsi l'humeur.

– Aux doses thérapeutiques, il n'est ni sédatif, ni stimulant.

– Il répond probablement à un véritable «besoin» car, chez un sujet normal, environ 90 % de la dose administrée est rapidement éliminée dans l'urine, alors que le malade retient la plupart du lithium administré.

Par ailleurs, si on dépasse le taux acceptable, qui varie d'un patient à l'autre, on peut observer des effets secondaires :

– mineurs : tremblements fins des mains; faiblesse musculaire; tendance à grossir; troubles gastro-intestinaux : nausées, vomissements, diarrhées... Dès que ces signes apparaissent, il faut, en premier lieu, établir le taux sanguin pour voir s'il y a rétention exagérée, et le cas échéant diminuer les doses.

– majeurs : convulsions, tétanie, troubles respiratoires importants allant jusqu'à l'œdème pulmonaire, pouvant entraîner la mort. Quand des troubles graves surviennent, il faut hospitaliser d'urgence le malade et le dialyser (rein artificiel). Notons cependant qu'actuellement les troubles graves n'apparaissent pas lors d'un traitement compétent et bien suivi.

II. Les stimulants de la vigilance : les amphétamines

Les principaux stimulants de la vigilance sont des dérivés de l'amphétamine. L'amphétamine ressemble chimiquement aux catécholamines, mais l'amphétamine n'ayant pas de substitution OH dans sa formule n'est pas une catécholamine. Notons que la mescaline (produit hallucinogène) ressemble aussi aux amphétamines et à l'adrénaline, à cette différence près qu'elle a trois fonctions méthoxy (CH3 - O) sur le cycle.

A. Historique

La synthèse de l'amphétamine a été réalisée avant 1900. Vers 1910, on s'est rendu compte qu'elle ressemblait à l'adrénaline, et c'est dans les années trente qu'on a découvert les propriétés anti-asthmatiques de l'éphédrine, substance qui ressemble chimiquement à l'amphétamine et qui est extraite d'une plante chinoise, difficile à obtenir. On a alors voulu la remplacer par l'amphétamine, substance relativement facile à synthétiser. On a rapidement établi que l'amphétamine n'était pas un anti-asthmatique, mais qu'elle avait une activité psychostimulante.

B. Propriétés pharmacologiques

Les amphétamines agissent sur les récepteurs catécholaminergiques du corps strié (rappelons que celui-ci fait partie du système extra-pyramidal), de la formation réticulaire et des autres structures centrales, et ce en compétition avec les catécholamines naturelles (noradrénaline et surtout dopamine). On comprend dès lors qu'elles aient des effets du type sympathico-mimétique : mydriase, hypertension artérielle, tachycardie, etc.

Les effets réticulaires sont du type stimulant et donc les amphétamines sont de puissants analeptiques cardio-respiratoires. Elles antagonisent les effets morphiniques et barbituriques de dépression réticulaire. Les amphétamines sont donc des produits utilisés dans les efforts de réanimation après des intoxications sévères, notamment dans les comas barbituriques.

Les amphétamines, surtout à cause de leurs effets au niveau du corps strié, provoquent une stéréotypie de la tête et du corps bien caractéristique. La stéréotypie amphétaminique est, rappelons-le, antagonisée par les neuroleptiques (qui bloquent les récepteurs dopaminergiques) et potentialisée par les antidépresseurs, tant IMAO que tricycliques, qui augmentent la disponibilité des catécholamines aux récepteurs. Par son caractère répétitif et sans but, empêchant l'animal de répondre aux stimuli du milieu environnant et donc de présenter un comportement adaptatif, la stéréotypie amphétaminique rappelle une attitude typique des psychotiques, notamment des schizophrènes. Par ailleurs, chez des sujets volontaires normaux, on observe que l'amphétamine provoque un état du type psychotique, mais réversible après que le produit a cessé d'agir. Au niveau hypothalamique, les amphétamines stimulent l'hypothalamus médian (centre de la satiété), qui, lui, inhibe les centres de l'appétit situés dans l'hypothalamus latéral. Les amphétamines réduisent donc l'appétit, ce qui explique leur utilisation dans certains traitements de l'obésité, traitements qui cependant ne sont pas sans danger.

Au niveau cortical, à très petites doses, l'amphétamine stimule le cortex cérébral, car une faible stimulation réticulaire augmente l'éveil cortical, ce qui, comme on le verra plus loin, facilite la consolidation mnésique. Aux doses fortes cependant (celles qui sont souvent employées, surtout en auto-médication), il y a un blocage ou une perturbation des fonctions corticales qui se manifestent essentiellement par une baisse des discriminations et une hausse du nombre d'erreurs comme le montrent aussi les tests de mémoire et d'apprentissage pratiqués sur les animaux de laboratoire.

On observe également avec les amphétamines le phénomène dit d'«apprentissage dissocié» (state dependency learning) : ce qui a été appris pendant que l'on se trouve sous l'action d'amphétamines ne peut être correctement évoqué que si l'on est à nouveau sous amphétamines.

Ajoutons enfin que les médicaments ne font pas de cadeaux à l'esprit : il faut le «meubler» soi-même pour qu'il soit riche. On reprendra cet aspect lors de la discussion sur les psychodysleptiques (les «drogues»). De plus, en réduisant considérablement le sommeil paradoxal, les amphétamines empêchent un sommeil réellement réparateur et par conséquent une bonne consolidation mnésique.

D'autres stimulants, comme la caféine p.ex. (une xanthine qui se trouve dans le café et qui est chimiquement apparentée à la théobromine qui se trouve dans le thé), sont moins actifs mais plus manipulables que les amphétamines, car la marge entre la dose active et celle qui provoque des effets secondaires est plus grande. La caféine stimule l'activité psychomotrice, mais à partir d'une certaine dose, elle devient sédative, et ce en vertu d'un mécanisme du type inhibition supraliminaire (c'est-à-dire l'inhibition qui suit une excitation trop importante; voir le concept pavlovien de cette forme d'inhibition dans Giurgea, 1986). Ajoutons que la caféine, comme l'amphétamine, réduit le sommeil paradoxal et augmente la tension artérielle, ce qui provoque de la tachycardie et sollicite par conséquent le cœur.

C. Aspects cliniques

1. Indications majeures des amphétamines

- Traitement de l'obésité; rappelons cependant les grands risques, comme l'insomnie et les troubles cardio-vasculaires. Certains dérivés amphétaminiques conserveraient cependant leurs effets hypothalamiques tout en provoquant moins d'effets réticulaires et centraux en général.
- Traitement, en réanimation, des intoxications morphiniques et barbituriques, grâce à leur action analeptique.
- Traitement des enfants «hyperkinétiques» (ou MBD = Minimal Brain Damage). On utilise dans ces cas des doses fortes qui, par un mécanisme encore peu connu, arrivent à les calmer, à augmenter leur concentration à la tâche. Rappelons qu'il s'agit d'enfants qui ne sont pas mentalement arriérés mais qui ne réussissent pas à suivre convenablement les cours à cause de leur agitation locomotrice et de leur difficulté à rester attentifs.
- Le «doping» des sportifs (qui est, bien sûr, interdit).

2. Indications mineures

- La fatigue, surtout physique et psychique.
- La narcolepsie, maladie très rare, apparentée à l'épilepsie dite petit mal, et qui se caractérise par un symptôme comportemental (accès de sommeil incoercible) et un tableau électro-encéphalographique caractéristique.
- La nécessité de fournir un travail intellectuel intense et urgent (ce qui est le cas des étudiants en examens p.ex.). Rappelons cependant le danger déjà évoqué de «l'apprentissage dissocié».

3. Effets secondaires des amphétamines

a) Mineurs :
1) Perturbations des discriminations fines.
2) Troubles du sommeil (insomnies) et surtout du sommeil paradoxal. Notons que l'arrêt de la prise des amphétamines provoque un effet de «rebound» : on dort plus, mais la qualité du sommeil n'est pas récupérée tout de suite, car il y a un excès de sommeil paradoxal.
3) L'apprentissage dissocié.

b) Majeurs :
Le danger majeur des amphétamines est l'habituation qui mène vers la toxicomanie.
1) L'*habituation* ou la *tolérance*, est la tendance à une diminution des

effets d'un produit suite à sa prise répétitive. On connaît cela pour la morphine qu'on administre aux cancéreux p.ex. La tolérance est un phénomène complexe, qui ne concerne pas seulement les récepteurs, mais qui dépend également des mécanismes centraux.

2) La *dépendance* est un terme qui se réfère par définition à deux catégories de situations :
- La dépendance physique : le sujet ne cherche pas encore, activement, son produit, mais l'arrêt brutal du traitement entraîne des phénomènes de sevrage (insomnie, agitation, nausée, palpitations, etc.).
- La dépendance psychique : le sujet est hanté par la perspective de se trouver dans ce qu'on appelle l'«état de besoin»; c'est cela la vraie toxicomanie, la recherche active, par tous les moyens, de la drogue.

Les amphétamines provoquent un état de toxicomanie en passant de l'habituation à la dépendance. Un toxicomane est un sujet qui a besoin d'un certain produit et à des doses de plus en plus grandes. S'il n'en dispose pas, il entre dans un état de sevrage caractérisé par de graves symptômes psychiques (agitation, agressivité, confusion mentale) et physiques (nausées, vomissements, troubles cardiaques, troubles respiratoires, crises convulsives et même la mort). Ceci nous amène à la dernière classe des psychotropes classiques, les psychodysleptiques, avant d'arriver aux nootropes.

Soulignons dès à présent que pour toutes ces «drogues», les sujets commencent par éprouver une image fallacieuse d'agrément, surtout pour les stimulants qui provoquent au départ un état légèrement euphorique qui enlève par ailleurs certaines angoisses. Prenons ici l'exemple de l'alcool, qui à faible dose est stimulant et à dose forte sédatif.

C. LES PSYCHODYSLEPTIQUES

A. Introduction

Les psychodysleptiques ne sont pas des médicaments (sauf exceptions et alors pour des indications bien limitées, comme p.ex. la morphine ou l'amphétamine), mais des psychotropes dont la caractéristique principale est qu'ils engendrent très facilement la toxicomanie et perturbent l'activité mentale, en provoquant très souvent des hallucinations ou même un véritable état psychotique complexe. C'est pour cela qu'on les appelle également *toxicomanogènes*, ou *hallucinogènes*, ou encore *«psychotomimétiques»*. Les psychodysleptiques constituent l'essentiel de ce qu'on appelle «la drogue». Ce domaine n'entre pas dans les objectifs majeurs de cet ouvrage, mais nous allons quand même passer brièvement en revue quelques notions concernant ce fléau moderne.

Tous les psychodysleptiques s'attaquent d'une manière ou d'une autre à la fonction de vigilance; ils perturbent tous le sommeil normal et en particulier le sommeil paradoxal.

L'usage des psychodysleptiques est vieux comme le monde. Il existe depuis toujours des hommes qui, se sentant opprimés ou rejetés, ont tendance à s'évader plutôt qu'à affronter les difficultés de la vie réelle. Par ailleurs, la plupart des psychodysleptiques sont des extraits de plantes d'origine naturelle, même si on a réussi à synthétiser le produit actif et à en faire des dérivés qui n'existent pas dans la nature.

Avant de décrire les principaux toxicomanogènes, précisons que l'on peut se droguer, et que l'on se drogue, avec pratiquement n'importe quoi, depuis l'alcool jusqu'à l'éther, en passant par l'essence, les solvants et les colles. Parmi toutes les drogues toutefois, ce sont surtout les toxicomanogènes vrais qui sont recherchés; ces produits possèdent en commun au moins deux propriétés fondamentales :

a) Tous provoquent à un moment donné après leur prise et selon la dose une tendance à l'euphorie (alcool, morphine; on parle même d'une certaine «ivresse» barbiturique, etc.).

b) On développe plus vite que pour d'autres psychotropes une tolérance et une dépendance physique et psychique.

B. Classification

Les principales catégories de toxicomanogènes sont les suivantes :

1. *Les stimulants*, dont le prototype est l'amphétamine, que nous venons de voir.

2. *Les psycholeptiques*. Les psycholeptiques les plus utilisés en tant que «drogues» sont :

a) *Les barbituriques*, surtout potentialisés par l'alcool et d'une façon générale *les anxiolytiques* (NB : beaucoup moins les neuroleptiques, car ils ne provoquent jamais d'euphorie et leur effet est ressenti comme trop drastique).

b) *Les stupéfiants*, nommés ainsi parce qu'à certaines doses, ils engendrent un état de stupeur. Mentionnons notamment :
– *la cocaïne* (préparée à partir de feuilles de coca), utilisée entre autres pour être reniflée;

– *l'alcool*, qui, aux doses stupéfiantes, formerait dans l'organisme une substance ressemblant aux opiacés ;
– *le haschisch*, et *la marijuana*, extraits du chanvre indien ;
– *les opiacés*, extraits du pavot : l'opium, la morphine, l'héroïne (préparation semi-synthétique), la méthadone, la codéine (contenue dans certaines préparations antitussives), etc.

Notons que parmi les stimulants et les psycholeptiques, beaucoup de produits sont des médicaments (analgésiques, anxiolytiques, antitussifs, hypnotiques, etc.) mais peuvent être abusivement utilisés comme psychodysleptiques.

3. *Les Hallucinogènes*. Ces produits n'ont en aucun cas de vertu thérapeutique et sont uniquement des psychodysleptiques, capables de provoquer des hallucinations (perceptions sans objet) et donc de désorganiser les systèmes psychosensoriels. Nous distinguerons, avec Molle (1982) :

a) *Les toxico-hallucinogènes*, qui provoquent des hallucinations, comme éléments du tableau clinique lors d'une intoxication ; on peut par ailleurs rechercher ces hallucinations activement une fois qu'on les a vécues. Citons parmi ceux-ci : certains antibiotiques, la digitale, des solvants organiques, des colles, le nitrite d'amyle, etc.

b) *Les délirogènes*, qui provoquent des hallucinations lors d'un tableau complexe de confusion mentale qu'ils peuvent induire et dont les principaux représentants sont les *atropiniques*, dérivés de plantes, comme la *Datura stramonium* ou l'*Atropa belladona*, notamment. Ils contiennent tous comme principe actif soit l'atropine soit la scopolamine, produit très proche du premier. Ces produits ont de nombreuses indications cliniques (antiparkinsoniens, anti-asthmatiques, antidiarrhéiques, etc.), sauf p.ex. la phencyclidine («angel dust») qui est une drogue très puissante qui induit un délire accompagné d'hétéro-agressivité ainsi que d'auto-agressivité (auto-mutilations).

c) *Les hallucinogènes «vrais»*, dont l'effet principal recherché par les drogués sont les hallucinations et dont les principaux représentants sont la mescaline (extraite du peyotl) et le LSD (dérivé synthétisé à partir des substances contenues dans l'ergot de seigle). Tant la mescaline que le LSD ont des effets neurochimiques complexes mais particulièrement puissants sur les systèmes sérotoninergique et catécholaminergique, centraux et périphériques.

Nous décrirons à titre d'exemple, les principaux aspects pharmacologiques du LSD, étant donné qu'il agit à des doses infinitésimales et qu'il est en outre relativement facile à synthétiser.

Le LSD (diéthylamide de l'acide lysergique)

Stoll et Hoffmann, en 1938, travaillant chez Sandoz à Bâle, ont réussi — dans le cadre d'une recherche de produits contre la migraine — la synthèse du LSD. Hoffmann s'est rendu compte sur lui-même, accidentellement, le jour de la synthèse du LSD, de son pouvoir hallucinogène. Dès ce moment, on a pensé dans les milieux psychiatriques que le LSD pouvait devenir un outil de diagnostic, meilleur et moins coûteux que la psychanalyse, pour faire surgir les fantasmes du subconscient. Aucune réussite cependant n'a été décrite et l'espoir initial a été complètement déçu. Le seul résultat de cette découverte fut le désastre de la drogue.

Ce produit agit à des doses extrêmement faibles. En effet :

– une cuillère à dessert de LSD suffirait pour provoquer des hallucinations à la population d'une ville comme Liège p.ex. ;

– 100 gamma (microgrammes) par personne, permettent de faire une étude pharmacologique ;

– 20 gamma suffisent pour provoquer les premiers signes subjectifs alors que 10 gamma suffisent pour induire une modification physiologique, objectivement détectable.

a) Pharmacologie animale du LSD

Etudes comportementales : Le LSD influence le comportement de toutes les espèces animales qui ont été étudiées. Ainsi :

– Les araignées sur lesquelles on verse quelques gouttes de LSD, tissent des fils plus épais, moins réguliers, plus courts; le dessin final de la toile est moins géométrique.

– Les poissons (quelques mg dans l'aquarium) montrent de l'agressivité et des perturbations du type d'activité, p.ex. une augmentation de l'activité de surface.

– Les fourmis, les oiseaux, les souris présentent une augmentation de l'agressivité intraspécifique. Par contre on observe une diminution de l'agressivité de la souris isolée. Le LSD induit donc une agressivité anormale et diminue l'agressivité qui apparaît normalement dans certaines conditions. Les rats montrent aussi de l'agressivité mais, lorsqu'ils sont en groupe, on constate une tendance à la soumission de la part des animaux injectés à l'égard des animaux non injectés.

– Les singes qui vivent en communauté où règne une hiérarchie très précise perdent cette dernière : les chefs se soumettent, les dominés deviennent dominants, etc.

Etudes sur les réflexes conditionnés
- Diminution, voire suppression des réflexes conditionnés à motivation positive, et ce parce que le LSD coupe l'appétit (NB : les vrais drogués sont maigres).
- Par contre, moins d'effet dans les conditions aversives : lors des conditionnements d'évitement, le LSD augmente la vitesse de réaction et le nombre d'erreurs; autrement dit, les animaux travaillent vite mais mal et ils reçoivent plus de punitions que normalement.

Influence sur les «perceptions»
- «Hallucinations» : les chats traités au LSD, courent après une souris imaginaire, les chiens aboient dans toutes les directions d'où rien ne vient et essayent même de sauter et de mordre comme s'ils voyaient quelque chose. Même les petits animaux, comme la souris, montrent des phénomènes semblables : le syndrome dit de la «souris valsante», ou aux doses plus fortes le syndrome «ECC» (Excitation, Contorsion, Convulsions).
- Tendance à la généralisation des réponses conditionnées. Il y a une hausse non spécifique de l'éveil et une tendance à continuer à répondre à des stimulations non pertinentes qui n'ont aucune signification pour l'animal ou qui n'en n'ont plus. Le LSD empêche par ailleurs l'extinction des réflexes conditionnés. En cela, les animaux traités au LSD ressemblent aux schizophrènes qui s'habituent difficilement aux stimuli non pertinents. La conséquence de cet effet sur la généralisation est, au niveau des discriminations, la diminution de la capacité de discriminer des stimuli semblables.

b) Pharmacologie humaine du LSD

Evolution temporelle :
On remarque, après une prise unique de LSD, une évolution temporelle caractéristique : les symptômes physiques apparaissent avant les symptômes psychiques. (On a dit qu'avec le LSD, «la gueule de bois précède l'ivresse»). Ainsi, après l'injection, pendant 1/2 h à 1 h 1/2, le sujet n'éprouve que des sensations physiques souvent très désagréables : nausées, vomissements, palpitations, polypnée, frissons, dilatation pupillaire, troubles de la vision, état d'angoisse, etc. Après 1 h 1/2 à 2 h (pour une dose moyenne), le malaise physique a tendance à disparaître et à être remplacé par les symptômes psychiques. Un jour et parfois une semaine après une prise unique, il reste encore des séquelles : fatigue, quelques troubles de la vision, et surtout un sentiment étrange concernant soi-même.

Cette évolution temporelle différentielle des symptômes physiques et psychiques facilite la tendance à se droguer au LSD car le sujet se trouve si mal au début que le bien-être et l'état de relâchement qu'il éprouve ensuite sont ressentis comme une récompense qu'il va continuer à rechercher tous les jours.

Symptomatologie :
Effets somatiques : cf. ci-dessus.
Symptômes psychiques : (1) Affectivité : angoisse ou euphorie et surtout instabilité émotionnelle. (2) Perceptions : Distorsions visuelles de taille et de perspective (le proche semble lointain, la tête semble plus grande que le corps, etc.); les couleurs deviennent plus vives, cela fait même mal aux yeux. De même, les sons sont perçus avec une acuité qui effraye le sujet. Il y a aussi des «Synesthésies» (mélange de sensations) : c'est un début d'hallucination car on «entend» une couleur, on «voit» un son, une couleur donne envie de se gratter ou de caresser, etc.
Activité noétique : Difficulté de focaliser l'attention, comme chez le schizophrène («j'ai trop de pensées dans ma tête, je vois trop de choses et rien ne sort»). La pensée est fugace, le sujet saute d'une pensée à l'autre. La notion de temps et la notion d'espace sont déformées; on peut se croire au temps de Louis XIV tout en vivant à New York de nos jours. Il peut y avoir dédoublement de la personnalité, tendance à la dépersonnalisation. Le sujet se voit lui-même comme une autre personne; parfois cela le conduit à ne plus pouvoir se passer de la drogue parce qu'il s'est vu mort et donc aucun danger ne lui fait plus peur. Il est «libéré» de la peur : c'est «l'autre» qui va souffrir, qui va mourir. Cela entraîne aussi une grande suggestibilité : les grands drogués font tout ce qu'on leur dit, d'autant plus qu'ils croient que cela touche un autre. Il y a aussi des idées de grandeur, la sensation de pouvoir tout faire, de voler p.ex.; ils peuvent donc se jeter par la fenêtre. Il y a enfin de vraies hallucinations (sensations sans stimuli réels, sans objet) : surtout dans le domaine visuel et très colorées pour la mescaline, plurisensorielles pour le LSD.

C. Quelques idées fausses concernant les toxicomanogènes

1. La créativité

On croit parfois que ces drogues facilitent l'activité créatrice : la mémoire, l'intelligence et surtout la créativité artistique. C'est faux : toutes les études sérieuses faites depuis plus de 20 ans ont prouvé plutôt le contraire. En voici deux exemples :

a) *Expérience de Zeganis et coll.* (1967; voir dans Claridge, 1972).
Des sujets de tous milieux mais de même âge ont été soumis à 3 types de tests : utiliser des objets courants (un crayon, une clef, etc.) d'une manière non courante, trouver des associations entre des mots qui n'ont rien en commun, les inventer, trouver une forme géométrique cachée dans un dessin complexe.
Sous l'action du LSD (et d'autres drogues), on a vu que le nombre d'associations et leur qualité, donc le pouvoir imaginatif, diminuaient considérablement.

b) *Expérience de Berlin* (1955; voir dans Claridge, 1972).
Berlin a fait une étude importante sur quelques dizaines d'artistes assez réputés qui se sont soumis comme volontaires à l'expérience. La plupart étaient peintres, figuratifs ou non, mais il y avait aussi quelques écrivains. Certains se droguaient, d'autres pas. Le résultat a été très net chez tous. Les peintres n'avaient pas envie de dessiner, et s'ils dessinaient, c'était infiniment moins étudié, moins élaboré, moins technique. L'envie d'écrire était aussi limitée.

On peut conclure à ce sujet avec Fellini (d'après Claridge, 1972) :

> «Aucune drogue hallucinogène ne peut développer l'imagination de quelqu'un qui en est totalement dépourvu. Aucune drogue ne peut fabriquer de l'imagination. Ce serait trop facile, si vous n'aviez qu'à prendre du LSD pour devenir un visionnaire ou un prophète. L'expérience en elle-même peut être intéressante, captivante ou extrêmement dangereuse, mais je ne crois pas à son emploi à des fins créatrices.»

2. La mémoire

La marijuana est certes beaucoup moins dangereuse que les drogues «dures». Toutefois, dire qu'elle est totalement dépourvue de dangers est également une idée fausse. On sait en effet, et beaucoup d'études le montrent clairement, que si on apprend une liste de mots, puis qu'on fume une cigarette de marijuana et qu'ensuite on doit se rappeler les mots, le pourcentage de mots rappelés est significativement plus petit que chez ceux qui n'ont pas fumé ou ont fumé un placebo. Il est de plus intéressant de relever que le type principal d'erreur est celui d'inclusion : on évoque des mots qui n'ont pas été présentés pendant l'expérience.

3. Le problème de la «permissivité»

La marijuana est certes moins dangereuse que les drogues dures, on l'a déjà dit. De ce fait, s'ils n'ont pas d'autre choix possible, certains spécialistes acceptent «le moindre mal» : ainsi, dans certains pays, on traite les héroïnomanes avec de la méthadone qui peut répondre à leur état de besoin sans induire les désavantages de la drogue dure, et faciliter ainsi la psychothérapie en vue de la désintoxication.

Le danger qui guette le fumeur de marijuana est cependant encore plus vicieux. Il risque surtout de tomber dans le milieu des grands drogués et donc de développer progressivement une habituation à la marijuana et — les inhibitions sociales concernant la drogue ne jouant plus dans ces milieux — d'être pris dans l'escalade des drogues de plus en plus dangereuses. Il est bien prouvé que ceux qui fument souvent de la marijuana se droguent également au LSD, aux amphétamines, à l'opium, etc.

4. Les effets somatiques

Tous les psychodysleptiques — et, bien sûr, les drogues «dures» plus que les «douces» — entraînent des conséquences somatiques multiples et souvent importantes. La perte d'appétit, associée à la déchéance économique de la plupart des drogués, fait qu'ils se nourrissent peu et mal. De plus, comme ils dorment mal, les grands drogués sont maigres et ont une résistance diminuée aux infections, favorisées de surcroît par le manque général d'hygiène et par l'usage de seringues non stérilisées et déjà employées par d'autres. Il en résulte que beaucoup de drogués deviennent tuberculeux, font des hépatites, ont des troubles gastro-intestinaux et attrapent le SIDA, même s'ils ne sont pas des homosexuels.

La plupart des psychodysleptiques, y compris la marijuana, provoquent un dérèglement endocrinien souvent très important et qui touche avec une certaine préférence les hormones sexuelles (testostérone ou œstrogène). Ceci entraîne de l'impuissance chez l'homme et de la frigidité chez la femme et dans l'ensemble, comme l'a montré Liénart dès les années soixante à l'aide de tests psychométriques, une régression mentale, une infantilisation.

D. Conclusions

Comme le dit Olivenstein, il n'y a pas de drogués heureux. Ce sont, pour la plupart, des êtres faibles qui fuient les difficultés de la vie, et qui de plus doivent être considérés comme de grands malades. Il faut donc surtout essayer de les traiter plutôt que simplement les punir.

Le tableau récapitulatif ci-dessous résume les principales notions que nous avons évoquées sur les psychotropes, dans la vision classique de Delay et Deniker.

DROGUES PSYCHOTROPES

PSYCHOLEPTIQUES	1) Hypnotiques	– Barbituriques – Non barbituriques
	2) Neuroleptiques (tranquillisants majeurs)	– Phénothiazines – Butyrophénones – Réserpine

	3) Tranquillisants
	(mineurs; anxiolytiques)
		– Relâchants musculaires
		  - méprobamate
		  - benzodiazépines
		– Ataractiques
		  - diphénylméthanes

PSYCHOANALEPTIQUES	1) Antidépresseurs	– IMAO – Tricycliques – Lithium
	2) Psychostimulants	– Amphétamines
PSYCHODYSLEPTIQUES	(Hallucinogènes ou Toxicomanogènes)	– Opiacés – Mescaline – LSD

A ce tableau s'ajoute la nouvelle classe des nootropes que nous considérons comme une troisième sous-classe des psychoanaleptiques, si on veut garder la classification de Delay et Deniker. Après avoir présenté brièvement cette dernière classe des psychotropes, nous consacrerons un chapitre aux problèmes spéciaux liés à la géropsychopharmacologie.

D. PSYCHOPHARMACOLOGIE DE LA FONCTION NOETIQUE
PREMIÈRE PARTIE :
GÉNÉRALITÉS ET PSYCHOTROPES CLASSIQUES

A. Aperçu général sur la mémoire

Rappelons tout d'abord que les deux propriétés fondamentales du système nerveux central (SNC) sont :

- la réactivité : la capacité du système nerveux d'être activé par des stimuli ;
- la plasticité : la capacité du système nerveux de changer sa réactivité en fonction de l'expérience antérieure.

Dans ce sens, la mémoire et l'apprentissage sont des exemples typiques de la plasticité du système nerveux. Plus précisément, on peut définir une pensée comme un instant de conscience (bien qu'il y ait toute une activité mentale dont on n'est pas conscient). La mémoire est la capacité de se rappeler une pensée, de la ramener au niveau conscient ; elle est donc un ensemble organisé de données et de programmes réglant l'usage et l'accès de ces pensées. L'apprentissage est la capacité du SNC de former de nouvelles mémoires et de les emmagasiner.

Du point de vue neuro-psycho-physiologique, la mémoire, l'apprentissage, la pensée et la conscience sont pratiquement inséparables. Chaque pensée représente le profil cérébral d'un instant, la résultante de l'activation de nombreuses structures nerveuses, dont, entre autres, le cortex cérébral, le thalamus, le système limbique et la formation réticulée.

La participation de ces différentes structures n'est pas uniforme pour chaque pensée. Ainsi, par exemple, pour ressentir et exprimer de la douleur, il ne faut pas de cortex cérébral : les enfants anencéphales (qui naissent pratiquement sans cortex) montrent tous les signes moteurs et neurovégétatifs de la douleur. Par contre, pour avoir une expérience subjective dans le domaine de la vision, le cortex cérébral est indispensable.

D'autre part, l'activation des structures sous-corticales est responsable des caractéristiques grossières de chaque pensée, telles qu'un vague caractère de plaisir ou de déplaisir, une localisation spatiale ou temporelle diffuse. Par contre, l'activation des structures corticales est responsable des caractéristiques fines de la pensée, telles que mettre un nom sur un visage, reconnaître une forme géométrique, localiser avec précision, reconnaître la marque ou le type d'un parfum, se souvenir de diverses circonstances en relation avec ce parfum, etc.

Du point de vue neurophysiologique et surtout psychopharmacologique, on considère habituellement — sans pour autant couvrir tous les aspects du problème — trois aspects de la mémoire : l'acquisition, la fixation et l'évocation.

1. Acquisition

Pour qu'une mémoire se forme, il faut normalement que le stimulus respectif, simple ou complexe, soit enregistré, c'est-à-dire arrivé d'une manière efficiente jusqu'aux zones de projection primaires et secondaires, voire associatives du cortex cérébral. C'est lors de ce trajet que la plupart des informations se perdent. Elles doivent d'ailleurs se perdre, car si on enregistrait toutes les variations du milieu on serait parasité, on ne pourrait pas présenter un comportement adaptatif organisé.

Les structures impliquées dans cette phase d'acquisition, ou d'enregistrement, sont les récepteurs et les voies afférentes qui, à travers le relais sous-cortical, font arriver l'information jusqu'au cortex cérébral.

C'est l'interaction entre l'excitation et l'inhibition à chaque niveau du SNC qui fait qu'un stimulus arrive ou non jusqu'aux centres supérieurs et qu'il y est enregistré.

2. *Fixation mnésique* (consolidation ou rétention)

Une fois qu'une information a été enregistrée, il faut, pour que se forme une mémoire, que cette information soit retenue, qu'elle soit consolidée. Deux grands types de mémoire sont particulièrement intéressants du point de vue psychopharmacologique.

a) La mémoire à «court terme»

Certaines mémoires ne persistent que pendant quelques fractions de seconde, quelques secondes ou minutes, au maximum une heure. On retient p.ex. un numéro de téléphone le temps de le former et puis on l'oublie, sauf si c'est un numéro qu'on fait plusieurs fois.

Certaines mémoires à court terme deviennent des mémoires à long terme si les conditions requises sont présentes. D'autres cependant restent et doivent rester des mémoires à court terme. Elles nous permettent de retenir pour un bref instant ce qui se passe autour de nous, de prendre une décision (agir ou ne pas agir) et puis de les oublier afin de déplacer notre attention sur d'autres informations.

La principale structure corticale impliquée dans cet aspect de la mémoire est le lobe frontal : en effet, les lésions du lobe frontal entraînent un déficit de la mémoire à court terme, ce qui se caractérise par un comportement persévératif, stéréotypé, typique du syndrome frontal.

Pour donner un exemple : lorsqu'on rencontre plusieurs personnes à la fois, quelqu'un de normal va saluer poliment tout le monde puis va s'arrêter. Un malade «frontal» va oublier qu'il a déjà dit «bonjour» et va recommencer jusqu'à ce que quelqu'un attire son attention et alors seulement il va s'arrêter.

Les mécanismes neurophysiologiques de la mémoire à court terme ne seront pas discutés ici, on va seulement rappeler qu'ils sont liés à ce qu'on a appelé «des circuits neuronaux réverbérants» : une excitation générée par un neurone (appelons-le «A») arrive au neurone B, de là en C et de C elle revient au neurone A. On appelle cela «un circuit réverbérant». Compte tenu du fait qu'un circuit réverbérant peut toucher des milliers de neurones, on comprend que l'excitation respective puisse se maintenir des secondes et des minutes.

b) La mémoire à long terme

Lors des études sur les réflexes conditionnés chez les chiens et autres espèces animales (voir dans Giurgea, 1986), l'école de Pavlov a montré que si un stimulus avertisseur est répété plusieurs fois sans «renforcement» (récompense ou punition), il perd sa signification de «signal». L'animal ne réagit plus à ce stimulus, c'est-à-dire qu'il ne va plus se préparer pour recevoir la nourriture (saliver p.ex.) ou pour se défendre si le signal lui annonçait un danger. On appelle cela «l'extinction» d'un réflexe conditionné. Cependant on sait que des réflexes conditionnés apparemment oubliés peuvent réapparaître au niveau du comportement ou de la conscience lorsque les processus d'inhibition faiblissent. Il y a donc inhibition des mémoires à long terme, il n'y a pas un vrai effacement. Une mémoire à long terme est très stable ; sa durée dépasse l'heure et, si elle est bien consolidée, elle peut durer des mois ou des années.

Les mémoires à court terme ne doivent pas toutes se transformer en mémoires à long terme, mais toutes les mémoires à long terme sont au départ des mémoires à court terme. C'est pendant cette phase, dite de consolidation mnésique, que les mémoires en cours de formation sont particulièrement sensibles aux facteurs amnésiants, comme p.ex. :

– Les interférences rétroactives : être soumis p.ex. à un rythme trop accéléré d'apprentissage, ou à des stimuli différents mais importants.

– L'amnésie rétrograde (due à un traumatisme crânien) : le cas typique est celui de l'accidenté de la route qui, s'il a été commotionné, oublie ce qui s'est passé juste avant l'accident. Bien que le sujet soit à ce moment-là parfaitement conscient, les informations reçues quelques minutes avant la commotion sont oubliées (la commotion a empêché la fixation).

– La mémoire antérograde des personnes âgées : à partir d'un certain âge, variant d'une personne à l'autre, les mémoires anciennes restent disponibles et reviennent même spontanément alors que former de nouvelles mémoires stables devient de plus en plus difficile.

Les structures cérébrales impliquées dans la mémoire à long terme sont très nombreuses mais les travaux de beaucoup d'auteurs, en particulier de Brenda Milner (1965), de Warrington & Weiskrantz (1970), etc., ont souligné le rôle particulièrement important de l'hippocampe.

Le mécanisme physiologique de consolidation mnésique à long terme est essentiellement neuro-chimique, lié notamment à la capacité du SNC de synthétiser de nouvelles protéines. Nous reviendrons sur ce point plus loin.

3. Evocation («retrieval», ou disponibilité mnésique)

Du point de vue neurophysiologique, l'aspect le moins bien connu jusqu'à présent est celui des mécanismes qui règlent la disponibilité mnésique : comment évoquer convenablement les mémoires existantes ? Cet aspect est important car beaucoup de malades se plaignent surtout de troubles de l'évocation. Du reste, la plupart des sujets, par ailleurs normaux, jeunes ou âgés, ont parfois des difficultés d'évocation mnésique. Combien de fois ne dit-on pas : «je l'ai sur le bout de la langue», ou bien «j'ai un trou de mémoire». Ajoutons que l'efficience de l'évocation mnésique est très sensible à la fatigue, physique et mentale, à l'âge, aux traumatismes, aux stress, etc.

L'hippocampe est à nouveau une des structures clés dans ce domaine. Les lésions de l'hippocampe, chez les animaux et chez l'homme, empêchent la formation de nouvelles mémoires stables, mais aussi la disponibilité des mémoires anciennes.

B. Milieu environnant et plasticité fonctionnelle du cerveau

Dans la perspective déjà évoquée de l'importance d'un environnement favorable et stimulant pour l'activité mentale des personnes âgées, il est intéressant de voir que le tout jeune aussi est très sensible à la qualité du milieu dans lequel il se développe. Examinons brièvement quelques aspects de ce vaste problème (voir aussi dans Giurgea, 1985 et dans Giurgea, 1981).

1. Maturation post-natale

Nous naissons avec tous nos neurones. La cellule nerveuse est dite post-mitotique, c'est-à-dire qu'elle ne se divise plus. Au contraire, nous perdons tous les jours des milliers de cellules nerveuses qui ne se régénèrent pas. Ce dogme est parfois contesté, mais quelle que soit la validité du dogme de la non-régénérescence des neurones, il est un fait qu'il existe une maturation post-natale du cerveau. Nous arrivons au monde avec certains réflexes élémentaires (p.ex. le réflexe de succion); nous en perdons au cours de l'évolution post-natale (notamment celui de succion) — qui reviennent parfois, mais dans des circonstances plutôt pathologiques ou de fatigue — et d'autres apparaissent quelques mois après la naissance (comme p.ex. celui dit «du parachute»). Il y a donc une importante maturation post-natale du système nerveux central qui apparaît aussi à l'électro-encéphalogramme. En effet, l'EEG du nouveau-né est plat et lent et ce n'est que progressivement qu'apparaissent des rythmes plus rapides et de plus grande amplitude.

Parmi les principaux éléments morphologiques de l'évolution post-natale du cerveau, citons l'arborisation progressive des dendrites et l'augmentation du nombre et de la qualité fonctionnelle des synapses.

2. *Interaction avec le milieu environnant*

L'évolution post-natale du cerveau est très sensible à la richesse socio-sensorielle du milieu. Dans les années trente déjà, chez Pavlov, Maiorov (cf. Giurgea, 1986) avait montré que des chiens, qu'il a appelés «prisonniers», élevés dès le bas âge en isolement (obscurité et absence de contacts tant avec d'autres animaux qu'avec les animaliers) étaient très différents à l'âge adulte de leurs congénères élevés dans un chenil normal. Craintifs, ils apprenaient mal et développaient rapidement des névroses expérimentales. On sait aussi, depuis les années cinquante, que des chatons élevés dans l'obscurité montrent à l'âge adulte des troubles de la vision et des retards dans le développement du cortex occipital.

C'est cependant à l'école de Berkeley (Californie), représentée par Rosenzweig, Bennett et Diamond, que revient le mérite d'avoir abordé expérimentalement de manière très fine, entre 1960 et 1970, ce problème et de l'avoir introduit dans l'actualité neuropsychologique mondiale (cf. Giurgea, 1981). On leur doit la technique des *«milieux socio-sensoriels enrichis ou appauvris»* et la notion d' *«environnements différentiels de croissance»*.

Dès le sevrage, on élève des animaux de même souche, et souvent de même lignée, soit dans un milieu «standard» (p.ex. 2 à 3 animaux par cage où l'animalier change l'eau, la nourriture et la sciure, etc.), soit dans un milieu «appauvri» (p.ex. 1 animal par cage où l'eau et la nourriture sont données de manière automatique, dans l'obscurité), soit encore dans un milieu «enrichi» (p.ex. 15 à 20 rats dans une grande cage qui ressemble à un «jardin d'enfants», en ce sens qu'on y a ajouté des jeux, des objets colorés, des bruits, etc. Ils ont des contacts entre eux et avec l'animalier, et ont à boire et à manger à volonté). Dans ces expériences, on replace généralement tous les animaux dans des conditions standards identiques après quelques semaines de séjour en milieux différents. Les résultats montrent de grandes différences selon le type de milieu de croissance :

a) *Arborisation dendritique* : Les dendrites des neurones corticaux des animaux «enrichis» sont beaucoup plus arborisées, et ce d'autant plus qu'on s'éloigne du corps cellulaire. Ces modifications structurales des synapses augmentent leur efficience fonctionnelle, en sorte que les possibilités morphologiques de connectivité neuronale sont nettement plus grandes chez les «enrichis» que chez les autres groupes.

b) *Poids et paramètres biochimiques du cerveau* : C'est le cortex cérébral qui subit les modifications les plus importantes par rapport au reste du cerveau. Les animaux «enrichis» ont un cortex plus épais et plus grand. Du point de vue biochimique, c'est surtout le système cholinergique qui est touché, dans le sens que l'activité cholinergique est nettement augmentée. Cependant il y a également chez les «enrichis» plus de catécholamines au niveau cortical, une augmentation du rythme de synthèse des protéines ainsi qu'une activation hippocampique mesurée par l'incorporation d'un marqueur radioactif.

c) *Comportements* : Etant donné les grandes modifications anatomo-physiologiques et neurochimiques observées au niveau cérébral, il n'est pas étonnant que des répercussions sur les capacités d'apprentissage s'observent également. En voici deux exemples seulement :

- Apprentissage d'un réflexe conditionné d'évitement : Les «appauvris» émettent moins de réponses correctes et ces dernières apparaissent toujours avec une latence plus grande (cf. Giurgea, 1985).

- L'évitement passif : Rousseau-Lefèvre (1977) a montré que les rats «appauvris» sont capables d'apprendre une tâche d'évitement passif (ne pas entrer dans un compartiment petit et obscur où ils avaient reçu un choc électrique douloureux sur les pattes) et de la retenir 24h. Cependant, à l'encontre des «enrichis», leur évocation mnésique est nettement déficitaire lorsque le délai entre l'acquisition et le test de rétention est plus grand.

De plus, il est important de souligner que l'animal adulte est, lui aussi, susceptible de réagir aux variations du milieu environnant. Rosenzweig et ses collaborateurs (ibid.) ont en effet constaté que des animaux adultes placés dans deux milieux différents réagissent dans le même sens que les tout jeunes. Ils sont cependant plus résistants en ce sens qu'il faut les maintenir plus longtemps dans les milieux différentiels pour produire des modifications morphologiques, biochimiques et comportementales comme celles vues plus haut.

Le fait que les animaux adultes répondent de la même manière a particulièrement attiré l'attention du monde psychologique et médical sur ce type de modèle, car l'analogie avec des situations humaines est devenue plus évidente. Toutes les polices secrètes en effet, depuis les Pharaons, connaissent les ravages que peut causer la torture blanche : un homme au secret dans un cachot obscur privé de communications, peut, même s'il est normal, devenir une véritable «loque».

En géropsychiatrie, comme on l'a déjà vu, on reconnaît également l'importance physiopathologique de la privation socio-sensorielle dont souffrent la plupart des personnes âgées : désinsertion sociale, professionnelle et familiale (on perd ses amis et ses proches, les enfants grandissent et s'en vont, etc.). Il y a aussi, avec l'âge, une sorte de «rétrécissement» du monde dans lequel évolue le senior : il voit et il entend moins bien, les possibilités physiques, et souvent aussi financières, diminuent, etc. Comme l'a chanté Jacques Brel : «Les vieux, même à Paris, sont en province». Il y a également avec l'âge, des changements EEG et neurochimiques - comme on le verra plus loin - qui ressemblent à ceux induits chez l'animal par la privation socio-sensorielle.

C. Psychopharmacologie de la mémoire et de l'apprentissage : les psychotropes classiques

A la lumière de l'extrême complexité neuropsychophysiologique de la mémoire et de l'apprentissage, de nombreuses interactions, d'une part entre les différents étages du SNC ainsi qu'entre les neurotransmetteurs et les neurohormones, et d'autre part entre le SNC et le milieu environnant, on comprend que la psychopharmacologie de l'activité noétique soit elle-même complexe, controversée et en pleine évolution.

Mentionnons à titre historique que Pavlov avait étudié les effets de bromures et de la caféine sur les réflexes conditionnés du chien. Les bromures, à dose appropriée, diminuent la vitesse d'apprentissage et perturbent l'évocation mnésique. Ils peuvent cependant faciliter les discriminations, faire en sorte que les animaux résistent mieux à l'effort que nécessitent les discriminations plus fines. Les bromures touchent donc préférentiellement le processus d'inhibition, le facilitent. La caféine a plutôt un effet inverse : elle facilite l'apprentissage et l'évocation. Il suffit cependant de peu pour que la dose active devienne désinhibante et que les animaux perdent la capacité de faire des discriminations fines.

Quant aux psychotropes classiques, on a vu plus haut qu'ils peuvent tous avoir des conséquences au niveau de l'activité mentale mais d'une manière indirecte, habituellement par modulation réticulaire et/ou limbique. Rappelons que le plus souvent, l'effet sur la mémoire et l'apprentissage est nocif : les psycholeptiques sont plutôt dysmnésiants et les psychostimulants désinhibent. De plus, il y a pour tous un danger d'abus en automédication et un danger de toxicomanie.

Des approches nouvelles existent cependant pour de nouveaux psychotropes capables d'agir directement sur la sphère noétique, sur le substrat télencéphalique de l'activité mentale.

DEUXIÈME PARTIE : APPROCHES NOUVELLES

A. Approches biochimiques

1. Théorie cholinergique

Le rôle prépondérant que joue le système cholinergique dans la mémoire, dans l'apprentissage et en général dans la fonction noétique, a été souligné depuis les années soixante, notamment par Deutsch (1973), Drachman (1977) et bien d'autres. Cependant, on se rend bien compte actuellement, surtout en relation avec le vieillissement cérébral, que le déficit cholinergique, bien qu'important, n'est ni le seul ni le principal déficit au niveau des neurotransmetteurs dans ce domaine (voir les diverses contributions à ce sujet dans Racagni et Mendlewicz, 1992).

2. Théorie protéinique

Pour qu'une mémoire à court terme se consolide et devienne une mémoire à long terme, il faut que le cerveau dispose des capacités normales de nouvelles synthèses de protéines. C'est la théorie qu'a développée Hyden, biochimiste suédois, dans les années 1960-65, à partir d'une certaine analogie existant entre la mémoire noétique d'une part, et la mémoire génétique et immunologique, d'autre part, où le rôle des acides ribonucléiques et des protéines était bien connu (Hyden, 1973). Une des expériences les plus citées est la suivante : il entraîne des rats à apprendre un parcours sur un fil suspendu pour trouver de la nourriture (expérience du «rat funambule» de Hyden). Une fois l'apprentissage acquis, il constate que les acides ribonucléiques du cerveau (les «briques» qui forment les protéines) sont augmentés par rapport aux animaux qui n'avaient rien appris. De plus, les acides ribonucléiques (RNA) néoformés présentent une certaine spécificité chimique. (Rappelons que les RNA sont formés d'une série de bases comme dans la double hélice du code génétique). Les RNA néoformés pendant l'apprentissage ressemblent à ceux qui sont typiques de l'individu concerné. Il y a donc, pendant l'apprentissage, formation de nouveaux acides ribonucléiques, mais qui gardent la spécificité chimique individuelle.

Par contre, si des animaux sont uniquement soumis à des stress, il y a également augmentation des RNA au cerveau mais qui n'ont pas de spécificité chimique.

Hyden a également montré qu'il existe une liaison entre le taux de RNA et l'âge. En effet chez l'homme, dans les nerfs moteurs, le taux de RNA augmente jusqu'à atteindre son maximum vers 50-60 ans pour retomber par après à des taux inférieurs.

L'idée de Hyden est donc la suivante : pour former de nouvelles mémoires, il faut un support chimique et ce support chimique est de nature protéinique. Cette théorie est étayée d'une part par l'expérience du rat funambule et d'autre part par l'évolution qui s'observe avec l'âge (preuve indirecte). La démonstration la plus directe de la théorie protéinique est apportée par des expériences dans lesquelles on a injecté à des animaux des substances qui bloquent la synthèse des protéines, comme certains antibiotiques (puromycine, actinomycine, cycloheximide, streptomycine, etc.), et qui empêchent la formation de nouvelles mémoires stables. Nous relaterons à titre d'exemples deux expériences classiques, celle d'Agranoff sur le poisson rouge et celle de Barondes sur le rat.

Expérience d'Agranoff (1967)

Un poisson apprend, individuellement et dans un aquarium différent de celui dans lequel il vit, que pour éviter un choc électrique il doit chaque fois que la lampe s'allume changer de compartiment. On constate : (A) : La probabilité augmente depuis le 1er groupe de 10 essais jusqu'à la fin d'une journée d'expérience, pour atteindre finalement un niveau significatif de probabilité de réussite. On attend un mois pendant lequel l'animal est replacé dans son aquarium habituel puis on le remet dans l'aquarium expérimental : le poisson se rappelle très bien ce qu'il a appris. (B) : Après l'apprentissage, l'animal reçoit — par voie intra-cérébrale — une injection de puromycine. S'il la reçoit immédiatement après l'apprentissage et qu'on le teste 4 jours après, il a tout oublié. On pourrait conclure que cet effet est la conséquence directe d'une certaine toxicité de la puromycine. Cependant, si on l'injecte une heure après l'apprentissage, l'animal se rappelle parfaitement bien 4 jours après ce qu'il a appris, exactement comme les animaux témoins. La puromycine donc, qui empêche la synthèse des protéines, empêche la consolidation mnésique si elle est donnée juste après l'apprentissage, mais si la consolidation mnésique a déjà eu lieu, elle n'a plus d'effet.

Expérience de Barondes (1970)

Des rats sont soumis à un apprentissage d'évitement et sont traités *avant* l'apprentissage avec l'acétylcycloheximide, agent qui, comme la puromycine, bloque la synthèse des protéines. Les animaux apprennent donc lorsqu'ils sont sous l'action du produit. On constate :
– qu'ils apprennent, quasi normalement, la tâche d'évitement;
– que s'ils sont testés pour la rétention de la tâche apprise, 1 heure et même 3 heures (autre groupe) après l'acquisition, la rétention est de l'ordre de 80 %; les rats ont donc appris et retenu à court terme;
– s'ils sont testés 6 ou 9 heures après l'acquisition, il n'y a plus de rétention.

L'expérience de Barondes montre clairement qu'il y a un type de mémoire, à relativement court terme, qui ne dépend pas de la capacité de néo-synthèse protéinique, et un autre type, à long terme, qui en est totalement dépendante.

B. Approches neurophysiologiques : le concept nootrope

Ce concept est basé sur le rôle particulier du télencéphale dans l'activité nerveuse supérieure (l'activité noétique, cognitive ou mentale). Il s'agit d'une nouvelle classe de psychotropes qui visent directement, sans modulation de la vigilance réticulo-limbique, à faciliter l'efficience des mécanismes fondamentaux de l'activité intégrative du cerveau. De là leur nom, composé de «noos» (esprit) et de «tropein» (qui se dirige vers), qui a été forgé (Giurgea, 1972; 1973) à partir de la pharmacologie insolite du piracetam, seul nootrope possédant l'ensemble des propriétés requises. C'est donc le seul que nous allons étudier, quoiqu'il existe actuellement d'autres produits comme p.ex. l'oxiracetam pour n'en citer qu'un, dont le profil pharmacologique se rapproche, sans toutefois en être identique, de celui du piracetam.

1. Formule chimique

Le piracetam est une molécule relativement simple, qui résulte de la cyclisation du GABA (acide gamma-amino-butyrique) avec perte d'une molécule d'eau. Notons que malgré cette parenté chimique avec le GA-

BA, le produit ne semble modifier ni le taux ni le métabolisme du GABA au cerveau.

2. Pharmacologie « insolite » du piracetam

Pourquoi ce produit est-il original et pourquoi forme-t-il une nouvelle classe? D'une part, parce qu'il présente à des doses de l'ordre du mg/kg, une série d'activités facilitant, dans certaines limites, la mémoire et l'apprentissage, la connectivité inter-hémisphérique ainsi que la résistance à certaines agressions, comme l'hypoxie p.ex.; et d'autre part, parce qu'il est totalement inactif du point de vue des effets psychotropes habituels, même à très fortes doses de l'ordre du g/kg.

a) Absence d'effets psychotropes habituels

Le produit, même aux fortes doses, ne provoque ni sédation, ni stimulation et en général, n'a aucun effet locomoteur. De même, il n'a pas d'effet sur l'EEG dit conventionnel (lecture visuelle) ni chez l'homme ni chez l'animal (niveau cortical et niveaux sous-corticaux); il ne modifie pas non plus l'excitabilité limbique (test des post-décharges hippocampiques). Aucun effet non plus sur le rythme cardiaque, la tension artérielle, la respiration ou le système digestif. Absence aussi de toxicité jusqu'à des doses de plus de 15 g/kg (souris, rat, chien, etc.). En d'autres termes, si on donne ce produit à un laboratoire non avisé, il croit avoir reçu un placebo (çàd une substance inactive) : pas d'effet et pas de toxicité. Et pourtant, comme on le verra plus loin, le produit est bien actif dans certains modèles appropriés.

b) Facilitation de la mémoire et de l'apprentissage

De très nombreux modèles animaux sont disponibles dans lesquels on a pu mettre en évidence l'effet bénéfique du piracetam au niveau de la mémoire et de l'apprentissage (Giurgea, 1972, 1973, 1981, 1992). A titre d'exemples, nous allons décrire seulement deux expériences : l'apprentissage d'un labyrinthe en Y chez le rat (Wolthuis) et un apprentissage d'évitement chez le poisson rouge (Bryant et coll.).

Effet sur l'acquisition : Expérience de Wolthuis (1971)

Le rat est placé à l'entrée d'un Y; au bout de chaque branche se trouve une lampe. L'animal doit apprendre, pour éviter le choc électrique sur les pattes, à choisir la branche éclairée qui s'allume de manière aléatoire. La figure 23 montre, en pointillés, le groupe contrôle, traité au sérum physiologique et en trait continu, le groupe traité au piracetam; en abscisse, le nombre de jours et en ordonnée, le score (pourcentage de réponses correctes). On voit que les 2 ou 3 premiers jours, il n'y a pas de différence entre traités et non traités ; mais après, le groupe traité apprend plus vite et mieux que le groupe contrôle.

Effet sur la rétention : Expérience de Bryant et al. (1973)

Des poissons rouges sont soumis à un apprentissage apparenté à celui vu dans l'expérience d'Agranoff. Pour un groupe, le piracetam est dissout dans l'aquarium d'expérience lors de l'apprentissage. Le groupe contrôle ne reçoit rien dans l'aquarium. Les deux groupes sont soumis ensuite au test de rétention, dans de l'eau qui ne contient pas de piracetam. Bryant a constaté que la rétention est nettement meilleure dans le groupe qui avait appris sous piracetam. Cette expérience prouve de plus qu'il n'y a pas d'apprentissage dissocié (state dependency learning) avec

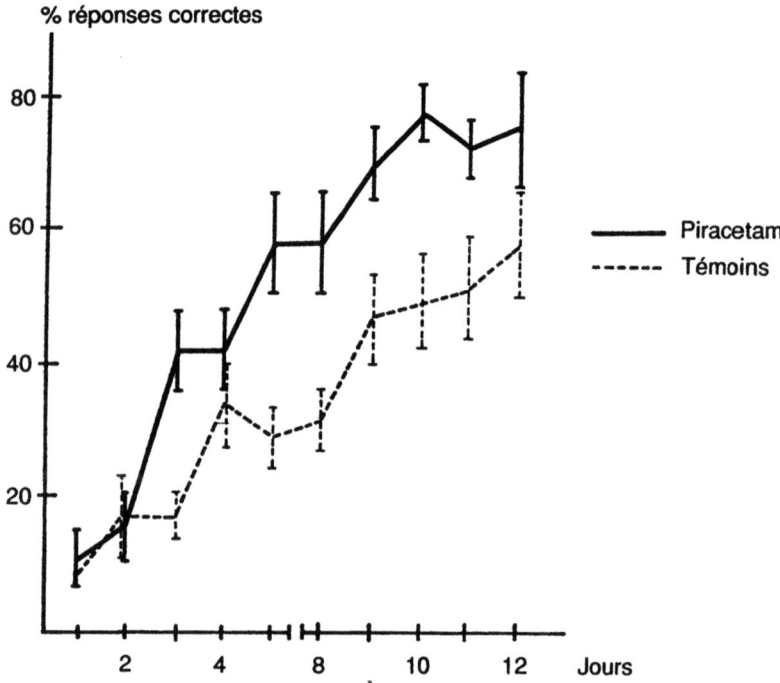

Fig. 23 — *Effet du Piracetam sur l'apprentissage d'un labyrinthe en Y (Wolthuis, 1971). Les rats doivent apprendre à suivre la branche éclairée d'un appareil en Y, afin d'éviter un choc douloureux sur les pattes. On voit que, après un démarrage comparable, les rats traités au Piracetam apprennent plus vite et mieux que les témoins qui ont reçu le placebo.*

le produit, comme c'est le cas pour les «drogues» (voir plus haut). En effet, ce que l'animal a appris sous l'action du piracetam reste acquis même lorsqu'il n'est plus sous l'action du produit.

c) Augmentation de la résistance aux facteurs amnésiants

Dans ce domaine aussi le piracetam protège contre beaucoup de facteurs amnésiants (Giurgea, 1981). Rappelons tout d'abord le modèle sur lequel on va insister à titre d'exemple : l'évitement passif, apprentissage

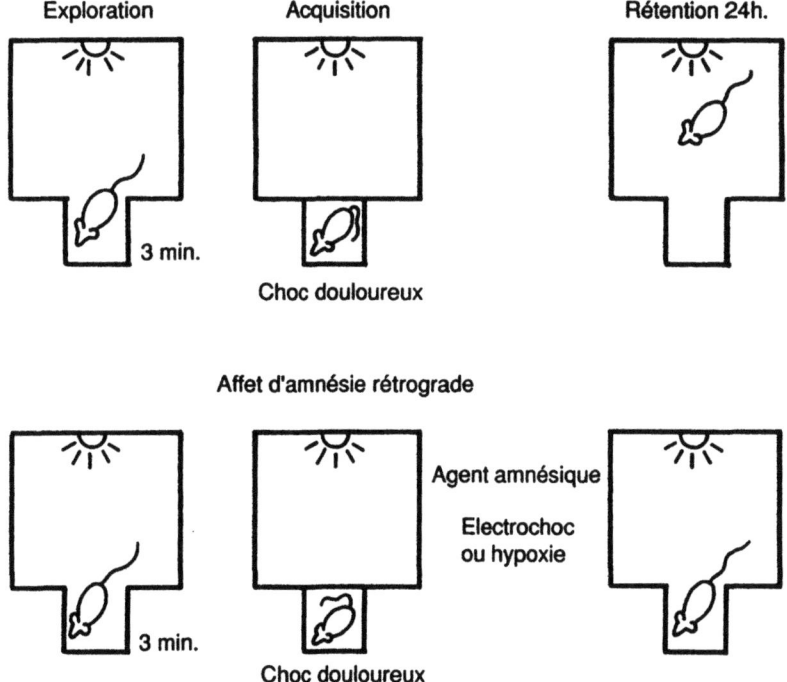

Fig. 24 — *Apprentissage à essai unique (Evitement Passif)*.
Haut : Le rat qui a reçu le choc douloureux évite le petit compartiment le lendemain (et encore quelques jours plus tard).
Bas : Le rat qui, après avoir reçu le choc douloureux, est soumis à l'action d'un agent amnésiant (électrochoc ou hypoxie), n'a plus le souvenir du choc (il oublie) et le lendemain, il entre à nouveau dans le petit compartiment.

à essai unique (fig. 24) qui peut être réalisé sur souris et sur rats, comme dans nos expériences.

Un rat est mis dans une cage à deux compartiments : l'un est grand et éclairé, l'autre est petit et obscur. Par instinct, le rat préfère la partie obscure. Si cependant on ferme la porte et qu'il y reçoit un choc électrique sur les pattes, le lendemain, l'animal, introduit dans le compartiment éclairé, se rappelle le choc — qui est probablement plus agressif que la lumière — et reste dans le compartiment éclairé. La mesure de la bonne rétention est soit la latence moyenne d'entrée dans le petit compartiment (plus la latence est grande, meilleure est la rétention), soit le temps total passé dans le grand compartiment (plus ce temps est grand, meilleure est la rétention), soit enfin le nombre ou le pourcentage de rats qui évitent le petit compartiment. Quel que soit le critère utilisé, les rats normaux,

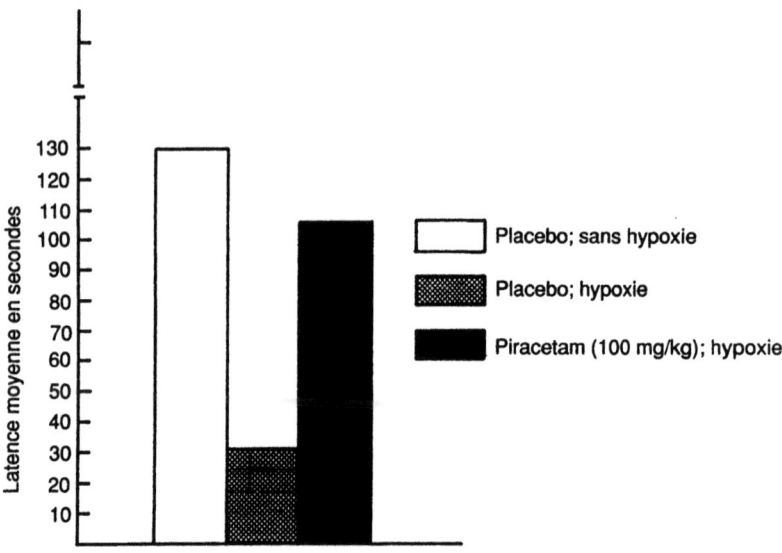

Fig. 25 — *Apprentissage à essai unique et hypoxie; effet du Piracetam.*
En ordonnée : latence moyenne (en secondes) pour entrer dans le petit compartiment, le lendemain du choc. Plus la latence est grande, meilleure est la rétention de l'expérience douloureuse. On voit que : A. La rétention est bonne chez les rats non-hypoxiés; B. elle est faible chez les hypoxiés (ils ont tout oublié) et C. elle est bonne chez les rats hypoxiés traités au Piracetam. Ils ont donc bien mémorisé malgré l'hypoxie.

jeunes-adultes, montrent une très bonne rétention 24 h après l'acquisition. Si par contre (fig. 24 également), les rats sont soumis tout de suite après l'acquisition à l'action d'un agent amnésiant (électrochoc convulsivant ou séance d'hypoxie), on constate que le lendemain ils se comportent comme s'ils n'avaient pas reçu le choc douloureux : l'agent amnésiant a empêché la consolidation de cette acquisition en essai unique ou du moins a empêché une évocation normale de cette mémoire.

Dans ces conditions, les rats traités pendant l'acquisition, ou même juste avant le test de rétention avec un produit actif comme le piracetam, montrent une bonne rétention, ils se comportent comme s'ils n'avaient pas été soumis à l'action de l'agent amnésiant. La figure 25 illustre l'effet du piracetam donné pendant l'acquisition, envers l'amnésie provoquée par l'hypoxie appliquée tout de suite après l'acquisition.

Au test de rétention, sur cette figure, on voit l'amnésie chez les rats contrôles (hypoxie-placebo) : ils entrent dans le petit compartiment avec une très petite latence, comme s'ils n'y avaient pas reçu, la veille, le choc douloureux. Par contre, les rats traités au piracetam et soumis à l'hypoxie se comportent comme si, après acquisition, ils n'avaient pas été hypoxiés. Des résultats similaires ont été obtenus envers les effets amnésiants de l'électrochoc convulsivant, dans ce modèle et dans d'autres (Giurgea, 1972).

Rousseau-Lefèvre (1977) a utilisé le même modèle chez des animaux «appauvris» socio-sensoriellement. La figure 26 montre le schéma général de cette expérience.

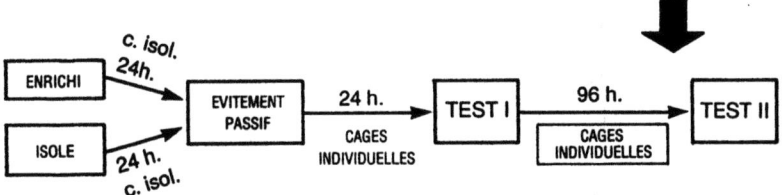

Fig. 26 — *Schéma de l'expérience de Rousseau-Lefèvre (1977). Après élevage dans un milieu «enrichi» ou «appauvri» (isolé), les rats sont placés pendant 24 heures dans des cages d'isolement, sont tous soumis à l'apprentissage (évitement passif) puis sont testés, pour déterminer la rétention, 24 heures puis 96 heures après l'apprentissage.*

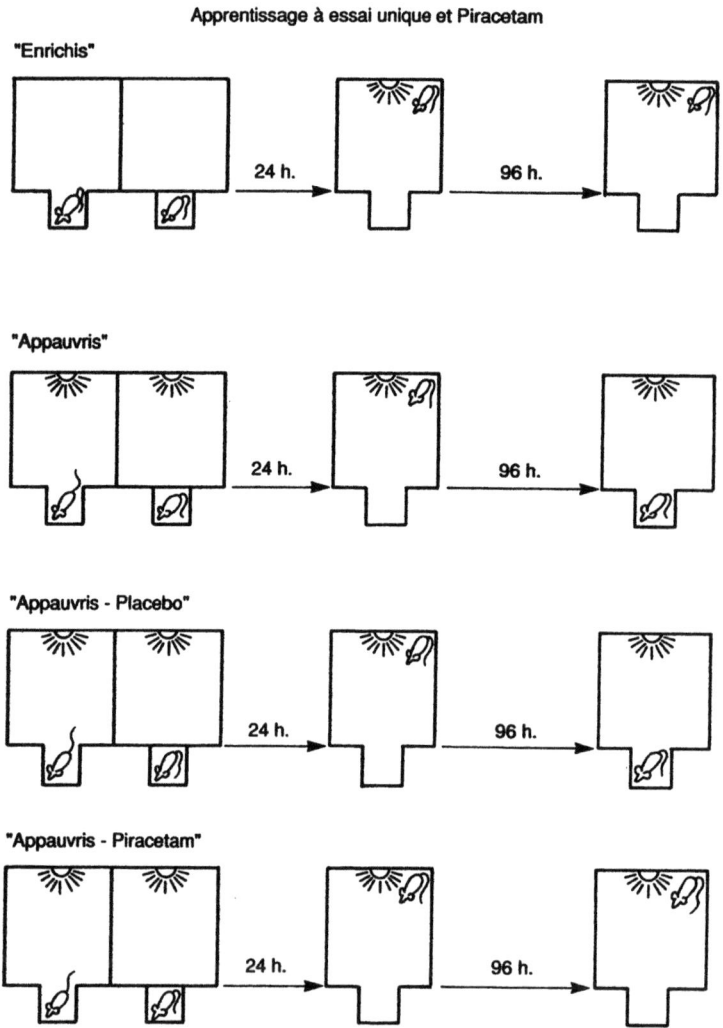

Fig. 27 — *Influence du milieu environnant et du Piracetam sur la performance d'évitement passif* (Rousseau-Lefèvre, 1977).
De haut en bas :
– rats «enrichis» : bonne performance, même 96h après l'apprentissage : les rats évitent le petit compartiment.
– rats «appauvris» : bonne performance 24 h après l'apprentissage mais mauvaise rétention après 96 h.
– rats «appauvris» traités au placebo : comme les précédents.
– rats «appauvris» traités au Piracetam : la bonne rétention persiste même au test fait 96 heures après l'apprentissage.

Les animaux sont placés dans le milieu respectif (enrichi ou appauvri) 4 à 6 semaines avant l'expérience. Ensuite, on les met tous dans des cages individuelles 24 heures avant l'acquisition. On les teste pour rétention 24 h après et encore une fois 3 jours plus tard (96 h après l'acquisition). Entre chaque étape (acquisition, rétention test 1 et test 2), chaque rat est maintenu en cage individuelle, dans les conditions générales habituelles. Le produit à tester peut être administré à différents moments de l'expérience. Après avoir constaté que les nouvelles mémoires formées chez les « appauvris » ne sont pas assez stables, la variante illustrée par une flèche dans la figure 26 est celle dans laquelle le piracetam a été

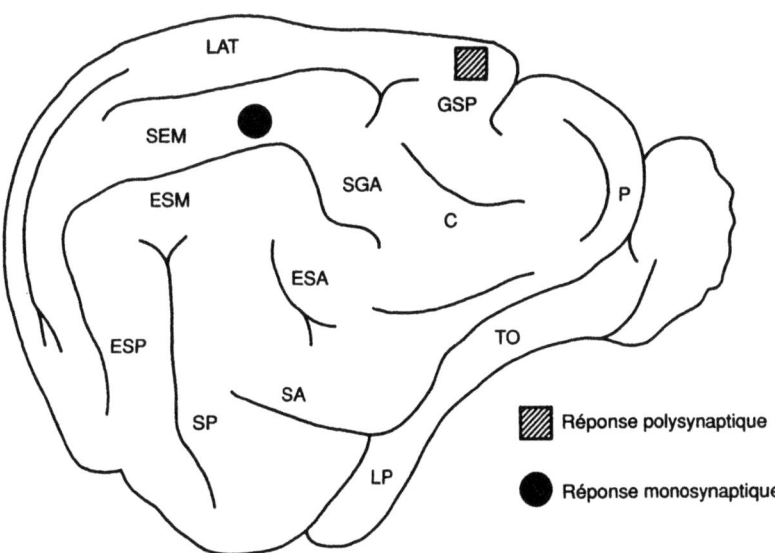

Fig. 28 — *Schéma de l'emplacement des électrodes pour l'étude du potentiel évoqué polysynaptique et mono-synaptique* (Giurgea, 1981 et 1985).
Réponse polysynaptique (gyrus sigmoidens postérieur)
Réponse mono-synaptique (transcalleuse); gyrus suprasylvien médian.

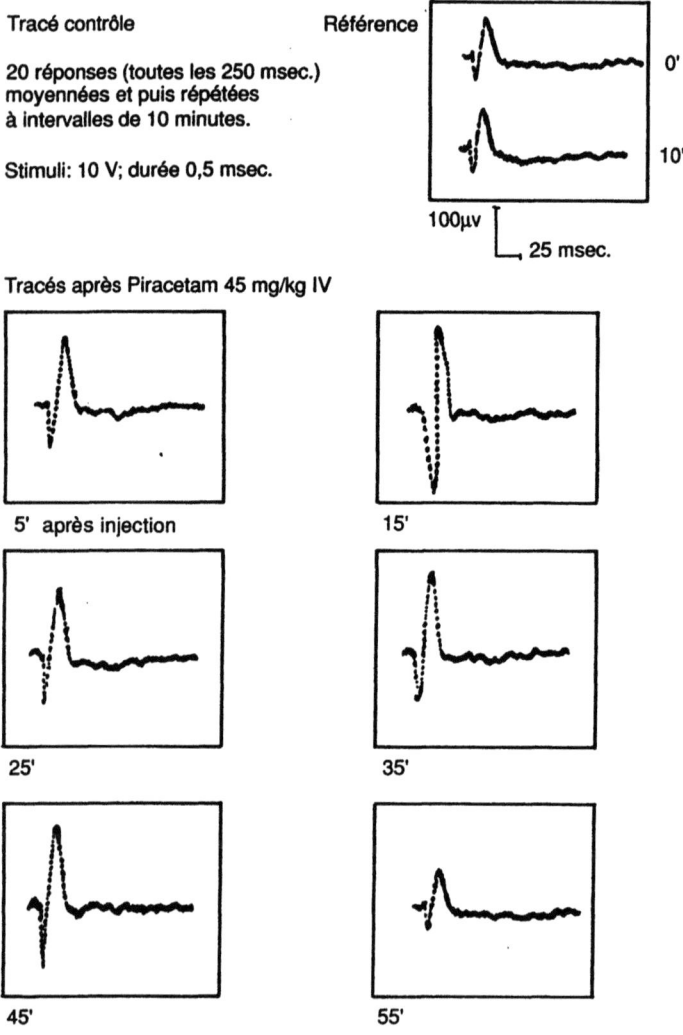

Fig. 29 — *Effet du Piracetam sur la réponse transcalleuse.*
On voit sur le tracé contrôle qu'il y a une constance de la réponse, 10 minutes après la première stimulation du gyrus suprasylvien médian. Par contre, le Piracetam injecté i.v. à la dose de 45 mg/kg augmente cette réponse, déjà 5 minutes après l'injection et elle ne redevient normale que 50 minutes après l'injection.

donné uniquement avant le test 2 de rétention. La figure 27 résume les expériences de Rousseau-Lefèvre.

On y voit, de haut en bas :

- 1re ligne – les «enrichis» : exploration, acquisition; 24 h après, bonne rétention; 3 jours après : idem.

- 2e ligne – les «appauvris» : exploration, acquisition; bonne rétention 24 h après mais pas 3 jours après. Les nouvelles mémoires ne sont pas aussi stables.

  Aucun groupe n'est injecté.

Les 3e et 4e lignes se réfèrent aux animaux «appauvris» mais traités différentiellement; ceux de la 3e ligne sont injectés au placebo (saline) alors que ceux de la 4e ligne sont injectés au piracetam. On voit que les animaux «appauvris»-placebo ont une mauvaise rétention au test 2, alors que les «appauvris»-piracetam montrent une bonne rétention car ils évitent le petit compartiment comme les «enrichis».

d) Facilitation sélective de la connectivité interhémisphérique

De cet important chapitre concernant les nootropes nous verrons ici seulement trois aspects.

1) Expériences électrophysiologiques

Giurgea et Moyersoons (1972) ont étudié le potentiel transcalleux chez le chat curarisé. La stimulation électrique du gyrus suprasylvien médian, par ailleurs zone associative (fig. 28), provoque sur la zone homotopique, contralatérale du cortex cérébral, un potentiel évoqué.

Cette réponse (fig. 29) est dite transcalleuse parce qu'elle n'apparaît pas chez l'animal auquel on a sectionné le corps calleux. Pour contrôle, on a aussi étudié un potentiel polysynaptique habituel, celui enregistré sur une zone sensori-motrice corticale (gyrus sigmoidens) lors de la stimulation du nerf sciatique contralatéral.

Ces potentiels restent normalement assez stables pendant 3-4 heures. Cependant, si on injecte le piracetam (d'habitude par voie intra-veineuse), on constate que :

- Le potentiel transcalleux augmente d'une manière très importante mais en gardant le même profil. Ni la latence, ni la forme du potentiel ne changent. L'information transmise d'un hémisphère à l'autre est donc plus ample mais elle n'est pas changée (fig. 29).

– Le potentiel polysynaptique reste absolument inchangé malgré l'injection du piracetam.

L'ensemble de ces données électrophysiologiques a été ultérieurement confirmé à Tbilissi (URSS) par Mosidze et Jokhadze (1982 et 1983) (dans Giurgea, 1985).

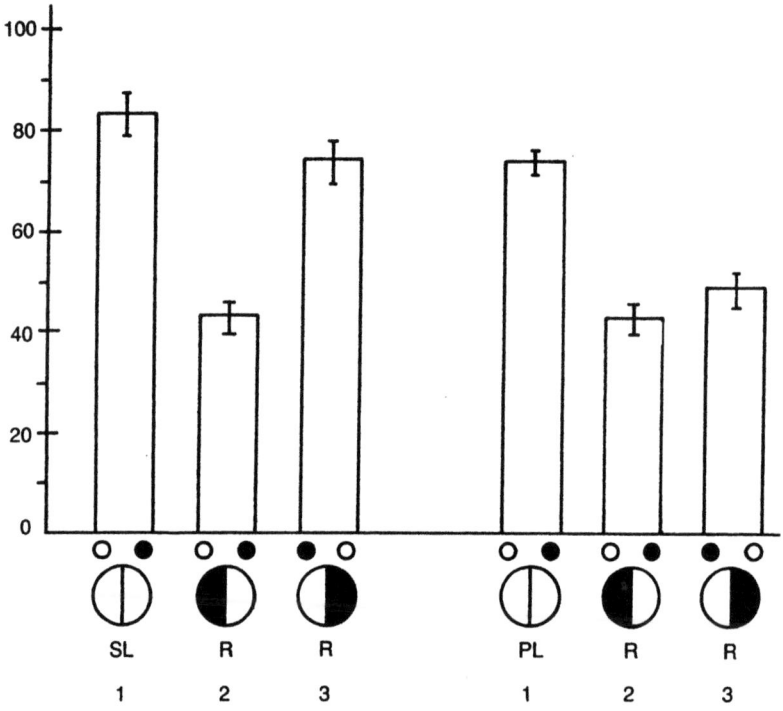

Fig. 30 — *Apprentissage monoculaire et effet du Piracetam.*
En ordonnée : nombre d'essais pour arriver au critère (9 réponses correctes sur 10).
Gauche : SL1 = apprentissage sous placebo (S = saline); R2 = rétention sous placebo et en utilisant l'engramme primaire; R3 = rétention sous placebo et en utilisant l'engramme secondaire.
Droite : PL1 = apprentissage sous Piracetam; R2 = rétention (après avoir appris sous Piracetam) en utilisant l'engramme primaire; R3 = rétention en utilisant l'engramme secondaire.

2) Corrélations électro-comportementales

Les données électrophysiologiques vues plus haut ont été confirmées par Buresova et Bures (1973 et 1976) sur un modèle comportemental (fig. 30).

Des rats sont soumis à l'apprentissage d'évitement avec signal avertisseur visuel mais avec un œil occulté par un cache. C'est donc un apprentissage «monoculaire» pendant lequel l'information (le stimulus conditionné) arrive primairement dans l'hémisphère opposé à l'œil non-occulté (NB. Les voies optiques chez le rat sont entièrement croisées). On sait que pendant qu'un hémisphère apprend et que s'y forme donc un engramme (trace mnésique) qu'on va appeler «primaire», l'autre hémisphère reçoit néanmoins aussi des informations, par le corps calleux. Ainsi, dans l'hémisphère ipsilatéral à l'œil qui regarde, se forme également un engramme, qu'on va appeler «secondaire».

On sait — Buresova et Bures l'ont démontré — que l'engramme secondaire, celui qui dépend de l'intégrité fonctionnelle du corps calleux, est plus faible que l'engramme primaire. Cette estimation se base sur le test de rétention. Regardons en effet sur la figure 30 (gauche) le groupe qui apprend sous placebo (1/SL=saline-learning). On constate que pour arriver au critère (9 réponses correctes sur 10), les rats apprennent en moyenne après plus ou moins 70 essais. Au test de rétention (R) le groupe est divisé en deux. Le premier (R-2) travaille exclusivement avec l'engramme primaire : c'est toujours l'œil droit qui est caché et de plus, l'hémisphère gauche est temporairement mis hors de fonction, il est en «dépression envahissante» par application locale de KCl. Le deuxième groupe (R-3), travaille pendant le test de rétention uniquement avec l'engramme secondaire : c'est l'œil gauche qui est caché et l'hémisphère droit en dépression envahissante. On constate que le groupe qui travaille avec l'engramme primaire disponible montre une excellente rétention : il lui faut seulement quelque 20 essais pour atteindre le critère. Par contre, l'autre groupe, qui ne dispose que de l'engramme secondaire, montre une très faible rétention : il lui faut pratiquement tout réapprendre (environ 60 essais) pour atteindre le critère.

L'engramme primaire est donc nettement plus fort que le secondaire. Celui-ci peut cependant être activé par le piracetam qui n'est donné que pendant l'apprentissage. En effet, sur la même figure 30 (droite) on voit que :

– le groupe qui apprend la tâche sous piracetam (PL-1), l'apprend un peu plus vite que sous placebo (environ 50 essais suffisent pour atteindre le critère);

- l'engramme primaire (P-R-2) est pratiquement aussi bon que sous placebo;
- l'engramme secondaire (P-R-3) par contre est manifestement plus important que chez les rats qui ont appris sous placebo; il est égal à l'engramme primaire (20-30 essais suffisent pour atteindre le critère).

L'expérience de Buresova et Bures montre clairement que pendant l'apprentissage monoculaire, sous piracetam, les informations transmises par le corps calleux à l'hémisphère correspondant à l'œil caché, ont été plus efficientes, mieux retenues. Le piracetam, dans ce modèle comportemental, a donc activé la fonction calleuse, a facilité la connectivité interhémisphérique, tout comme dans le modèle électrophysiologique (potentiel évoqué transcalleux) vu plus haut.

Ce double effet — électrophysiologique et comportemental — du piracetam, pourrait ne pas être direct et spécifique sur la transmission callosale mais simplement l'expression d'une facilitation sélective des engrammes faibles. Toujours est-il que, quel que soit le mécanisme précis, le piracetam améliore l'efficience de la connectivité interhémisphérique. C'est une des propriétés différentielles des nootropes, car un stimulant, comme l'amphétamine p.ex., qui accélère — aux doses utiles — l'acquisition dans le modèle monoculaire, n'améliore pas la connectivité interhémisphérique, ne change pas la force relative des deux engrammes (Buresova et Bures, ibid).

3) Corrélations pharmaco-cliniques

Dimond (1975) et ses collaborateurs ont étudié le piracetam en administration répétitive sur de jeunes volontaires. Ils ont constaté :
- que la mémoire verbale (rétention des mots) est significativement améliorée par le produit;
- que lors d'un test d'écoute «dichotique» (projection simultanée par un casque, de 10 mots différents dans l'oreille gauche et dans l'oreille droite), les sujets sous piracetam se souviennent mieux des mots entrés par l'oreille gauche que sous placebo.

A ce sujet, rappelons que des sujets normaux et droitiers, soumis au test de l'écoute dichotique, se souviennent en général mieux de ce qu'ils ont entendu avec l'oreille droite. L'explication serait que l'oreille droite transmet l'information aux zones auditives de l'hémisphère gauche, donc plus près — chez les droitiers — des centres du langage. L'oreille gauche par contre, transmet l'information aux zones auditives droites, et de là, pour être interprétée en termes de langage, elle doit atteindre l'hémisphère gauche par un chemin plus long, essentiellement transcalleux. Il y a donc un certain retard et un plus grand danger que des interférences rétroactives s'opposent à l'arrivée normale au centre du langage de ces informations.

C'est ainsi qu'on interprète actuellement le fait bien habituel, nous le répétons, que chez le droitier, lors d'une écoute dichotique, l'oreille droite est «dominante». Le fait que, dans ces conditions, le piracetam augmente le score de l'oreille gauche, pourrait exprimer une facilitation de la connectivité interhémisphérique ou bien, comme on l'a dit, une amélioration sélective des engrammes respectifs qui sont plus faibles.

e) Activité «antihypoxidotique» et «catatoxique»

De nombreux exemples ont montré l'effet général du piracetam en tant qu'agent protecteur des fonctions cérébrales envers diverses agressions : hypoxie et intoxications (Giurgea, 1981). Le terme «antihypoxidotique» est surtout employé par Saletu; celui de «catatoxique»; veut dire que le piracetam réduit la mortalité et les dégâts cérébraux (altérations de l'EEG) lors de l'intoxication aiguë des lapins avec des barbituriques (sécobarbital et allobarbital), des neuroleptiques (chlorpromazine et halopéridol) et autres.

f) Mode d'action

Le mode d'action exact du piracetam est encore à l'étude. On sait cependant que le produit augmente l'efficience du métabolisme énergétique cérébral et facilite la néo-synthèse des protéines (voir la revue de la question dans Giurgea, 1972; 1981).

De plus, on sait que le piracetam n'a pas une action directe sur les récepteurs neuronaux, il n'est ni cholinergique ni anticholinergique, ni sérotoninergique, ni anti-sérotoninergique, etc. Et cependant le produit module l'activité de plusieurs récepteurs lorsqu'ils sont déficitaires comme p.ex. chez les animaux âgés ou surchargés chroniquement en alcool (voir p.ex. dans Müller, 1992 et dans Paula-Barbosa *et al.*, 1991). Comment une telle action régulatrice non spécifique sur les divers récepteurs est-elle possible? Il est très probable que la réponse soit celle fournie par Racagni et ses collaborateurs qui ont montré les premiers que le piracetam module les systèmes des «messagers secondaires» qui, eux, règlent la transmission synaptique de plusieurs neurotransmetteurs et ne sont pas spécifiques d'un seul système (Racagni *et al.*, 1986).

Du point de vue plus spécifique de la psychopharmacologie gériatrique que nous aborderons dans le chapitre suivant, il est utile, nous semble-t-il, de rappeler ici l'expérience particulière que nous avons réalisée sur ce qu'on appelle les «rats MAM» (Giurgea *et al.*, 1982). Cette expérience s'inscrit directement dans la perspective évoquée à ce sujet par Lehmann (1975) :

> « La tâche pour l'avenir, si on vise à prévenir ou à corriger les déficits psychologiques considérés aujourd'hui comme des traits « normaux » de la sénescence, semble être de trouver des substances et/ou des procédés capables de prévenir l'athérosclérose, de réduire la tendance à des troubles dépressifs, d'inhiber la formation des plaques séniles et des nœuds neuro-fibrillaires dans le cerveau et d'activer, à leur potentiel maximal, les neurones intacts » (Lehmann, 1975, p. 23).

Les expériences que nous avons effectuées sur les rats « MAM » s'inscrivent dans cette dernière tâche recommandée par Lehmann, à savoir activer les neurones encore intacts. Voyons en résumé de quoi il s'agit.

Les rats appelés « MAM » sont des rats « microcéphales » (c'est-à-dire qui ont un cerveau très réduit), obtenus en injectant une seule fois la femelle gravide (vers la fin de la deuxième semaine de gestation) avec 25 mg/kg d'un produit nommé methylazoxymethanol (en abrégé « MAM »). Soumis au test d'apprentissage à essai unique, les rats MAM traités au placebo (sérum physiologique) montrent une très mauvaise rétention. Alors que le Piracetam (administré à 100mg/kg par jour, pendant 10 jours avant l'apprentissage) n'a aucun effet chez les rats normaux, il ramène les rats MAM à une performance d'apprentissage tout à fait normale dans ce test. Or, évidemment, les rats MAM restent microcéphales comme ceux traités au placebo. Cela implique donc que le piracetam augmente l'efficience du cerveau réduit des rats MAM, en activant les neurones existants (peut-être aussi les cellules gliales) de manière à permettre un apprentissage normal, malgré la microcéphalie.

g) Terminologie et classification

Rappelons tout d'abord les grandes caractéristiques pharmacologiques du piracetam, prototype des nootropes :

– Facilitation de la mémoire et de l'apprentissage, de la connectivité interhémisphérique et augmentation de la résistance du matériel appris aux agents amnésiants ;

– Activité anti-hypoxidotique et catatoxique ;

– Absence, jusqu'à de très fortes doses, de tout effet psychotrope habituel (sédation, stimulation, modulations neurovégétatives, toxicité, etc.).

L'inactivité psychotrope habituelle du piracetam par rapport à son activité très importante dans le domaine mental justifie le besoin de le classer dans une catégorie différente de celles étudiées auparavant. En effet, si le produit n'est pas sédatif, à aucune dose, il n'est pas psycholeptique : il n'est ni hypnotique, ni neuroleptique (d'ailleurs il ne provoque pas de catalepsie), ni tranquillisant. S'il ne provoque aucune stimulation, ce n'est pas un psychoanaleptique habituel. S'il ne provoque aucun signe d'hallucination, animale ou humaine, il n'est pas psychodysleptique. Alors qu'est-il ?

C'est un produit qui, quels que soient les mécanismes d'action, agit d'une manière sélective sur les fonctions mentales, c'est-à-dire essentiellement au niveau des mécanismes qui assurent les activités dites intégratives du télencéphale. Il n'agit pas sur la formation réticulée, sinon il serait sédatif ou stimulant ; il n'agit pas sur le système limbique, sinon il aurait modifié les paramètres électrophysiologiques étudiés. Il ne peut donc agir préférentiellement que sur le télencéphale, facilitant l'efficience de l'activité nerveuse supérieure, de l'activité intégrative du cerveau ainsi que l'efficience de la connectivité interhémisphérique.

C'est à la lumière de cette pharmacologie originale que le terme «nootrope» a été proposé (Giurgea, 1972) pour souligner que, à l'encontre des autres psychotropes qui influencent indirectement l'activité cognitive, noétique, un nootrope le fait directement et sélectivement.

Etymologiquement, comme on l'a dit, le terme nootrope vient de deux mots grecs : «noos» (esprit) et «tropein» (qui va vers), donc il s'agit d'une substance qui influence directement l'esprit, les facultés mentales. D'autres produits que le piracetam sont actuellement considérés par certains auteurs comme nootropes, comme p.ex. l'oxiracetam, le pramiracetam ou l'aniracetam (dérivés chimiquement apparentés au piracetam), le pyritinol, la centrophénoxine, les extraits de Gingko biloba, etc., mais il n'y a pas encore de consensus à ce sujet (voir pour la revue générale, dans la monographie de Benesova *et al.*, 1991).

*
* *

Maintenant, après avoir évoqué quelques notions de base de la psychopharmacologie en général et du vieillissement cérébral, nous allons aborder, dans leurs lignes générales, quelques aspects de la psychopharmacologie gériatrique, dans la mesure où ces médicaments peuvent contribuer à promouvoir un vieillissement cérébral réussi.

NOTES

[1] Le lecteur intéressé trouvera plus de détails à ce sujet dans Giurgea (1985) : «Bases Théoriques et Expérimentales de la Psychopharmacologie» et Giurgea (1981) : «Fundamentals to a Pharmacology of the Mind».

[2] A.R. Luria, psychologue et neurophysiologiste géorgien, a été nommé, il y a plus de 10 ans, Docteur Honoris Causae de l'Université de Louvain (UCL).

[3] Le terme «homéostasie» a été utilisé par le grand physiologiste français Claude Bernard pour désigner l'ensemble des mécanismes physiologiques qui tendent à garder la constance de notre milieu intérieur et des diverses fonctions de l'organisme, malgré les variations du milieu environnant et les maladies.

[4] Le grand faisceau de fibres nerveuses, principale commissure qui relie les deux hémisphères cérébraux.

Chapitre 6
Éléments et problèmes de psychopharmacologie gériatrique

Le choix et l'usage des médicaments psychotropes chez les sujets âgés posent quelques problèmes spécifiques. Avant tout nous devons cependant encore insister, comme nous l'avons fait tout au long de cet ouvrage, sur le fait que les seniors ne représentent pas une population homogène, que l'âge ne suffit donc pas pour «classer» un être humain. Néanmoins, cette réserve étant faite, il faut admettre que, dans l'usage des psychotropes, certains aspects sont particuliers à la majorité des seniors et qu'il faut en tenir compte si on veut obtenir un résultat aussi favorable que possible. Or, il nous semble que le lecteur a déjà assez d'éléments pour qu'il soit convaincu qu'il est d'habitude possible d'améliorer les fonctions mentales et/ou de les maintenir longtemps à un bon niveau afin de favoriser un vieillissement cérébral réussi chez un nombre de plus en plus important de personnes âgées.

Nous n'allons pas aborder dans cet ouvrage le problème des démences séniles, bien que dans ce domaine également la recherche pharmacologique soit en plein développement et que des progrès soient attendus dans un avenir pas trop éloigné (voir dans Ban, 1980; Wheatley, 1982; Bes et al., 1986; Racagni et Mendlewicz, 1992). Le moment est venu aussi, avant d'entamer le chapitre psychopharmacologique, de rappeler le sens exact de deux mots fréquemment rencontrés, à savoir *gérontologie* et *gériatrie*.

Gérontologie est un terme créé par le grand biologiste et médecin russe, Elie Metchnikoff, qui désigne l'étude scientifique du processus de vieillissement (cf. Ban, 1980).

Gériatrie est le terme proposé par le médecin américain Ignaz Nascher et il désigne une spécialité médicale qui s'occupe de l'étude, de la prévention et du traitement de toutes les conditions pathologiques des personnes âgées. On réserve le terme de «géropsychiatrie», pour tout ce qui est en relation avec les troubles mentaux (cognitifs) chez les seniors.

I. ASPECTS PHARMACOCINÉTIQUES EN GÉRIATRIE

Le terme «pharmacocinétique» veut dire la succession des modifications qu'un médicament subit dans l'organisme, depuis sa prise jusqu'à son élimination.

De ce point de vue, il est utile de mentionner qu'il y a un consensus assez général sur le fait que, dans la plupart des cas, les personnes âgées sont plus sensibles que les jeunes aux médicaments, et qu'elles développent plus d'effets secondaires, c'est-à-dire sans conséquences bénéfiques, thérapeutiques, effets plutôt désagréables, voire même dangereux.

A titre d'exemple, Learoyd (1972) rapporte une enquête faite sur 236 admissions dans une unité psychogériatrique. Il constate qu'à peu près 20 % des patients ont dû être hospitalisés suite aux effets secondaires des psychotropes. Dans cette étude, l'état de beaucoup de patients s'est amélioré lorsqu'on a réduit ou arrêté la médication. Il est probable que cette incidence importante soit due en bonne partie au fait que les personnes âgées souffrent souvent de plusieurs maladies à la fois et prennent plus de médicaments que les plus jeunes.

Chez les patients âgés, on rencontre aussi fréquemment des problèmes de pharmacocinétique, mais même de ce point de vue, tout n'est pas nécessairement perturbé par l'âge.

a) *L'absorption* des médicaments, par exemple, ne semble pas être influencée par l'âge. Une réserve cependant est due au fait que pour des raisons de compliance (c'est-à-dire le fait de respecter les instructions, de prendre régulièrement les médicaments et de la manière dont ils ont été prescrits), on essaie de simplifier la situation et de faire prendre un antidépresseur p.ex., une seule fois par jour, au coucher. Ceci fait que la concentration du médicament est d'emblée plus grande que si on prenait la même dose mais divisée en quelques prises sur la journée. Quelques effets secondaires peuvent donc apparaître pendant la nuit.

b) *La distribution* des médicaments dans l'organisme peut être plus influencée par l'âge. En effet les sujets âgés, surtout ceux qui sont très âgés, ont tendance à maigrir, ce qui fait que, chez eux, pour la même dose, il y a une concentration plus grande du même médicament dans le sang et dans les tissus. De même, comme avec l'âge on perd beaucoup d'eau, alors que le contenu en graisses des organes augmente, les médicaments vont se répartir autrement que chez les jeunes. Ainsi p.ex. pour les produits liposolubles (c'est-à-dire solubles dans la graisse), comme le sont la plupart des psychotropes, les concentrations dans le sang seront plus faibles chez les seniors que chez les jeunes, mais plus fortes dans les tissus graisseux. Par contre, pour les produits solubles dans l'eau, comme le volume général d'eau est réduit, il y aura une plus grande concentration dans le sang.

D'autres différences dans la distribution des médicaments chez les personnes âgées sont liées aux propriétés différentes de leurs protéines, mais ce point est trop technique pour être discuté ici.

c) *L'élimination* des médicaments est souvent également influencée par l'âge, car p.ex. la fonction rénale peut être ralentie, ainsi que l'efficience hépatique. Or, les médicaments sont éliminés par l'urine et/ou par les fèces, après avoir subi des transformations («métabolisation») au niveau du foie. Ainsi, la plupart des psychotropes, comme par ailleurs bien d'autres médicaments, restent plus longtemps dans l'organisme âgé et il faut tenir compte de cet élément dans leur prescription.

II. LE PROBLÈME DE LA «COMPLIANCE» EN GÉRIATRIE

Plusieurs enquêtes ont montré qu'à peu près la moitié des seniors prennent correctement leurs médicaments, c'est-à-dire qu'ils suivent les instructions de leur médecin. On appelle cela une bonne «compliance», terme anglais, mais qui est entré dans le vocabulaire médical courant, même en français.

Pour prendre un exemple, une étude (Kiernan et Isaacs, 1981) a été faite sur 50 seniors, résidant chez eux, dans la même ville. Dans cette étude, 65% des patients prennent correctement leurs médicaments mais 30% prennent moins que les doses recommandées, alors que 5% prennent des doses excessives. D'autres études sont disponibles (voir dans Crome, 1982). Il faut donc que le médecin et l'entourage du patient âgé soient très attentifs à ce qu'il prenne convenablement ses médicaments. La non-compliance n'est d'habitude pas l'expression d'une mauvaise volonté de la part de la personne âgée. Très souvent c'est simplement un oubli, lié à la plus grande distractibilité et aussi au fait que, proportionnellement, les personnes âgées doivent prendre quotidiennement plus de médicaments que les plus jeunes.

D'autres facteurs pourraient jouer un rôle dans la compliance, comme p.ex. le niveau d'éducation ou le fait de vivre avec d'autres personnes qui peuvent rappeler de prendre les médicaments, plutôt que d'être tout à fait seul. Enfin, mais ceci est loin d'être unanimement accepté, dans l'étude de Kiernan et Isaacs (1981) les auteurs ont trouvé que la compliance serait plus grande chez les personnes âgées pour les médicaments qu'ils doivent payer!

Il est clair que la «non-compliance» n'est pas un fait inéluctable. Les bons rapports entre médecin traitant et patient peuvent améliorer la prise correcte des médicaments et il y a aussi différents aide-mémoire (calendriers, petites notes, placement visible des médicaments, etc.).

III. AUTRES ASPECTS ORGANIQUES D'IMPORTANCE PSYCHOGÉRIATRIQUE ET PSYCHOGÉROPHARMACOLOGIQUE

A. La surdité

Gilhome-Herbst (1982) est partie de l'observation que la surdité acquise, même chez les personnes encore à l'âge d'un emploi habituel, favorise l'anxiété et la dépression. En effet l'auteur et son groupe (Thomas, A.J. et Gilhome-Herbst, 1980) avaient déjà décrit que devenir sourd provoque un sentiment de tristesse, de solitude et même un état dépressif. La proportion de ceux qui souffrent d'anxiété et de dépression parmi la population encore au travail, mais qui souffrent d'un degré significatif de surdité, est 4 à 5 fois plus importante que chez ceux qui gardent une audition normale. L'hypothèse était donc que la surdité acquise devrait, chez les personnes âgées, avoir une influence encore plus dévastatrice sur l'humeur. D'autres études (p.ex. Kay *et al.*, 1964) avaient déjà mentionné l'existence d'une certaine corrélation entre la surdité acquise et la précipitation d'un état du type démentiel, en réduisant les contacts du patient avec le monde extérieur.

Dans l'étude que nous mentionnons ici, Gilhome-Herbst a étudié avec une méthodologie adéquate, une population de 253 sujets âgés de plus de 70 ans. En ce qui concerne l'incidence de la surdité, l'auteur conclut que le degré de surdité augmente avec l'âge, mais qu'un simple interview n'est pas suffisant pour poser un diagnostic correct. Il faut pour cela pratiquer des examens audiométriques. L'incidence de la dépression parmi les sujets examinés était très grande et significativement corrélée avec le niveau de surdité. L'auteur propose donc de conclure qu'avec l'âge il y a un sérieux risque de développer une certaine surdité, difficile à détecter sans l'audiométrie, et que cela augmente le risque de dépression parmi cette population. Améliorer l'audition avec un appareil adéquat, combiné avec une aide psychologique afin de faire accepter la prothèse, réduit très significativement le niveau et l'incidence de la dépression chez ces patients.

B. L'anxiété

a) Il est un fait que la personne âgée a beaucoup de raisons d'être anxieuse. Le senior doit faire face à beaucoup de situations non-sécurisantes, de nature sociale, financière et existentielle. Il vit un processus continu de dépossession, majeure ou mineure, comme p.ex. la perte des êtres chers, des rôles sociaux, des capacités physiques et psychiques, etc. Tout ceci entraîne une affliction, sinon permanente du moins très fréquente. L'affliction en soi n'est pas de l'anxiété, mais il y a toujours la crainte d'une autre détresse à venir. Néanmoins — et c'est tout à l'honneur du senior — l'anxiété, dans une population gériatrique, voire même géropsychiatrique, est une plainte moins fréquente que chez les adolescents. Il est très probable qu'avec l'âge, il y a beaucoup de regrets et de déceptions qui arrivent, mais il y a probablement aussi un niveau plus élevé d'acceptation et une tendance à se contenter de peu (cf. Comfort, 1982).

Avec l'âge il y a quand même des raisons valables d'être anxieux, ce qui pousse trop souvent le senior à abuser des tranquillisants. Or nous avons vu, entre autres, le danger de la plupart des tranquillisants de provoquer des troubles de la mémoire. Ceci augmente l'anxiété du senior qui se dit : «Ca y est, je deviens gaga, qu'est-ce que je vais devenir, etc.» Notons que ceci est plutôt bon signe, car celui qui est dément ne s'en rend pas compte et n'a plus d'auto-critique.

Il est bon de se rappeler à ce sujet (Comfort, 1982 ibid.) que Jefferson a rejeté l'idée d'une présidence à vie pour les Etats-Unis, quand il s'est rendu compte qu'il lui était devenu plus difficile d'étudier les mathématiques que quand il était jeune!

b) Un autre aspect de l'anxiété chez le sujet âgé est la «*panique du relogement*», soit dans une autre maison ou appartement, soit dans une autre ville ou pays. Il y a beaucoup de raisons à cela, comme p.ex. la «nouveauté», le fait qu'on n'est pas familiarisé avec le nouvel environnement. Qui parmi nous n'a jamais ressenti une sorte de malaise, parfois comme un léger vertige, lorsque, sans en avoir été informé, on s'aperçoit qu'un arbre familier a été abattu, ou qu'une clôture de jardin a été déplacée? Pensons que pour la personne âgée ce sentiment est encore aggravé par la crainte, même inconsciente, de la sénilité. Cette difficulté est maximale, et donc l'anxiété aussi, lorsque le nouvel habitat est presque l'image en miroir de l'ancien habitat! Si un tel déménagement est incontournable, il convient donc de bien prévenir le senior de cette panique qui peut s'emparer de lui et de lui faciliter au début la tâche d'orientation en le guidant correctement.

Notons brièvement, ce qui semble paradoxal à première vue, qu'en opposition avec la panique du relogement, celle de la mort est plutôt une angoisse du jeune que du vieux!

c) Il faut enfin noter qu'une des causes de l'anxiété exagérée, voire même de la panique chez les personnes âgées, c'est en réalité une dépression non diagnostiquée. Détecter chez une personne âgée qui se plaint de diverses souffrances du type hypochondriaque (p.ex. mal au foie alors qu'elle n'a aucun déficit hépatique) une dépresion «masquée», comme l'a appelée Kielholtz (1973), est très important. En effet l'hypochondriaque proteste et considère les autres (famille, médecin, société) responsables de ses souffrances. Au contraire, le déprimé, comme on l'a vu, s'auto-accuse, c'est toujours de sa faute que les difficultés arrivent! Ainsi l'hypochondriaque ne tente pas de se suicider alors que le dépressif peut le tenter et parfois le réussir. Considérons donc quelques problèmes liés à la dépression chez les personnes âgées.

C. La dépression et son traitement

1. Comme pour les autres domaines discutés auparavant, il ne s'agit pas de se substituer ici aux traités spécialisés de médecine ou de psychologie, mais d'évoquer simplement quelques notions de base.

Il convient tout d'abord de souligner avec Montgomery (1982) que dans ce domaine, comme en général dans celui des traitements psychiatriques en gériatrie, il faut rattraper un retard important. Ce retard est dû en bonne partie à une certaine attitude de résignation (qu'on a déjà combattue plus haut), qui tend à considérer la vieillesse comme le temps de l'inévitable déclin, incapacité et morosité. Trop souvent, on regarde le pessimisme et l'apathie d'une personne âgée comme des conséquences inévitables du vieillissement alors que, dans beaucoup plus de cas qu'on ne pense, il s'agit d'une dépression non diagnostiquée et que l'on peut traiter. En fait, la plupart des spécialistes sont d'accord sur le fait que la dépression est probablement la maladie psychique qui reste le plus souvent non traitée chez les seniors. Quant au traitement avec les antidépresseurs «durs», il faut tout d'abord se rappeler que les sujets âgés ont une tendance plus grande à montrer des effets secondaires, notamment tout ce qui peut favoriser une rétention urinaire ou des troubles hépatiques. A part cela, les déprimés âgés qui ont souffert de dépression lorsqu'ils étaient plus jeunes et qui ont bien répondu aux antidépresseurs, vont d'habitude bien réagir aussi lorsqu'ils sont plus âgés. Ceci contredit donc l'opinion de certains auteurs qui pensent que les seniors répondent moins bien aux antidépresseurs. Il y a certes des différences individuelles, mais il ne s'agit probablement pas d'une réponse systématiquement différente à la médication en fonction de l'âge.

2. Quelques problèmes de diagnostic.

On peut considérer, avec raison dans certains cas mais pas toujours, que la perte d'intérêt pour certaines activités agréables est l'expression d'une simple diminution de l'énergie physique. Des habitudes alimentaires peuvent également être modifiées, même chez un senior encore très actif, mais qui se trouve dans un certain isolement social auquel il n'était pas habitué.

D'autre part certaines maladies non psychiques peuvent s'accompagner chez le sujet âgé d'une symptomatologie qui ressemble à la dépression, mais qui n'en est pas une. Ainsi certains cancers dans leurs phases initiales, certains troubles métaboliques, hépatiques ou endocriniens, comme par ailleurs certaines maladies infectieuses, peuvent se manifester par une apathie, un manque d'activité, une perte d'appétit, qui peuvent mimer une dépression sans en être une. Enfin, la présence de troubles cognitifs qui accompagnent assez souvent la dépression des personnes âgées, peut amener à les considérer parfois comme déments, d'où le terme de «pseudo-démence». Ceci rend parfois difficile le diagnostic de la dépression chez les seniors et retarde donc le début d'un traitement adéquat, avec les antidépresseurs les mieux indiqués.

D. Les problèmes liés aux troubles du sommeil

1. Il n'est pas possible de parler du vieillissement cérébral réussi sans évoquer, ne fut-ce que brièvement, le problème du sommeil chez les

seniors. En effet, tout le monde le sait, on dort d'habitude de moins en moins bien, surtout la nuit, et comme cela pose des problèmes pour les activités diurnes, on a tendance à user, et à abuser, des médicaments, notamment des hypnotiques.

Cependant, comme l'écrit Overstall (1982), la première question qu'on devrait se poser avant de choisir un hypnotique pour une personne âgée, ce n'est pas «Quel hypnotique vais-je prescrire?», mais plutôt «Faut-il prescrire un hypnotique?». En effet, devant un senior qui se plaint d'insomnie il faut avoir à l'esprit la probabilité des effets secondaires, de la dépendance (c'est-à-dire le fait qu'on s'habitue et qu'on ne peut plus, ou difficilement, s'en passer), ainsi que de la perte d'efficacité des hypnotiques après un long usage. Et pourtant, les personnes âgées reçoivent plus d'hypnotiques que les plus jeunes. On considère que, pour la tranche d'âge entre 75 et 80 ans, environ 45 % de cette population prend régulièrement des hypnotiques. Les femmes en consomment, en moyenne, plus que les hommes et se plaignent plus souvent de dormir peu et mal, alors que, curieusement, l'électro-encéphalogramme montre que ce sont les hommes qui, en moyenne, se réveillent plus souvent la nuit.

2. Deux autres éléments méritent d'être brièvement mentionnés, à savoir la *personnalité* et l'*expectation*.

a) Pour ce qui est de la *personnalité*, il est assez généralement admis (Overstall, 1982; Oswald *et al.*, 1975) que les extravertis dorment plus que les introvertis. De plus, s'ils reçoivent un hypnotique, ce sont d'habitude les extravertis qui considèrent que la qualité de leur sommeil s'est améliorée.

b) A propos de l'*expectation* : la durée et la qualité du sommeil changent avec l'âge et il est clair que même les seniors en parfaite santé ne peuvent pas s'attendre à dormir aussi bien que quand ils étaient jeunes. Avec l'âge, le stade 4 du sommeil, c'est-à-dire le sommeil profond avec des ondes lentes sur l'EEG, est réduit, on se réveille plus souvent et on s'endort plus difficilement. De plus, on l'a vu plus haut, la douleur, l'anxiété et la dépression, sont parmi les causes les plus communes de l'insomnie chez le senior, et dans ces cas ils ont besoin d'un traitement approprié et non pas d'un hypnotique. Par ailleurs, on a décrit depuis longtemps (Clift, 1972) que si la sélection des patients âgés qui peuvent bénéficier d'un hypnotique n'est pas faite correctement, et qu'ils ne sont pas suivis régulièrement, environ un tiers d'entre eux prennent encore l'hypnotique un an et plus après le début du traitement.

Il n'est pas facile de choisir un bon hypnotique et notamment celui qui convient le mieux à chaque patient en particulier. Par ailleurs la plupart des hypnotiques agissent pendant quelques nuits, mais ensuite, avec l'usage continu, il y a habituation et ils perdent en quelques semaines leur efficacité. De plus, chez la plupart des patients âgés qui prennent régulièrement des hypnotiques, on voit d'habitude une altération de la qualité du sommeil. Il s'agit en particulier d'une diminution de la proportion du sommeil «paradoxal» (REM) dont nous avons vu l'importance pour une bonne qualité du sommeil.

Il est également important, si la plainte du senior concerne principalement la difficulté de s'endormir, de choisir un hypnotique qui agit rapidement.

Un bon hypnotique devrait produire un sommeil de bonne qualité, c'est-à-dire au cours duquel les phases normales du sommeil sont bien respectées. Or, presque tous les hypnotiques, surtout les barbituriques, réduisent le sommeil REM. Ceci fait que, si l'on arrête brusquement le traitement, il y a un rebondissement du REM, avec augmentation des rêves et des cauchemars. La règle générale est donc, sauf rares exceptions, qu'un traitement aux hypnotiques doit toujours se faire progressivement afin d'éviter ces rebondissements, y compris l'état de «manque», comme après l'usage des toxicomanogènes. De plus, le patient a habituellement besoin d'un support psychologique afin d'accepter et donc de mieux supporter l'arrêt des hypnotiques. Il faut encore ajouter que jusqu'à présent, et malgré des progrès récents indubitables, on ne peut toujours pas dire que l'on dispose de l'hypnotique idéal, celui qui devrait : agir rapidement, produire un sommeil parfaitement normal qui laisse le matin le patient reposé et frais, sans lourdeur quelconque («la gueule de bois»!) et ne pas engendrer la dépendance. C'est pourquoi le sujet âgé (comme les jeunes d'ailleurs) ne doit pas recourir de lui-même au traitement de ses troubles du sommeil, mais, s'il en est incommodé, demander l'avis d'une personne compétente. Ceci est par ailleurs valable pour tout traitement, il ne faut pas écouter tel ou tel ami qui s'est trouvé bien en faisant ceci ou cela, et c'est encore plus valable lorsqu'il s'agit de la prise de médicaments psychotropes.

*
* *

En conclusion de ce chapitre, on pourrait ajouter que cela vaut la peine, plus que jamais, de bien faire le choix du traitement pharmacologique et général des seniors, car on vit plus longtemps qu'avant, alors essayons de bien vivre. Comme l'a écrit récemment Christiane Collange : « La longévité, en constante progression, incite à ménager la monture, car le voyage risque de durer ! » (Collange, 1992, p. 201).

De manière plus générale encore, nous citerons ici un beau poème du grand anthropologue Ashley Montagu, celui dont une boutade célèbre nous a servi de « motto ». A la conférence « Stromboli » de 1991 sur « Le vieillissement physiologique et son Ajournement », Montagu, alors âgé de 85 ans, était présent et Pierpaoli, dans son introduction, a lu ces lignes que nous avons essayé de traduire au mieux de nos possibilités, pour finir ce livre :

> Un jour
> Après avoir maîtrisé le vent
> Les vagues, les marées
> Et la gravitation
> Nous allons atteler
> Les énergies de l'amour
> Et alors, pour la deuxième fois
> Dans l'histoire du monde
> Nous aurons découvert le feu.

Qu'est-ce que « le feu » pour Montagu ? Ce sont les forces créatrices de la Nature, parmi lesquelles se trouvent en bonne position, les forces potentielles de ceux qui vont réussir leur vieillissement. Enfin, nous envoyons le lecteur, en guise de conclusion et de perspectives générales, à l'annexe qui reprend, en français, un texte concernant La prochaine Décennie du Cerveau (Giurgea, 1992).

Annexe
La prochaine décennie dans le traitement des troubles cognitifs

C. Giurgea (1992)

Introduction

Bien sûr il y a des inexorabilités concernant le vieillissement chronologique et la durée de vie d'une espèce animale donnée, l'homme y compris. Cependant, en ce qui concerne les troubles cognitifs liés à l'âge, on doit prendre en considération, d'un point de vue médical et social, qu'il y a toujours un certain taux de plasticité cérébrale qui est conservé. C'est cette plasticité qui est susceptible d'être facilitée par des médicaments et par des modulations de l'environnement.

Comme exemple brillant, on peut rappeler l'étude de Schaie et Williams (1986). Sur une population de personnes âgées (âge moyen : 72.8 ans), non-déments, résidant dans des homes et homogènes au point de vue du niveau d'éducation, les auteurs ont tout d'abord établi, en 1970, à l'aide de tests bien connus, un niveau d'efficience mentale. Ensuite, en 1984, ils ont retesté les survivants (il y en avait assez pour que l'étude soit valable) et ont trouvé que près de la moitié des sujets montraient un déclin cognitif significatif par rapport à leur situation de 1970, donc 14 ans auparavant. Les «déficitaires» ont alors été soumis à un entraînement cognitif intensif puis retestés. Les résultats montrent clairement qu'environ 60 % des sujets «déclinants» ont récupéré, en 1984, après l'entraînement, leur niveau de 1970. Ainsi il a été démontré qu'après 14 ans il y a un déclin cognitif chez la majorité des sujets âgés, mais que chez plus de la moitié d'entre eux ce déclin est réversible grâce à l'entraînement cognitif adéquat, montrant ainsi qu'ils ont encore une plasticité cérébrale considérable.

Ces études, ainsi que d'autres plus orientées vers l'augmentation du niveau de contrôle et de la possibilité de prévoir des modifications de l'environnement (Schultz, 1976; Mercer et Kane, 1979; Langer et Rodin, 1976; Rowe et Kahn, 1987) ont suggéré que dans le cadre du vieillissement cérébral *physiologique* (par rapport au vieillissement *pathologique*, ç-a-d les démences) on peut parler d'un vieillissement cérébral «normal» et d'un vieillissement cérébral «réussi».

Les médicaments peuvent aider, parallèlement à des modulations de l'environnement, à augmenter le pourcentage de vieillissements cérébraux réussis, ceci concernant surtout les troubles cognitifs. Une précaution importante à prendre toutefois dans ce domaine, est de faire la discrimination entre les troubles cognitifs réellement liés à l'âge et les conséquences des maladies au niveau cérébral. A ce sujet Berg (1988) a écrit :

> «L'histoire de notre compréhension des déclins dans le fonctionnement du cerveau humain confirme que plus on prend soin d'éliminer les effets de la maladie, moins on trouve de déclins attribuables à l'âge».

Il y a déjà un certain temps, Obrist (1978) avait observé que parmi les résidents âgés et même très âgés d'une maison de repos, beaucoup ne montraient pas de ralentissement de la fréquence des ondes alpha sur leur EEG. Quand il a comparé toutes les données électro-encéphalographiques, il a observé dans la grande majorité des cas qu'un rythme alpha lent était en corrélation avec des anomalies électrocardiographiques et non pas uniquement avec l'âge chronologique. On peut donc, même avec certaines réserves, être d'accord avec Berg (ibid. p. 2) quand il écrit :

> «La sénilité est le résultat de la maladie et pas simplement un déclin lié à l'âge. Les jeunes qui ont de bonnes performances aux tests de la fonction intellectuelle, ont tendance à répondre aussi bien en avançant en âge».

De nombreux exemples montrent que des personnes créatives ont maintenu leur créativité jusqu'à un âge très avancé. Ceci est vrai aussi bien dans le domaine artistique (p.ex. Chagall, Picasso, Bernard Shaw ou Arthur Rubinstein) que dans le domaine scientifique (p.ex. Darwin, Pavlov, Freud ou Horsley Gantt).

Perspectives Psychopharmacologiques Prévisibles
Prémisses théoriques

Nous voudrions tout d'abord souligner que, malgré toutes les critiques, parfois justifiées mais souvent aussi exagérées, il y a, en général, un certain aspect humaniste de la psychopharmacologie. En effet, comme l'avait montré Berger (1972) peu de temps après l'introduction du méprobamate et du premier tranquillisant majeur (neuroleptique), on a vu, aux Etats-Unis, une très nette diminution des patients nécessitant une hospitalisation pour des soins psychiatriques. A la même période, la morbidité psychiatrique en général n'avait pas changé. Cela signifie simplement que plus de patients psychiatriques ont pu être traités chez eux au lieu d'être internés dans des institutions psychiatriques, avec toutes les implications que cela entraîne d'habitude pour eux-mêmes et pour leurs familles. Ainsi, la psychopharmacologie se place dans un certain continuum avec l'effort de Pinel de «délier» les fous et de les considérer comme des «patients» et non comme des «possédés du démon».

La psychopharmacologie cependant a, et aura des limitations, comme l'a écrit avec fougue Arthur Koestler dans son livre «Le cheval dans la locomotive» :

«Il est erroné et naïf de croire que les médicaments peuvent faire des cadeaux à l'esprit, en y insérant quelque-chose qui ne s'y trouvait pas. Le psychopharmacologue ne peut pas *ajouter* des facultés nouvelles au cerveau. Mais il peut certainement *éliminer* les obstructions qui réduisent le bon fonctionnement. Il ne peut pas *ajouter* de nouvelles facultés au cerveau, mais il peut *améliorer* la coordination de celles qui existent».

Un autre exemple des limitations psychopharmacologiques, voire même des dangers, se trouve dans le travail de Davidson et Lucki (1987). Ils ont clairement prouvé chez le rat que, pour le premier apprentissage d'un appui sur un levier pour un renforcement positif (çàd obtenir une «récompense» alimentaire) le groupe traité au diazepam (Valium, une benzodiazépine, tranquillisant mineur) apprend plus vite et mieux que le groupe ayant reçu le placebo. Par contre le groupe traité au pentylentétrazol (cardiazol) montre une capacité d'apprendre moins bonne que le groupe ayant reçu le placebo. Le diazepam étant un anxiolytique et le pentylentétrazol un produit anxiogène, on peut conclure que l'anxiolytique avait facilité la première tâche d'apprentissage en réduisant l'influence anxiogène de l'environnement nouveau, car on sait que toute «nouveauté» fait un peu peur. Cependant les auteurs observent les faits suivants, obtenus quelques jours plus tard, alors que les animaux ne reçoivent plus aucun médicament depuis plusieurs jours :

a) le groupe ex-diazepam montre :

– plus de «blocage» locomoteur (en anglais «freezing») lorsqu'il est soumis à un apprentissage pavlovien, à la présentation du stimulus conditionné visuel (un flash lumineux) suivi d'un choc électrique douloureux;

— une plus grande difficulté à «éteindre» la signification aversive du signal conditionné. En effet, longtemps après que le flash n'ait plus été suivi du choc électrique douloureux sur les pattes («renforcé» en termes pavloviens), le signal «avertisseur» restait aversif, empêchant donc un comportement normal du rat.

b) le groupe ex-pentylentétrazol au contraire, montre une meilleure plasticité, c'est-à-dire qu'il a moins de «blocage» lors de l'apprentissage pavlovien et qu'il a aussi une capacité d'extinction plus adéquate, donc plus adaptative, c'est-à-dire que les animaux apprennent plus vite à «désapprendre» lorsque le stimulus conditionné a perdu sa valeur de signal.

Ces expériences rappellent une pensée de Paul Valéry : «Toute difficulté qui ne m'a pas tué m'a enrichi», ainsi qu'une autre de Mark Twain : «Le courage c'est la maîtrise et non pas l'absence de la peur».

Plus spécifiquement, du point de vue des perspectives que nous évoquons ici, Lehman (1975) a dit :

> «La tâche pour l'avenir, si on vise à prévenir ou à corriger les déficits psychologiques qui aujourd'hui sont reconnus comme des traits «normaux» de la sénescence, serait de trouver des agents ou des procédés qui pourraient prévenir l'artériosclérose, réduire la tendance aux troubles dépressifs chez la personne âgée, inhiber le développement des plaques séniles et des nœuds neurofibrillaires dans le cerveau et activer les neurones intacts à leur potentiel maximal».

Comme exemple de ce dernier point, rappelons les expériences que nous avons faites sur les rats dits «MAM» (Giurgea *et al.*, 1982). Les rats «MAM» sont des rats microcéphaliques obtenus par une injection de 25mg/kg de methylazoxymethanol (MAM) à la rate en gestation. Lorsqu'ils sont de jeunes adultes les rats MAM montrent un déficit très net de mémoire dans le test classique dit «évitement passif» ou «apprentissage en un essai». Le nootrope piracetam, administré à 100mg/kg pendant 10 jours avant l'apprentissage, n'a aucun effet chez les rats normaux mais ramène l'apprentissage des rats MAM à un niveau tout à fait normal. Or, les rats MAM traités au piracetam restent aussi microcéphales que ceux traités au placebo. Ceci permet de considérer que le piracetam a augmenté l'efficience du cerveau réduit des rats MAM, qu'il a donc activé les neurones épargnés, peut-être aussi les cellules gliales, et c'est ainsi qu'il a permis, malgré la microcéphalie, un apprentissage et une mémoire normale, du moins dans ce test.

La prochaine Décennie

Parmi les perspectives psychopharmacologiques probables pour les années à venir, nous allons, à titre d'exemple, en évoquer quatre.

Antidépresseurs

La dépression étant un syndrome assez commun chez les seniors (p.ex. Grossberg et Nakra, 1988; Conwell *et al.*, 1991), il est légitime d'attendre la découverte de nouveaux antidépresseurs produisant moins d'effets secondaires en général et au niveau cognitif en particulier. Comme exemple du réalisme de cette tendance, il suffit de mentionner les titres de deux symposia lors du 5è Congrès Mondial de Psychiatrie Biologique (Florence, Juin 1991) :

- La Renaissance des IMAO (inhibiteurs de la monoaminooxydase) : «La Génération suivante, sélective et Réversible» (Présidents : H.J.Möller et E.S.Paykel).

- «Classification de la Dépression, de la Biologie à la Nosologie» (Présidents : T.A.Ban et A.Dubini).

Bien sûr on s'attend également à ce que l'on trouve des antidépresseurs à action clinique plus rapide (voir aussi dans Giurgea, 1984).

On attend aussi des antidépresseurs plus spécifiquement liés aux récepteurs sérotoninergiques, comme cela a été présenté lors du premier séminaire de l'«International Academy for Biomedical and Drug Research» en Juin 1991.

Enfin, une direction intéressante dans ce domaine est la recherche des effets des antidépresseurs sur les messagers secondaires (Snyder, 1987; Wachtel, 1990).

Tranquillisants majeurs et mineurs

a) Dans ce domaine on attend de nouveaux produits qui devraient être moins sédatifs et avec moins d'effets secondaires au niveau cognitif. Tout progrès dans ces deux directions devrait favoriser la découverte de tranquillisants qui conviendraient mieux pour les patients âgés, chez lesquels on observe assez souvent de la somnolence diurne et des déficits cognitifs. Ces nouveaux médicaments pourraient même faciliter l'efficience cognitive et, de plus, avoir moins d'effets secondaires en général.

b) On peut s'attendre à ce que la nouvelle décennie établisse clairement s'il y a vraiment une position thérapeutique, et laquelle, pour les endorphines[2] et les neuropeptides[3], en général et pour les sujets âgés en particulier.

c) On devrait — en général et pas seulement pour ces médicaments — augmenter nos connaissances afin de corriger plus spécifiquement la physiopathologie des maladies mentales. Ce but devrait surpasser dans l'avenir la tendance actuelle à imiter les médicaments déjà existants, en se fiant trop à ce qu'on a appelé «la psychopharmacologie prévisionnelle», c'est-à-dire pouvoir prédire, sur base de quelques tests sur animaux, le potentiel chimique d'une nouvelle substance. Bien sûr, la pharmacologie prévisionnelle peut faire reconnaître des améliorations *quantitatives* dans une nouvelle substance, par rapport à ce qui existe déjà dans ce même domaine, comme p.ex. des médicaments qui agiraient à des doses plus faibles, plus rapidement et/ou avec moins d'effets secondaires. Bien sûr tout ceci est très important et, loin de nous l'idée de minimiser la valeur pratique des améliorations de ce type. Cependant, dans un avenir pas trop éloigné, on attend en plus de ceci, des progrès de type *qualitatif* qui ne peuvent venir que grâce à des approches physiopathologiques plus approfondies des maladies mentales. On devrait avoir, en général, moins peur des nouveautés!

d) Les influences de l'environnement et les régulations des fonctions supérieures, télencéphaliques, seront probablement davantage considérées dans l'avenir. A ce sujet on devrait rappeler un travail relativement oublié de Poulos et Hinson (1982). En bref : ces auteurs injectent des rats tous les jours dans deux environnements différents : dans la chambre A ils reçoivent chaque jour de l'haloperidol (un neuroleptique) alors que dans la chambre B ils reçoivent du placebo. Après quelques jours, les rats développent une tolérance comportementale à l'haloperidol, c'est-à-dire qu'ils présentent de moins en moins, ou pas du tout, de catatonie. Seulement cela est vrai uniquement dans la chambre A, c'est-à-dire là où ils s'attendaient à recevoir le neuroleptique. Si on injecte, de temps en temps l'haloperidol dans la chambre B, c'est-à-dire là où ils «attendent» le placebo, la catatonie est immédiatement présente. Ainsi, quoiqu'il y ait certainement des phénomènes d'habituation des récepteurs, même cet événement périphérique est modulé par des réflexes conditionnés à l'environnement, donc par des mécanismes centraux.

Les Nootropes

Les nootropes, quoiqu'ils aient aussi des usages chez les jeunes, représentent pour les sujets âgés une approche thérapeutique directe aux troubles cognitifs (Giurgea, 1972; 1981).

Des progrès dans cette direction sont attendus, car beaucoup de laboratoires académiques et industriels sont impliqués activement dans la recherche de nootropes plus puissants et plus rapides que le prototype qui est le piracetam. On devrait cependant, et ce n'est pas toujours le cas, se rappeler que la question nootrope est un peu shakespearienne, elle n'est pas : «être *ou* ne pas être», mais bien : «être *et* ne pas être». En effet il y a différents moyens d'améliorer certaines efficiences cognitives, mais les nouveaux vrais nootropes devraient réaliser cela sans être autre chose, comme p.ex. psychostimulant ou vasodilatateur. Nous ne disons pas que de nouveaux médicaments combinant ces diverses activités ne trouveront pas leur utilité thérapeutique, mais seulement, ils ne seront plus de vrais nootropes.

Dans ce domaine, il faudrait aussi tenir compte davantage du fait que le piracetam ne montre pas de spécificité pour un récepteur déterminé, mais qu'il induit des modulations adaptatives des messagers secondaires, comme ce fut décrit par plusieurs auteurs, en particulier ceux du groupe de Racagni (Massotto *et al.*, 1985; Racagni *et al.*, 1986).

Approches nouvelles

Dans les prochaines années, il faut s'attendre à des approches tout à fait nouvelles dans le domaine des troubles cognitifs liés à l'âge et elles seront, on l'espère, réussies. Dans cette perspective nous allons en évoquer quelques-unes qui sont liées entre elles.

Des modulations des facteurs neuronotrophiques comme p.ex., mais pas exclusivement, les facteurs de croissance nerveuse (Nerve Growth Factor - NGF) mais aussi des facteurs neuronotoxiques, sont étudiées intensivement partout dans le monde, comme p.ex. à Liège dans le groupe du professeur Moonen. Nous pensons que des modulations à ce niveau représentent une direction prometteuse pour l'avenir de la psychopharmacologie. De plus, ces facteurs ne concernent pas uniquement les neurones, mais aussi les cellules gliales, particulièrement les astrocytes. La décennie suivante pourrait donc être, au moins en partie, une décennie gliale.

A ce propos il convient de rappeler que, en 1961 déjà, Galambos insiste sur les cellules gliales «négligées» et cela malgré des travaux remarquables comme p.ex. ceux de Roitbak à Tbilisi (Géorgie) et de Gerebtzoff à Liège (Galambos, 1961). Dans ce remarquable travail, Galambos rappelle que les cellules gliales représentent 60-70 % des cellules du cerveau. Le rapport glie-neurones est toujours positif et même plus important pour un niveau donné du SNC chez les mammifères supérieurs et, dans la même espèce animale pour les niveaux les plus élevés du SNC. Le «record» de prédominance gliale se trouve dans le cortex cérébral humain! Rappelant que les cellules gliales modulent l'environnement ionique neuronal et donc leur excitabilité, Galambos a même imaginé le terme «gliapse» qui pourrait remplacer celui de synapse. Cependant cette idée était trop «iconoclaste» et, jusqu'à présent, elle n'est pas utilisée. Au cours de la décennie suivante, on accordera probablement plus d'attention aux cellules gliales et à leurs modifications pharmacologiques. Ceci pourrait mener à la découverte de profils psychotropes radicalement nouveaux et amener des progrès dans le traitement des démences, notamment celles du type Alzheimer; pour ce traitement on attend des approches plus multilatérales, surtout maintenant qu'on se rend bien compte que la théorie uniciste du déficit cholinergique est dépassée.

Conclusions

Ce que nous venons de voir pourrait constituer plusieurs lignes importantes de l'avenir psychopharmacologique, dans notre opinion du moins.

N'oublions pas cependant que la «sérendipité»[4] pourrait réserver (espérons-le!) beaucoup de succès non prévisibles. La sérendipité est un aspect honorable de la recherche et Pasteur la considérait ainsi lorsqu'il disait que la «chance» (qui est apparentée à la sérendipité) favorise seulement les esprits préparés. Les chercheurs devraient donc oser faire des hypothèses courageuses, «non-orthodoxes», mais qui devraient être soumises à des tentatives appropriées et objectives afin de prouver leur validité, de les rejeter, ou d'ouvrir de nouvelles approches au problème donné. On peut se rappeler à ce sujet ce que Gérard (1960, p.1947) avait écrit : «Les hypothèses guident l'expérimentation... Même si elles n'aboutissent qu'à leur propre démolition, c'est-à-dire qu'elles conduisent alors vers d'autres hypothèses meilleures, elles sont justifiées».

Enfin, comme dernier point, je voudrais souligner le fait qu'il y a une certaine touche humaniste dans l'effort pour traiter non seulement les maladies mais aussi les déficits cognitifs et la diminution de l'autonomie des personnes âgées. Rappelons-nous seulement l'amélioration modeste, mais significative chez les seniors, des capacités de conduite automobile grâce au traitement nootrope (Schmidt *et al.*, 1988)[5].

Tous ces éléments, c'est-à-dire les approches symptomatiques des troubles cognitifs liés à l'âge, en interaction avec des modulations appropriées de l'environnement, devraient mener, non pas à «guérir» le vieillissement, mais à promouvoir chez autant de seniors que possible, la tendance vers un vieillissement cérébral réussi.

NOTES

[1] Auguste Pinel, grand psychiatre français dont une statue se trouve à Paris devant l'Hôpital de la Salpétrière.
[2] Substances apparentées à la morphine et sécrétées dans le cerveau.
[3] Substances de nature peptidique, apparentées aux protéines et d'origine cérébrale aussi.
[4] Terme rappelant la légende des princes de Sérendipe qui revenaient avec des trésors pour l'empereur, mais pas ceux qu'on les avait envoyés chercher.
[5] Confirmé, dans d'autres conditions, par J. O'Hanlon.

Principaux ouvrages cités

AGRANOFF B.W. (1967), Agents that block Memory. The neurosciences, a study program, p. 756-764, Eds. Quarton, Melnechuk et Schmitt, The Rockefeller University Press (New York).
BAN T.A. (1980), Psychopharmacology for the Aged, pp. 215, Ed. Karger (Basel).
BARONDES S.H. (1970), Cerebral protein synthesis inhibitors block long term memory. Int. Rev. of Neurobiology, 12 : 177-205.
BENESOVA O., KREJCI I., PAVLIK A. (1991), Nootropic Drugs, pp. 202, Ed. Avicenum, Czechoslovak Med. Press (Prague).
BERGER F.M. (1972), Social implications of psychotropic drugs. Advances in Pharmacology and Chemotherapy, Vol. 10 : 105-118. Eds. Garattini, Goldin, Hawking et Kapin, Academic Press (New York et Londres).
BREMER F. (1966), Le Corps Calleux dans la dynamique cérabrale. Experientia 22 : 201-208.
CIOCON J.O. et POTTER J.F. (1988), Age-related changes in human memory : Normal and abnormal. Geriatrics 43(10) : 43-48.
CLARIDGE G. (1972), Les Drogues et le Comportement Humain, pp. 297. Ed. Payot (Paris).
COLLANGE Ch. (1992), Dessine-moi une famille, pp. 314. Ed. Fayard (Paris).
COMFORT A. (1982), Anxiety in Old age. Psychopharmacology of Old Age, p. 157-164. Ed. Wheatley, Oxford Med. Publications (New York et Toronto).
CROME P. (1982), Drug Compliance in the Elderly. Psychopharmacology of Old Age, p. 54-64. Ed. Wheatley, Oxford Med. Publications (New York et Toronto).
DAVID E. (1991), Old Age in Sparta, pp. 186. Ed. Hakkert (Amsterdam).
ESLINGER P.J., DAMASIO A.R., BENTON A.L. et VAN ALLEN M. (1985), Neuropsychologic Detection of Abnormal Mental Decline in older Persons. JAMA, 253(5) : 670-674.
EYSENCK M.W. (1979), Anxiety, Learning, and Memory : a Reconceptualization. J. of Research in Personality, 13 : 363-385.
FOLSTEIN M., FOLSTEIN S.E. et Mc HUGH P.R. (1975), Mini-mental state : A practical method for grading the cognitive state of patients for the clinician. J. Psychiatr. Res. 12 : 189-198.
GALAMBOS R. (1961), A glia-neuronal theory of brain function. Proc. Natl. Acad. Sciences (USA) 47 : 129-136.

GARFIELD E. (1984a), Social Gerontology. Part 1. Aging and Intelligence, p. 3-13. Current Contents (ISI).
GARFIELD E. (1984b), Social Gerontology. Part 2. Demography. The Effects of Aging Population on Society, p. 3-13. Current Contents (ISI).
GIURGEA C. (1972), Vers une pharmacologie de l'activité intégrative du cerveau. Tentative du concept nootrope en psychopharmacologie. Actualités Pharmacologiques, 25 : 115-156 (Masson, Paris).
GIURGEA C. (1973), The Nootropic approach to the pharmacology of the integrative activity of the brain. Conditional Reflex, 8(2) : 108-115.
GIURGEA C. (1981), Fundamentals to the Pharmacology of the Mind, pp. 446. Ed. Charles Thomas (Springfield, Illinois).
GIURGEA C. (1985), Bases Théoriques et Expérimentales de la Psychopharmacologie, pp. 186. Ed. CIACO (Louvain-la-Neuve).
GIURGEA C. (1986), L'héritage de Pavlov, pp. 259. Ed. Mardaga (Liège).
GIURGEA C. (1992), The next decade in Drug Treatment of Cognitive Disorders. Treatment of Age-Related Cognitive Dysfunction : Pharmacological and Clinical Evaluation. p. 137-146. Eds. Racagni et Mendlewicz, Karger (Basel).
GILHOME-HERBST K. (1982), Deafness, Dementia and Depression. Psychopharmacology of Old Age, p. 145-155. Ed. Wheatley, Oxford Med. Publications.
GOTTFRIES C.G. (1992), Reappraisal of Current Therapy in the treatment of Age-related Cognitive Disorders. Treatment of Age-related Cognitive Dysfunction : Pharmacological and Clinical Evaluation. p. 121-129. Ed. Racagni et Mendlewicz, Karger (Basel).
HUGONOT R. ET L. (1988), Atlas du Vieillissement et de la Vieillesse, pp. 455. Ed. ERES (Toulouse).
HYDEN H. (1973), Neuronal plasticity, protein conformation and behaviour. Memory and Transfer of Information, p. 511-529. Ed. Zippel. Plenum Press (New York et Londres).
HYWEL MURRELL F. (1970), The Effect of Extensive Practice on Age Differences in Reaction Time. J. of Gerontology, 25(3) : 268-274.
KAHN R.L., ZARIT S.H., HILBERT N.M. et NIEDEREHE G. (1975), Memory Complaint and Impairment in the Aged. Arch. Gen. Psychiatry, 32 : 1569-1573.
KARLI P. (1978), Aggressive behavior and its brain mechanisms, as exemplified by an experimental analysis of rat's mouse killing behavior. Origins of Aggressions, p. 85-98. Eds. Hartup et Dewitt, Mouton Publ. (La Haye).
KIELHOLTZ P. (1973), Masked Depression. pp. 307. Hans Huber Publ. (Bern).
KIERNAN P.J. et ISAACS J.B. (1981), Use of drugs and the elderly patient. Med. J. Aust. 1 : 196-200.
KRAL V.A. (1962), Senescent Forgetfulness : Benign and Malignant. Canad. Med. Ass. J., 86(6) : 257-260.
LABOUVIE-VIEF G. (1976), Toward optimizing Cognitive Competence in later life. Educational Gerontology, 1 : 75-92.
LANGER E.J. et RODIN J. (1976), The Effects of Choice and Enhanced Personal Responsibility for the Aged : a Field Experiment in an Institutional Setting. J. of Personality and Social Psychology, 34(2) : 191-198.
LEAROYD B.M. (1972), Psychotropic drugs and the elderly patient. Med. J. Aust. 1 : 1131-1133.
LEHMANN H.E. (1975), Rational Pharmacotherapy and Geropsychiatriy. Communication at 10th Intern. Congress of Gerontology, Jerusalem, June 22-27.
LEHMANN H.E. (1992), Clinical and Pharmacological Approaches to the Aging Brain. Ed. Robert *et al.* p. 514.
MENDLEWICZ J. (1980), X-Linkage of Bipolar Illness and the Question of Schizoaffective Illness. Mania, p. 89-96. Eds. Belmaker et Van Praag, SP Medical and Scientific Books.
MERCER S. et KANE R.A. (1979), Helplessness and Hopelessness among the Institutionalized Aged : An Experiment. Health and Social Work, 4(1) : 91-116.
MONTGOMERY S.A. (1982), Treatment of Depression in old Age. Psychopharmacology of Old Age, p. 165-172. Ed. Wheatley, Oxford Med. Publ (New York et Toronto).

MüLLER W.E. (1992), Age-Related Quantitative and Qualitative Receptor Changes and Pharmacological Reactivity. Treatment of Age-Related Cognitive Dysfunction : Pharmacological and Clinical Evaluation, p. 35-40. Eds. Racagni et Mendlewicz, Karger (Basel).
OBRIST W.D. (1972), Cerebral Physiology of the Aged. Influence of Circulatory Disorders. Aging and the Brain, p. 117-133. Ed. Gaitz, Plenum Press (New York).
OVERSTALL P.W. (1982), Treatment of sleep disturbance in the elderly. Psychopharmacology of Old Age, p. 173-178. Ed. Wheatley, Oxford med. Publ. (New York et Toronto).
PAULA-BARBOSA M.M., BRANDAO F., PINHO M.C., ANDRADE J.P., MADEIRA M.D., ZIMMER J., CADETE-LEITE A. (1991), The effect of piracetam on lipofusein of the rat cerebellar and hippocampal neurons after long-term alcohol treatment and withdrawal : a quantitative study. Alcohol Clin. Exp. Res. 15 : 834-838.
PENFIELD W. (1966), Speech, perception and uncommitted cortex. Brain and Conscious Experience, p. 217-237. Springer Verlag (Berlin).
PIERPAOLI W. (1991), Remarques de Bienvenue. Physiological Senescence and its postponement. Second Stromboli Conference on Aging and Cancer, pp. 454.
RACAGNI G., FRANZETTI R., GALIMBERT R., PEREZ J., ROVESCALLI C.J., TINELLI D., BRUNELLO N. (1986), Biochemical and pharmacological aspects in the action of piracetam. 12th Int. Congr. Nootropic Drug Therapy (Venise).
RACAGNI G. et MENDLEWICZ J. (1992), Treatment of Age-Related Cognitive Dysfunction : Pharmacological and Clinical Evaluation, pp. 154. Karger (Basel).
REIFF T.R. (1987), Water loss in aging and its clinical significance. Geriatrics, 42(6) : 53-62.
ROBERT Ph., DARCOURT G., PRINGUEY D. et MENDLEWICZ J. (1992), Proceedings of the 18th CINP Congress. Part A, pp. 714. Raven Press (New York).
RODIN J. (1986), Aging and Health : Effects of the Sense of Control. Science, 233 : 1271-1276.
ROTH M. (1975), The diagnosis of dementia. Br. J. Psychiatry 125(9) : 87-99.
ROUSSEAU-LEFEVRE D. (1977), Modification de la plasticité comportementale par l'environnement : mise en évidence d'un syndrome de désinhibition chez le rat. Thèse de Doctorat, pp. 192. Université de Louvain.
ROWE J.W. et KAHN R.L. (1987), Human Aging : usual and successful. Science, 237 : 143-149.
SCHAIE K.W. et LABOUVIE-VIEF G. (1974), Generational versus Ontogenetic Components of Change in Adult Cognitive Behavior : A Fourteen-Year Cross-Sequential Study. Developmental Psychol., 10(3) : 305-320.
SCHAIE K.W. et WILLIS S.L. (1986), Can Decline in Adult Intellectual Functioning be Reversed? Developmental Psychology, 22(2) : 223-232.
SCHOU M. (1968), Lithium in Psychiatry : a Review. J. Psychiatr. Res. 6 : 67-95.
SCHULZ R. (1976), Effects of Control and Predictability on the Physical and Psychological Well-Being of the Institutionalized Aged. J. of Personality and Social Psychol., 33(5) : 563-573.
SCHULZ R. et HARTMAN HANUSA B. (1978), Long-term Effects of Control and Predictability-Enhancing Interventions : Findings and Ethical Issues. J. of Personality and Social Psychol., 36(11) : 1194-1201.
SCOGIN F., STORANDT M. et LOTT L. (1985), Memory-skills Training, Memory Complaints, and Depression in Older Adults. J. of Gerontology, 40(5) : 562-568.
WHEATLEY D. (1982), Psychopharmacology of Old Age, pp. 194. Oxford Medical Publications (New York et Toronto).
WILLIAMS T.F. (1987), Aging or disease? Clin. Pharmacol. Ther., 42(6) : 663-665.
WOLTHUIS O. (1971), Experiments with ucb6215, a drug which enhances acquisition in rats : its effects compared with those of amphetamine. European J. Pharmacol. 16 : 283-297.
YESAVAGE J.A., ROSE T.L. et SPIEGEL D. (1982), Relaxation Training and Memory Improvement in Elderly Normals : Correlation of Anxiety Ratings and Recall Improvement. Experim. Aging Research, 8(4) : 195-198.

YESAVAGE J.A. (1984), Relaxation and Memory Training in 39 Elderly Patients. Am. J. Psychiatry, 141(6) : 778-781.
ZARIT S.H., GALLAGHER D. et KRAMER N. (1981), Memory Training in the Community Aged : Effects on Depression, Memory Complaint, and Memory Performance. Educational Gerontologist, 6 : 11-27.

Table des matières

Introduction 7

Chapitre 1
La révolution grise 13

Chapitre 2
Le concept du vieillissement cérébral «réussi» 17

Chapitre 3
L'âge et la mémoire :
Qu'est-ce qui est normal? Qu'est-ce qui est anormal? 55

I. MODÈLES ET STRATÉGIES D'ENTRAINEMENT 56

II. OUBLI SENILE : «BENIN ET MALIN» 61

III. MÉMOIRE, DÉPRESSION, ANXIÉTÉ 63

IV. PERSONNALITÉ ET MÉMOIRE 70

V. ÉTUDES CLINIQUES ET UTILITÉ DES TRAININGS 74

Chapitre 4
Vieillesse ou maladie ? 89

I. LA PERTE D'EAU 89

II. ACTIVITÉ ÉLECTRIQUE DU CERVEAU ET ÉTAT CARDIAQUE   93

III. AUTRES DÉFICITS ORGANIQUES 96

Chapitre 5
Les médicaments pour le cerveau 101

I. ORGANISATION FONCTIONNELLE DU CERVEAU :
NOTIONS DE BASE 102

II. NOTIONS DE PSYCHOPHARMACOLOGIE GÉNÉRALE ET
EXPÉRIMENTALE 119
    A. LES PSYCHOLEPTIQUES 131
    B. LES PSYCHOANALEPTIQUES 157
    C. LES PSYCHODYSLEPTIQUES 174
    D. PSYCHOPHARMACOLOGIE DE LA FONCTION NOETIQUE ... 182

Chapitre 6
Éléments et problèmes de psychopharmacologie gériatrique 209

I. ASPECTS PHARMACOCINÉTIQUES EN GÉRIATRIE 210

II. LE PROBLÈME DE LA «COMPLIANCE» EN GÉRIATRIE 211

III. AUTRES ASPECTS ORGANIQUES D'IMPORTANCE
PSYCHOGÉRIATRIQUE ET PSYCHOGÉROPHARMACOLOGIQUE .. 212

Annexe
La prochaine décennie dans le traitement des troubles cognitifs 219

Principaux ouvrages cités 229

CHEZ LE MÊME ÉDITEUR

PSYCHOLOGIE ET SCIENCES HUMAINES
collection publiée sous la direction de MARC RICHELLE

1 Dr Paul Chauchard : LA MAITRISE DE SOI. *9ᵉ éd.*
5 François Duyckaerts : LA FORMATION DU LIEN SEXUEL. *9ᵉ éd.*
7 Paul-A. Osterrieth : FAIRE DES ADULTES. *16ᵉ éd.*
9 Daniel Widlöcher : L'INTERPRETATION DES DESSINS D'ENFANTS. *9ᵉ éd.*
11 Berthe Reymond-Rivier : LE DEVELOPPEMENT SOCIAL DE L'ENFANT ET DE L'ADOLESCENT. *9ᵉ éd.*
12 Maurice Dongier : NEVROSES ET TROUBLES PSYCHOSOMATIQUES. *7ᵉ éd.*
15 Roger Mucchielli : INTRODUCTION A LA PSYCHOLOGIE STRUCTURALE. *3ᵉ éd.*
16 Claude Köhler : JEUNES DEFICIENTS MENTAUX. *4ᵉ éd.*
21 Dr P. Geissmann et Dr R. Durand : LES METHODES DE RELAXATION. *4ᵉ éd.*
22 H. T. Klinkhamer-Steketée : PSYCHOTHERAPIE PAR LE JEU. *3ᵉ éd.*
23 Louis Corman : L'EXAMEN PSYCHOLOGIQUE D'UN ENFANT. *3ᵉ éd.*
24 Marc Richelle : POURQUOI LES PSYCHOLOGUES? *6ᵉ éd.*
25 Lucien Israel : LE MEDECIN FACE AU MALADE. *5ᵉ éd.*
26 Francine Robaye-Geelen : L'ENFANT AU CERVEAU BLESSE. *2ᵉ éd.*
27 B.F. Skinner : LA REVOLUTION SCIENTIFIQUE DE L'ENSEIGNEMENT. *3ᵉ éd.*
28 Colette Durieu : LA REEDUCATION DES APHASIQUES
29 J.C. Ruwet : ETHOLOGIE : BIOLOGIE DU COMPORTEMENT. *3ᵉ éd.*
30 Eugénie De Keyser : ART ET MESURE DE L'ESPACE
32 Ernest Natalis : CARREFOURS PSYCHOPEDAGOGIQUES
33 E. Hartmann : BIOLOGIE DU REVE
34 Georges Bastin : DICTIONNAIRE DE LA PSYCHOLOGIE SEXUELLE
35 Louis Corman : PSYCHO-PATHOLOGIE DE LA RIVALITE FRATERNELLE
36 Dr G. Varenne : L'ABUS DES DROGUES
37 Christian Debuyst, Julienne Joos : L'ENFANT ET L'ADOLESCENT VOLEURS
38 B.-F. Skinner : L'ANALYSE EXPERIMENTALE DU COMPORTEMENT. *2ᵉ éd.*
39 D.J. West : HOMOSEXUALITE
40 R. Droz et M. Rahmy : LIRE PIAGET. *3ᵉ éd.*
41 José M.R. Delgado : LE CONDITIONNEMENT DU CERVEAU ET LA LIBERTE DE L'ESPRIT
42 Denis Szabo, Denis Gagné, Alice Parizeau : L'ADOLESCENT ET LA SOCIETE. *2ᵉ éd.*
43 Pierre Oléron : LANGAGE ET DEVELOPPEMENT MENTAL. *2ᵉ éd.*
44 Roger Mucchielli : ANALYSE EXISTENTIELLE ET PSYCHOTHERAPIE PHENOMENO-STRUCTURALE
45 Gertrud L. Wyatt : LA RELATION MERE-ENFANT ET L'ACQUISITION DU LANGAGE. *2ᵉ éd.*
46 Dr Etienne De Greeff : AMOUR ET CRIMES D'AMOUR
47 Louis Corman : L'EDUCATION ECLAIREE PAR LA PSYCHANALYSE
48 Jean-Claude Benoit et Mario Berta : L'ACTIVATION PSYCHOTHERAPIQUE
49 T. Ayllon et N. Azrin : TRAITEMENT COMPORTEMENTAL EN INSTITUTION PSYCHIATRIQUE
50 G. Rucquoy : LA CONSULTATION CONJUGALE
51 R. Titone : LE BILINGUISME PRECOCE
52 G. Kellens : BANQUEROUTE ET BANQUEROUTIERS
53 François Duyckaerts : CONSCIENCE ET PRISE DE CONSCIENCE
54 Jacques Launay, Jacques Levine et Gilbert Maurey : LE REVE EVEILLE-DIRIGE ET L'INCONSCIENT
55 Alain Lieury : LA MEMOIRE
56 Louis Corman : NARCISSISME ET FRUSTRATION D'AMOUR
57 E. Hartmann : LES FONCTIONS DU SOMMEIL
58 Jean-Marie Paisse : L'UNIVERS SYMBOLIQUE DE L'ENFANT ARRIERE MENTAL

59 Jacques Van Rillaer : L'AGRESSIVITE HUMAINE
60 Georges Mounin : LINGUISTIQUE ET TRADUCTION
61 Jérôme Kagan : COMPRENDRE L'ENFANT
62 Michel S. Gazzaniga : LE CERVEAU DEDOUBLE
63 Paul Cazayus : L'APHASIE
64 X. Seron, J.L. Lambert, M. Van der Linden : LA MODIFICATION DU COMPORTEMENT
65 W. Huber : INTRODUCTION A LA PSYCHOLOGIE DE LA PERSONNALITE. 2ᵉ éd.
66 Emile Meurice : PSYCHIATRIE ET VIE SOCIALE
67 J. Château, H. Gratiot-Alphandéry, R. Doron et P. Cazayus : LES GRANDES PSYCHOLOGIES MODERNES
68 P. Sifnéos : PSYCHOTHERAPIE BREVE ET CRISE EMOTIONNELLE
69 Marc Richelle : B.F. SKINNER OU LE PERIL BEHAVIORISTE
70 J.P. Bronckart : THEORIES DU LANGAGE
71 Anika Lemaire : JACQUES LACAN. 2ᵉ éd. revue et augmentée.
72 J.L. Lambert : INTRODUCTION A L'ARRIERATION MENTALE
73 T.G.R. Bower : DEVELOPPEMENT PSYCHOLOGIQUE DE LA PREMIERE ENFANCE
74 J. Rondal : LANGAGE ET EDUCATION
75 Sheila Kitzinger : PREPARER A L'ACCOUCHEMENT
76 Ovide Fontaine : INTRODUCTION AUX THERAPIES COMPORTEMENTALES
77 Jacques-Philippe Leyens : PSYCHOLOGIE SOCIALE. 2ᵉ éd.
78 Jean Rondal : VOTRE ENFANT APPREND A PARLER
79 Michel Legrand : LE TEST DE SZONDI
80 H.J. Eysenck : LA NEVROSE ET VOUS
81 Albert Demaret : ETHOLOGIE ET PSYCHIATRIE
82 Jean-Luc Lambert et Jean A. Rondal : LE MONGOLISME
83 Albert Bandura : L'APPRENTISSAGE SOCIAL
84 Xavier Seron : APHASIE ET NEUROPSYCHOLOGIE
85 Roger Rondeau : LES GROUPES EN CRISE?
86 J. Danset-Léger : L'ENFANT ET LES IMAGES DE LA LITTERATURE ENFANTINE
87 Herbert S. Terrace : NIM. UN CHIMPANZE QUI A APPRIS LE LANGAGE GESTUEL
88 Roger Gilbert : BON POUR ENSEIGNER?
89 Wing, Cooper et Sartorius : GUIDE POUR UN EXAMEN PSYCHIATRIQUE
90 Jean Costermans : PSYCHOLOGIE DU LANGAGE
91 Françoise Macar : LE TEMPS, PERSPECTIVES PSYCHOPHYSIOLOGIQUES
92 Jacques Van Rillaer : LES ILLUSIONS DE LA PSYCHANALYSE. 3ᵉ éd.
93 Alain Lieury : LES PROCEDES MNEMOTECHNIQUES
94 Georges Thinès : PHENOMENOLOGIE ET SCIENCE DU COMPORTEMENT
95 Rudolph Schaffer : COMPORTEMENT MATERNEL
96 Daniel Stern : MERE ET ENFANT, LES PREMIERES RELATIONS
97 R. Kempe & C. Kempe : L'ENFANCE TORTUREE
98 Jean-Luc Lambert : ENSEIGNEMENT SPECIAL ET HANDICAP MENTAL
99 Jean Morval : INTRODUCTION A LA PSYCOLOGIE DE L'ENVIRONNEMENT
100 Pierre Oleron et al. : SAVOIRS ET SAVOIR-FAIRE PSYCHOLOGIQUES CHEZ L'ENFANT
101 Bernard I. Murstein : STYLES DE VIE INTIME
102 Rondal/Lambert/Chipman : PSYCHOLINGUISTIQUE ET HANDICAP MENTAL
103 Brédart/Rondal : L'ANALYSE DU LANGAGE CHEZ L'ENFANT
104 David Malan : PSYCHODYNAMIQUE ET PSYCHOTHERAPIE INDIVIDUELLE
105 Philippe Muller : WAGNER PAR SES REVES
106 John Eccles : LE MYSTERE HUMAIN
107 Xavier Seron : REEDUQUER LE CERVEAU
108 Moreau/Richelle : L'ACQUISITION DU LANGAGE

109 Georges Nizard : ANALYSE TRANSACTIONNELLE ET SOIN INFIRMIER
110 Howard Gardner : GRIBOUILLAGES ET DESSINS D'ENFANTS, LEUR SIGNIFICATION
111 Wilson/Otto : LA FEMME MODERNE ET L'ALCOOL
112 Edwards : DESSINER GRACE AU CERVEAU DROIT
113 Rondal : L'INTERACTION ADULTE-ENFANT
114 Blancheteau : L'APPRENTISSAGE CHEZ L'ANIMAL
115 Boutin : FORMATION ET DEVELOPPEMENTS
116 Húsen : L'ECOLE EN QUESTION
117 Ferrero/Besse : L'ENFANT ET SES COMPLEXES
118 R. Bruyer : LE VISAGE ET L'EXPRESSION FACIALE
119 J.P. Leyens : SOMMES-NOUS TOUS DES PSYCHOLOGUES?
120 J. Château : L'INTELLIGENCE OU LES INTELLIGENCES?
121 M. Claes : L'EXPERIENCE ADOLESCENTE
122 J. Hayes et P. Nutman : COMPRENDRE LES CHOMEURS
123 S. Sturdivant : LES FEMMES ET LA PSYCHOTHERAPIE
124 A. Pomerleau et G. Malcuit : L'ENFANT ET SON ENVIRONNEMENT
125 A. Van Hout et X. Seron : L'APHASIE DE L'ENFANT
126 A. Vergote : RELIGION, FOI, INCROYANCE
127 Sivadon/Fernandez-Zoïla : TEMPS DE TRAVAIL, TEMPS DE VIVRE
128 Born : JEUNES DEVIANTS OU DELINQUANTS JUVENILES?
129 Hamers/Blanc : BILINGUALITE ET BILINGUISME
130 Legrand : PSYCHANALYSE, SCIENCE, SOCIETE
131 Le Camus : PRATIQUES PSYCHOMOTRICES
132 Lars Fredén : ASPECTS PSYCHOSOCIAUX DE LA DEPRESSION
133 Mount : LA FAMILLE SUBVERSIVE
134 Magerotte : MANUEL D'EDUCATION COMPORTEMENTALE CLINIQUE
135 Dailly/Moscato : LATERALISATION ET LATERALITE CHEZ L'ENFANT
136 Bonnet/Tamine-Gardes : QUAND L'ENFANT PARLE DU LANGAGE
137 Bruyer : LES SCIENCES HUMAINES ET LES DROITS DE L'HOMME
138 Taulelle : L'ENFANT A LA RENCONTRE DU LANGAGE
139 de Boucaud : PSYCHOLOGIE DE L'ENFANT ASTHMATIQUE
140 Duruz : NARCISSE EN QUETE DE SOI
141 Feyereisen/de Lannoy : PSYCHOLOGIE DU GESTE
142 Florin et al. : LE LANGAGE A L'ECOLE MATERNELLE
143 Debuyst : MODELE ETHOLOGIQUE ET CRIMINOLOGIE
144 Ashton/Stepney : FUMER
145 Winkel et al. : L'IMAGE DE LA FEMME DANS LES LIVRES SCOLAIRES
146 Bideau/Richelle : PSYCHOLOGIE DEVELOPPEMENTALE
147 Schmid-Kitsikis : THEORIE CLINIQUE ET FONCTIONNEMENT MENTAL
148 Guggenbühl/Craig : POUVOIR ET RELATION D'AIDE
149 Rondal : LANGAGE ET COMMUNICATION CHEZ LES HANDICAPES MENTAUX
150 Moscato et al. : FONCTIONNEMENT COGNITIF ET INDIVIDUALITE
151 Château : L'HUMANISATION OU LES PREMIERS PAS DES VALEURS HUMAINES
152 Avery/Litwack : NEE TROP TOT
153 Rondal : LE DEVELOPPEMENT DU LANGAGE CHEZ L'ENFANT TRISOMIQUE 21
154 Kellens : QU'AS-TU FAIT DE TON FRERE?
155 Rondal/Henrot : LE LANGAGE DES SIGNES
156 Lafontaine : LE PARTI PRIS DES MOTS
157 Bonnet/Hoc/Tiberghien : AUTOMATIQUE, INTELLIGENCE ARTIFICIELLE ET PSYCHOLOGIE
158 Giovannini et al. : PSYCHOLOGIE ET SANTE
159 Wilmotte et al. : LE SUICIDE
160 Giurgea : L'HERITAGE DE PAVLOV
161 Ionescu : MANUEL D'INTERVENTION EN DEFICIENCE MENTALE N° 1

162 Ionescu : MANUEL D'INTERVENTION EN DEFICIENCE MENTALE N° 2
163 Pieraut-Le Bonniec : CONNAITRE ET LE DIRE
164 Huber : PSYCHOLOGIE CLINIQUE AUJOURD'HUI
165 Rondal et al. : PROBLEMES DE PSYCHOLINGUISTIQUE
166 Slukin : LE LIEN MATERNEL
167 Baudour : L'AMOUR CONDAMNE
168 Wilwerth : VISAGES DE LA LITTERATURE FEMININE
169 Edwards : VISION, DESSIN, CREATIVITE
170 Lutte : LIBERER L'ADOLESCENCE
171 Defays : L'ESPRIT EN FRICHE
172 Broome Walace : PSYCHOLOGIE ET PROBLEMES GYNECOLOGIQUES
173 Aimard : LES BEBES DE L'HUMOUR
174 Perruchet : LES AUTOMATISMES COGNITIFS
175 Bawin-Legros : FAMILLES, MARIAGE, DIVORCE
176 Pourtois/Desmet : EPISTEMOLOGIE ET INSTRUMENTATION EN SCIENCES HUMAINES
177 Sloboda : L'ESPRIT MUSICIEN
178 Fraisse : POUR LA PSYCHOLOGIE SCIENTIFIQUE
179 Ruffiot : PSYCHOLOGIE DU SIDA
180 McAdams/Deliège : LA MUSIQUE ET LES SCIENCES COGNITIVES
181 Argentin : QUAND FAIRE C'EST DIRE...
182 Van der Linden : LES TROUBLES DE LA MEMOIRE
183 Lecuyer : BEBES ASTRONOMES, BEBES PSYCHOLOGIQUES : L'INTELLIGENCE DE LA 1re ANNEE
184 Immelmann : DICTIONNAIRE DE L'ETHOLOGIE
185 Collectif : ACTEUR SOCIAL ET DELINQUANCE
186 Fontana : GERER LE STRESS
187 Bouchard : DE LA PHENOMENOLOGIE A LA PSYCHANALYSE
188 Chanceaulme : MOURIR, ULTIME TENDRESSE
189 Rivière : LA PSYCHOLOGIE DE VYGOTSKY
190 Lecoq : APPRENTISSAGE DE LA LECTURE ET DYSLEXIE
191 de Montmolin/Amalberti/Theureau : MODELES DE L'ANALYSE DU TRAVAIL
192 Minary : MODELES SYSTEMIQUES ET PSYCHOLOGIE
193 Grégoire : EVALUER L'INTELLIGENCE DE L'ENFANT
194 Gommers/van den Bosch/de Aguilar : POUR UNE VIEILLESSE AUTONOME
195 Van Rillaer : LA GESTION DE SOI
196 Lecas : L'ATTENTION VISUELLE
197 Macquet : TOXICOMANIES ET FORMES DE LA VIE QUOTIDIENNE

Hors collection

Paisse : PSYCHOPEDAGOGIE DE LA LUCIDITE
Paisse : ESSENCE DU PLATONISME
Collectif : SYSTEME AMDP
Boulangé/Lambert : LES AUTRES, L'EXPRESSION ARTISTIQUE CHEZ LES HANDICAPES MENTAUX

Manuels et Traités

4 Richelle : L'ACQUISITION DU LANGAGE
Droz-Richelle : MANUEL DE PSYCHOLOGIE
Hurtig-Rondal : MANUEL DE PSYCHOLOGIE DE L'ENFANT (Tome 1)
Hurtig-Rondal : MANUEL DE PSYCHOLOGIE DE L'ENFANT (Tome 2)
Hurtig-Rondal : MANUEL DE PSYCHOLOGIE DE L'ENFANT (Tome 3)
Rondal-Seron : LES TROUBLES DU LANGAGE (DIAGNOSTIC ET REEDUCATION)
Fontaine/Cottraux/Ladouceur : CLINIQUES DE THERAPIE COMPORTEMENTALE
Godefroid : LES CHEMINS DE LA PSYCHOLOGIE